全国高等教育自学考试指定教材

法律专业（本科）

房 地 产 法

（含：房地产法自学考试大纲）

（2012年版）

全国高等教育自学考试指导委员会　组编

楼建波　编著

魏振瀛　符启林　陈耀东　审稿

图书在版编目(CIP)数据

房地产法/楼建波编著. —北京:北京大学出版社,2013.3
(全国高等教育自学考试指定教材)
ISBN 978-7-301-21832-7

Ⅰ.①房… Ⅱ.①楼… Ⅲ.①房地产法-中国-高等教育-自学考试-教材
Ⅳ.①D922.181

中国版本图书馆 CIP 数据核字(2012)第 311143 号

书　　　名	房地产法 FANGDICHANFA
著作责任者	楼建波　编著
策 划 编 辑	孙战营
责 任 编 辑	周　菲
标 准 书 号	ISBN 978-7-301-21832-7
出 版 发 行	北京大学出版社
地　　　址	北京市海淀区成府路 205 号　100871
网　　　址	http://www.pup.cn
电 子 信 箱	law@pup.pku.edu.cn
新 浪 微 博	@北京大学出版社　@北大出版社法律图书
电　　　话	邮购部 62752015　发行部 62750672　编辑部 62752027
印 刷 者	河北滦县鑫华书刊印刷厂
经 销 者	新华书店
	787 毫米×1092 毫米　16 开本　17 印张　372 千字 2012 年 3 月第 1 版　2023 年 5 月第 8 次印刷
定　　　价	31.00 元

未经许可,不得以任何方式复制或抄袭本书之部分或全部内容。
版权所有,侵权必究
举报电话:010-62752024　电子信箱:fd@pup.pku.edu.cn
图书如有印装质量问题,请与出版部联系,电话:010-62756370

组编前言

21世纪是一个变幻难测的世纪,是一个催人奋进的时代。科学技术飞速发展,知识更替日新月异。希望、困惑、机遇、挑战,随时随地都有可能出现在每一个社会成员的生活之中。抓住机遇,寻求发展,迎接挑战,适应变化的制胜法宝就是学习——依靠自己学习、终生学习。

作为我国高等教育组成部分的自学考试,其职责就是在高等教育这个水平上倡导自学、鼓励自学、帮助自学、推动自学,为每一个自学者铺就成才之路。组织编写供读者学习的教材就是履行这个职责的重要环节。毫无疑问,这种教材应当适合自学,应当有利于学习者掌握和了解新知识、新信息,有利于学习者增强创新意识,培养实践能力,形成自学能力,也有利于学习者学以致用,解决实际工作中所遇到的问题。具有如此特点的书,我们虽然沿用了"教材"这个概念,但它与那种仅供教师讲、学生听,教师不讲、学生不懂,以"教"为中心的教科书相比,已经在内容安排、编写体例、行文风格等方面都大不相同了。希望读者对此有所了解,以便从一开始就树立起依靠自己学习的坚定信念,不断探索适合自己的学习方法,充分利用自己已有的知识基础和实际工作经验,最大限度地发挥自己的潜能,达到学习的目标。

欢迎读者提出意见和建议。

祝每一位读者自学成功。

全国高等教育自学考试指导委员会
2010年12月

目 录

房地产法自学考试大纲

出版前言 ··· (5)
I 课程性质与课程目标 ·· (7)
II 考核目标 ·· (9)
III 课程内容与考核要求 ·· (10)
IV 关于大纲的说明与考核实施要求 ··· (40)
V 题型举例 ·· (44)
后记 ··· (46)

房 地 产 法

第一章 房地产法概述 ··· (49)
　第一节 房地产和房地产业 ·· (49)
　第二节 房地产法律体系 ··· (53)

第二章 房地产上的物权及其登记 ··· (58)
　第一节 房地产上的主要物权 ··· (58)
　第二节 不动产登记 ··· (62)

第三章 土地管理法律制度 ·· (74)
　第一节 土地管理法律制度概述 ·· (74)
　第二节 土地征收、土地储备和土地一级开发 ·· (76)
　第三节 土地用途管制制度 ·· (81)
　第四节 小产权房的现状与法律分析 ·· (86)

第四章 房地产开发用地 ··· (89)
　第一节 建设用地与房地产开发用地 ·· (89)
　第二节 国有土地上的建设用地使用权 ··· (90)
　第三节 国有土地上房屋征收补偿制度 ··· (96)
　第四节 建设用地使用权的划拨和出让 ··· (102)
　第五节 建设用地使用权转让 ··· (106)

第五章 房地产开发建设 …… (111)
- 第一节 房地产开发概述 …… (111)
- 第二节 房地产开发企业 …… (115)
- 第三节 建设工程施工合同 …… (121)
- 第四节 建设工程监理制度 …… (131)
- 第五节 建设工程质量责任 …… (135)

第六章 房地产交易 …… (140)
- 第一节 房地产交易概述 …… (140)
- 第二节 商品房销售 …… (142)
- 第三节 商品房的交付、质量保证和风险转移 …… (146)
- 第四节 商品房销售广告 …… (148)
- 第五节 存量房交易 …… (151)
- 第六节 房屋租赁 …… (153)
- 第七节 房地产交易中房屋和土地的关系 …… (157)

第七章 房地产中介服务 …… (160)
- 第一节 房地产中介服务概述 …… (160)
- 第二节 房地产经纪 …… (162)
- 第三节 房地产估价 …… (170)
- 第四节 商品房包销 …… (174)

第八章 建筑物区分所有权与物业管理 …… (178)
- 第一节 建筑物区分所有权 …… (178)
- 第二节 物业管理概述 …… (182)
- 第三节 业主、业主大会与业主委员会 …… (183)
- 第四节 物业服务企业 …… (187)
- 第五节 物业管理服务 …… (190)
- 第六节 建设单位的前期物业管理义务 …… (194)
- 第七节 物业的使用和维护中的主要法律问题 …… (196)

第九章 房地产融资与担保 …… (200)
- 第一节 房地产融资与担保概述 …… (200)
- 第二节 房地产抵押 …… (201)
- 第三节 房地产开发融资 …… (207)
- 第四节 房地产消费融资 …… (212)
- 第五节 置业担保 …… (216)
- 第六节 房地产信托融资与 REITs …… (218)

第十章 住房保障法律制度 ……………………………………………（223）
  第一节 住房保障概述 …………………………………………（223）
  第二节 经济适用住房 …………………………………………（224）
  第三节 廉租住房保障 …………………………………………（226）
  第四节 公共租赁住房 …………………………………………（227）
  第五节 限价商品住房 …………………………………………（228）
  第六节 住房公积金 ……………………………………………（230）

第十一章 房地产税费法律制度 …………………………………（234）
  第一节 房地产税费概述 ………………………………………（234）
  第二节 房地产税 ………………………………………………（236）
  第三节 房地产费 ………………………………………………（249）

参考文献 ………………………………………………………………（252）

本书法律法规索引 ……………………………………………………（253）

后记 ……………………………………………………………………（263）

全国高等教育自学考试
法律专业(本科)

房地产法自学考试大纲

全国高等教育自学考试指导委员会制定

大纲目录

出版前言 ·· (5)
I 课程性质与课程目标 ··· (7)
II 考核目标 ·· (9)
III 课程内容与考核要求 ··· (10)
  第一章 房地产法概述 ·· (10)
    学习目的与要求 ··· (10)
    课程内容 ··· (10)
    考核知识点与考核要求 ··· (11)
    本章关键问题 ·· (11)
  第二章 房地产上的物权及其登记 ······································ (12)
    学习目的与要求 ··· (12)
    课程内容 ··· (12)
    考核知识点与考核要求 ··· (12)
    本章关键问题 ·· (13)
  第三章 土地管理法律制度 ·· (14)
    学习目的与要求 ··· (14)
    课程内容 ··· (14)
    考核知识点与考核要求 ··· (15)
    本章关键问题 ·· (15)
  第四章 房地产开发用地 ··· (16)
    学习目的与要求 ··· (16)
    课程内容 ··· (16)
    考核知识点与考核要求 ··· (17)
    本章关键问题 ·· (18)
  第五章 房地产开发建设 ··· (19)
    学习目的与要求 ··· (19)
    课程内容 ··· (19)
    考核知识点与考核要求 ··· (20)
    本章关键问题 ·· (21)

第六章　房地产交易 ……………………………………………………………… (22)
　　学习目的与要求 ………………………………………………………………… (22)
　　课程内容 ………………………………………………………………………… (22)
　　考核知识点与考核要求 ………………………………………………………… (23)
　　本章关键问题 …………………………………………………………………… (24)
第七章　房地产中介服务 ………………………………………………………… (25)
　　学习目的与要求 ………………………………………………………………… (25)
　　课程内容 ………………………………………………………………………… (25)
　　考核知识点与考核要求 ………………………………………………………… (26)
　　本章关键问题 …………………………………………………………………… (27)
第八章　建筑物区分所有权与物业管理 ………………………………………… (28)
　　学习目的与要求 ………………………………………………………………… (28)
　　课程内容 ………………………………………………………………………… (28)
　　考核知识点与考核要求 ………………………………………………………… (29)
　　本章关键问题 …………………………………………………………………… (31)
第九章　房地产融资与担保 ……………………………………………………… (32)
　　学习目的与要求 ………………………………………………………………… (32)
　　课程内容 ………………………………………………………………………… (32)
　　考核知识点与考核要求 ………………………………………………………… (33)
　　本章关键问题 …………………………………………………………………… (34)
第十章　住房保障法律制度 ……………………………………………………… (35)
　　学习目的与要求 ………………………………………………………………… (35)
　　课程内容 ………………………………………………………………………… (35)
　　考核知识点与考核要求 ………………………………………………………… (36)
　　本章关键问题 …………………………………………………………………… (37)
第十一章　房地产税费法律制度 ………………………………………………… (38)
　　学习目的与要求 ………………………………………………………………… (38)
　　课程内容 ………………………………………………………………………… (38)
　　考核知识点与考核要求 ………………………………………………………… (39)
　　本章关键问题 …………………………………………………………………… (39)
Ⅳ　关于大纲的说明与考核实施要求 ……………………………………………… (40)
Ⅴ　题型举例 ………………………………………………………………………… (44)
后记 …………………………………………………………………………………… (46)

出 版 前 言

为了适应社会主义现代化建设事业的需要,鼓励自学成才,我国在20世纪80代初建立了高等教育自学考试制度。高等教育自学考试是个人自学、社会助学和国家考试相结合的一种高等教育形式。应考者通过规定的专业课程考试并经思想品德鉴定达到毕业要求的,可获得毕业证书;国家承认学历并按照规定享有与普通高等学校毕业生同等的有关待遇。经过三十多年的发展,高等教育自学考试为国家培养造就了大批专门人才。

课程自学考试大纲是国家规范自学者学习范围、要求和考试标准的文件。它是按照专业考试计划的要求,具体指导个人自学、社会助学、国家考试、编写教材及自学辅导书的依据。

为更新教育观念,深化教学内容方式、考试制度、质量评价制度改革,更好地提高自学考试人才培养的质量,全国考委各专业委员会按照专业考试计划的要求,组织编写了课程自学考试大纲。

新编写的大纲,在层次上,专科参照一般普通高校专科或高职院校的水平,本科参照一般普通高校本科水平;在内容上,力图反映学科的发展变化以及自然科学和社会科学近年来研究的成果。

全国考委法学类专业委员会参照普通高等学校房地产法课程的教学基本要求,结合自学考试法律专业的实际情况,组织编写的《房地产法自学考试大纲》,经教育部批准,现颁发施行。各地教育部门、考试机构应认真贯彻执行。

全国高等教育自学考试指导委员会
2012年8月

Ⅰ 课程性质与课程目标

一、课程性质和特点

《房地产法》作为全国高等教育自学考试法律专业的一门专业课,任务是使参加高等教育自学考试的考生掌握房地产法方面的知识,并提高应用所学知识解决有关房地产的实际法律问题的能力。

房地产法是调整房地产关系的法律规范的总称,由多层次的法律规范体系组成。这些法律中,既包括调整民事性质的房地产关系的《物权法》、《合同法》等民法规范,又包括调整行政性质的房地产关系的《城乡规划法》等行政法律规范。从层级上说,调整房地产关系的法律包括宪法、法律、行政法规、行政规章、司法解释。从知识结构上说,学好房地产法除需要法律方面的知识外,还要求考生对房地产经济学、金融与建筑方面的知识有一定的了解。与其相对应的全国高等教育自学考试房地产法课程是一门应用面广泛、实践性很强的综合性、交叉性的应用法学分支学科。

二、课程目标(评价目标)

本课程设置的目的是使得考生能够:

1. 了解和掌握房地产法的基本概念、基础知识和基本理论;了解房地产开发经营各个环节涉及的法律、法规;了解和掌握建筑物区分所有与物业管理方面的基本制度;了解我国住房保障制度的基本内容。

2. 提高依法治国、依法管理房地产的自觉性,能够运用所学房地产法的理论和知识分析、解决实际问题。

3. 通过房地产法课程的考试,取得相应学分和单科合格证书。

全国高等教育自学考试指导委员会制定了法律专业、律师专业和房地产经营与管理专业的考试计划,分别设置了一系列必修课、选修课。这三个专业的课程各自成为有机联系的统一整体。需要注意的是,本课程是后修课,与民法、经济法等先修课既有联系又有区别。房地产法课程是从一个特定领域、特定角度对民法学、经济法学等先修课的延伸与深化。因此考生在学习过程中要把它们结合起来,为房地产法的学习打牢基础。不同专业可以有所侧重地学习本课程的内容。学习中一定要掌握要领、抓住重点,努力突破难点,解决疑点。

三、与相关课程的联系与区别

房地产法属于综合性的应用法律部门。学好房地产法,不仅需要扎实的基础法律知识,还需要一定的经济学和建筑学基础。

法律自学考试的各个科目与本课程都有某种程度的联系。宪法和法理学作为法律的基础学科,与本课程的关系是不言而喻的;土地违法行为可能涉及刑事责任的承担;房地产的共有、继承是婚姻家庭法的重要调整对象;理解房地产税收制度必须有税法的基础知识;住房抵押贷款中的保险安排又离不开保险法;金融法的知识更是我们理解房地产融资法律制度的基础;学习房地产开发企业、中介机构、物业服务企业的设立、运营,尤其是项目公司的运作,需要公司法的基本知识;土地利用和房地产开发本身就是环境与资源保护法的一个重要课题。但是,与本课程关系最密切的法律课程当属行政法、经济法、民法和合同法。房地产法中涉及土地管理、土地和房屋征收、土地划拨、建设项目建设和销售管理、主体资质管理、城乡规划等方面的制度都是行政法的调整对象。房地产领域与市场监管和宏观调控联系紧密,必须以经济法的知识为基础。房地产上的各种权利,包括所有权、用益物权和抵押权及其登记,是民法基本制度的组成部分。建设用地使用权转让、房地产交易等都离不开合同法的调整。

在教材内容上,对行政法、民法、合同法的一些基本知识,为避免与其他课程内容的重复,作者尽量略写或不写。

四、课程的重点和难点

本教材共十一章。其中最核心的章节是第四章(房地产开发用地)、第五章(房地产开发建设)、第六章(房地产交易)、第八章(建筑物区分所有权与物业管理)、第九章(房地产融资与担保)和第十章(住房保障法律制度),也是考核的重点。教材的第二章(房地产上的物权及其登记)、第三章(土地管理法律制度)、第七章(房地产中介服务)和第十一章(房地产税费法律制度)中介绍的基本制度是房地产开发和交易的基础,一定要理解掌握。

Ⅱ 考核目标

本大纲在考核目标中,按照识记、领会、简单应用和综合应用四个层次规定其应达到的能力层次要求。四个能力层次是递进关系,各能力层次的含义是:

识记:要求考生能够对大纲各章中知识点,如房地产法、房屋所有权、土地所有权、房地产开发用地、房地产交易、房地产中介服务、建筑物区分所有权等概念加以记忆和理解。能清晰、准确地把握关键法律概念,并能用法律语言进行表述。

领会:能对关键法律制度等正确理解,如不动产登记、土地管理制度、房地产融资、物业管理制度、住房保障制度、房地产税收等。并清楚这些制度的具体内容和特征,了解其在整个房地产法律制度框架中的地位和功能,并能做出正确的表述与解释,是比识记更高层次的要求。

简单应用:能运用识记、领会中的概念、制度,采用比较、演绎、归纳等基本方法,简单分析概念、制度间的联系和差异,制度形成的渊源等有关问题。例如,法律中房屋与土地的关系,质量保证期和保修期的区分意义,小产权房形成过程等问题。并能运用所学知识解决简单的实际问题,如建设用地使用权消灭后地上建筑物的处理、房地产项目转让的条件、房地产开发招投标实施程序等。

综合应用:在对一些重要概念、关键法律制度熟悉和深入理解的基础上,综合相关的知识点,分析和解决比较复杂的问题。如房地产上的物权、项目公司股权收购的优点和存在的风险、房地产开发经营中涉及的几种房地产税等问题。

III 课程内容与考核要求

第一章 房地产法概述

学习目的与要求

通过本章的学习,掌握房地产的概念和特征,房地产市场的概念,房地产法的概念和调整范围。理解法律上房屋和土地的关系,房地产开发的概念,房地产法的渊源以及我国房地产法律体系的特点。了解我国房地产市场的发展和房地产业的在国民经济中的作用。

课程内容

第一节 房地产和房地产业

（一）土地、不动产、房地产的概念辨析
（二）广义和狭义的房地产开发、房地产市场及其在我国的发展、房地产业的概念及其在国民经济中的作用

第二节 房地产法律体系

（一）房地产法的概念和调整范围
（二）房地产法的渊源
（三）房地产法律体系的特点

考核知识点与考核要求

（一）房地产和房地产业

识记：① 房地产的概念；② 房地产市场的概念。

领会：① 土地的特征；② 动产与不动产的区别；③ 房地产的特征；④ 房地产开发的概念；⑤ 房地产市场及其在我国的发展。

简单应用：法律上房屋和土地的关系。

（二）房地产法律体系

识记：① 房地产法的概念和调整范围；② 房地产法的渊源。

综合应用：房地产法律体系的特点。

本章关键问题

房地产法律体系的构成及特点。

第二章 房地产上的物权及其登记

学习目的与要求

通过本章的学习,要掌握房地产上几种主要物权的概念、特征和法律渊源;掌握不动产登记的基本制度和现状、不动产登记基本类型的概念和内容。了解不动产物权的一般分类、作为不动产登记基础的物权公示公信原则、不动产登记一般程序、登记错误的责任。

课程内容

第一节 房地产上的主要物权

(一)土地所有权、房屋所有权等房地产上的所有权及相邻关系
(二)建设用地使用权、宅基地使用权、地役权等房地产上的用益物权
(三)担保物权——抵押权

第二节 不动产登记

(一)物权公示公信原则与不动产登记
(二)《物权法》确立的不动产登记的基本制度及我国不动产登记的现状
(三)房屋和土地登记基本制度、不动产登记的主要类型

考核知识点与考核要求

(一)房地产物权体系
识记:① 土地所有权概念;② 房屋所有权概念;③ 建设用地使用权的概念;④ 宅基地使用权的概念和特征;⑤ 地役权的概念和特征;⑥ 抵押权的概念和设立范围。
领会:① 土地所有权的主体;② 相邻关系的概念、特征和种类;③ 处理相邻关系的原

则和依据;④ 宅基地使用权的取得、转让和消灭;⑤ 地役权合同的订立和解除。

综合运用:房地产物权体系基本框架。

(二) 不动产登记

识记:① 不动产登记的基本制度;② 不动产物权变动的登记生效主义及其例外;③ 不动产依申请登记的原则及例外;④ 初始登记的概念;⑤ 转移登记和变更登记的概念;⑥ 更正登记的概念;⑦ 异议登记的概念;⑧ 预告登记的概念;⑨ 注销登记的概念。

领会:① 物权公示公信原则;② 登记一般程序;③ 权属证书和登记簿的关系;④ 总登记的概念;⑤ 转移登记和变更登记在土地和房屋登记中的内涵;⑥ 异议登记的效力;⑦ 预告登记的效力;⑧ 查封登记的概念和效力;⑨ 我国不动产登记的基本制度及其现状。

简单运用:① 不动产统一登记的要求与分散登记的现状;② 属地登记的原则与作为例外的分级登记;③ 房屋登记和土地登记的关系;④ 登记错误的责任。

本章关键问题

一处房地产可能涉及的物权及不动产登记。

第三章 土地管理法律制度

学习目的与要求

通过本章的学习,了解我国土地管理立法概况,掌握土地管理制度的主要内容。掌握土地征收的概念;土地征收的审批权限;土地储备的概念;土地一级开发的概念。理解土地征收的特征及条件;土地征收程序;征收补偿标准。掌握土地用途管制的概念和土地利用总体规划的概念,理解城乡规划的种类;土地用途的分类和审批。了解土地利用总体规划的编制、实施与修订;城乡规划的编制、实施与修改。了解小产权房的开发模式和形成过程。

课程内容

第一节 土地管理法律制度概述

(一) 土地管理立法的层级及各层级的主要立法
(二) 土地管理制度

第二节 土地征收、土地储备和土地一级开发

(一) 土地征收
(二) 土地储备与土地一级开发

第三节 土地用途管制制度

(一) 土地用途管制的概念
(二) 土地利用总体规划
(三) 城乡规划
(四) 土地用途管制下土地用途的分类及其变更

第四节　小产权房的现状与法律分析

（一）小产权房的基本情况
（二）小产权房的法律辨析

考核知识点与考核要求

（一）土地管理法律制度概述
领会：① 土地管理立法概况；② 我国土地管理法律制度的渊源；③ 土地管理制度与土地权利制度的关系；④ 土地管理制度的主要内容。
（二）土地征收、土地储备和土地一级开发
识记：① 土地征收的概念；② 土地征收的审批权限；③ 土地储备的概念；④ 土地一级开发的概念。
领会：① 土地征收的特征；② 土地征收的条件。
简单应用：土地征收程序。
综合应用：征收补偿标准。
（三）土地用途管制制度
识记：① 土地用途管制的概念；② 土地利用总体规划的概念；③ 城乡规划的概念。
领会：① 城乡规划的种类；② 土地用途的分类；③ 土地用途变更的审批。
简单应用：① 土地利用总体规划的编制、实施与修订；② 城乡规划的编制、实施与修改。
（四）小产权房的现状与法律分析
领会：小产权房的开发模式。
简单应用：小产权房的形成过程。
综合应用：小产权房的法律分析。

本章关键问题

我国土地管理制度的主要内容及其与房地产开发交易的关系。

第四章 房地产开发用地

学习目的与要求

通过本章的学习,了解建设用地的分类、房地产开发用地的内涵;土地划拨的审批程序;协议出让、招标、拍卖、挂牌的程序。理解建设用地使用权的设立、期限与续期;建设用地使用权消灭的原因;建设用地使用权消灭后地上建筑物的处理;国有土地上房屋征收补偿制度;项目转让的条件和程序;项目公司股权转让。掌握建设用地使用权的概念、性质和特征;建设用地使用权人的权利和义务;建设用地使用权的划拨范围;土地出让的适用范围;建设用地使用转让的条件。

课程内容

第一节 建设用地与房地产开发用地

(一) 建设用地的主要分类
(二) 房地产开发用地与建设用地的关系

第二节 国有土地上的建设用地使用权

(一) 建设用地使用权的概念、性质和特征
(二) 建设用地使用权的设立、期限与续期
(三) 建设用地使用权人的权利和义务
(四) 建设用地使用权的消灭

第三节 国有土地上房屋征收补偿制度

(一) 国有土地上房屋征收与建设用地使用权收回的关系
(二) 征收补偿的责任主体
(三) 征收的前提——公共利益

（四）征收决定
（五）征收补偿
（六）搬迁和强制拆迁

第四节　建设用地使用权的划拨和出让

（一）建设用地使用权的划拨
（二）建设用地使用权的出让

第五节　建设用地使用权转让

（一）建设用地使用权转让的概念、出让取得建设用地使用权转让的特殊规则
（二）建设用地使用权的转让条件
（三）房地产项目转让与项目公司股权转让

考核知识点与考核要求

（一）建设用地与房地产开发用地
识记：① 房地产开发用地的概念。
领会：① 建设用地的分类；② 房地产开发用地与建设用地的区别。
（二）国有土地上的建设用地使用权
识记：① 建设用地使用权的概念；② 建设用地使用权划拨的概念。
领会：① 国有土地上的建设用地使用权的特征；② 建设用地使用权的合同设立；③ 建设用地使用权的期限和续期；④ 建设用地使用权人的权利和义务；⑤ 建设用地使用权消灭的原因。
简单应用：建设用地使用权消灭后地上建筑物的处理。
（三）国有土地上房屋征收补偿制度
领会：① 征收补偿的责任主体；② 征收的前提；③ 征收决定的效力；④ 征收补偿范围；⑤ 补偿方式；⑥ 补偿协议和补偿决定；⑦ 房屋征收补偿档案、征收补偿费用的审计。
简单应用：① 征收决定的前置条件和程序；② 不服征收决定的救济；③ 补偿标准与价格评估；④ 搬迁和强制搬迁。
综合运用：国有土地上房屋征收补偿制度中各具体制度间的关系。
（四）建设用地使用权的划拨和出让
识记：① 土地使用权出让的概念；② 协议出让的概念；③ 招标的概念；④ 拍卖的概念；⑤ 挂牌的概念。

领会：① 建设用地使用权划拨的范围；② 建设用地使用权出让的范围；③ 出让方式。

简单应用：① 建设用地使用权划拨的审批程序。

（五）建设用地使用权转让

识记：① 土地使用权转让的概念；② 项目转让的概念；③ 项目公司股权收购的概念。

领会：① 出让建设用地使用权的转让条件；② 划拨建设用地使用权的转让的条件；③ 禁止转让建设用地使用权的情况；④ 项目转让的性质；⑤ 项目公司兼并的概念；⑥ 项目公司兼并与股权收购的区别。

简单应用：项目转让的条件和程序。

综合应用：项目公司股权收购的优点和存在的风险。

本章关键问题

房地产开发用地与建设用地制度的关系。

第五章　房地产开发建设

学习目的与要求

　　了解建设工程监理制度的意义。掌握狭义房地产开发的概念、基本原则与要求；建设工程施工合同概念及特征、建设工程监理的概念。理解房地产开发的基本流程和证书的申请和管理；房地产开发企业的设立条件和资质；项目公司开发房地产中的优势及可能产生的问题；建设工程施工合同；建设工程发包与承包、建设工程招投标相关制度；建设工程监理制度等内容。

课程内容

第一节　房地产开发概述

（一）房地产开发的含义
（二）房地产开发的基本原则与要求
（三）房地产开发的基本流程和证书申请、管理

第二节　房地产开发企业

（一）房地产开发企业的概念和分类
（二）房地产开发企业的设立条件
（三）房地产开发企业资质
（四）房地产项目公司
（五）房地产合作开发

第三节　建设工程施工合同

（一）建设工程施工合同概念及特征
（二）建设工程施工合同的组成

（三）建设工程施工合同发包人与承包人的一般义务
（四）建设工程发包与承包
（五）建设工程招投标制度
（六）分包与转包
（七）建设工程施工合同纠纷

第四节　建设工程监理制度

（一）建设工程监理的概念和意义
（二）建设工程监理的特点
（三）建设工程监理的基本准则
（四）建设工程监理的适用范围
（五）建设工程监理各主体之间的法律关系
（六）建设工程监理单位的任务和权利
（七）建设工程监理责任

第五节　建设工程质量责任

（一）建设工程质量责任的主体、标准和内容
（二）房屋质量的责任期限
（三）质量保修期内责任的承担

考核知识点与考核要求

（一）房地产开发概述
识记：狭义房地产开发的概念。
领会：房地产开发的基本原则与要求。
简单应用：房地产开发的基本流程和证书申请、管理。
（二）房地产开发企业
识记：① 房地产开发企业的概念；② 房地产合作开发的概念。
领会：① 房地产开发企业的分类；② 房地产开发企业的设立条件；③ 房地产开发企业的资质类别及业务范围；④ 房地产合作开发的特征。
简单应用：① 房地产开发企业的资质条件；② 房地产开发企业资质的管理；③ 项目公司开发房地产中的优势及可能产生的问题；④ 房地产合作开发的主要法律问题。

（三）建设工程施工合同

识记：① 建设工程施工合同概念；② 建设工程发包与承包的概念；③ 工程招标和投标的法律性质；④ 分包的概念；⑤ 劳务分包的概念；⑥ 转包的概念；⑦ 工程造价及工程款的概念。

领会：① 建设工程施工合同的特征；② 建设工程施工合同的组成；③ 招标的方式；④ 专业分包与劳务分包的区别；⑤ 违法分包的责任；⑥ 建筑施工企业资质与施工合同效力的关系；⑦ 带资、垫资施工纠纷及处理；⑧ 工程款优先受偿权的基本规则；⑨ 工程款优先权实现与交易安全的保护。

简单应用：① 建设工程施工合同发包人与承包人的一般义务；② 工程招标的范围；③ 投标过程中的禁止性规定；④ 招投标实施程序；⑤ 现行法对分包的规制；⑥ 施工合同的无效和解除。

（四）建设工程监理制度

识记：① 建设工程监理的概念。

领会：① 建设工程监理的意义；② 建设工程监理的特点；③ 建设工程监理的基本准则；④ 建设工程监理单位的任务和权利。

简单应用：① 建设工程监理的适用范围；② 建设工程监理各主体之间的法律关系；③ 建设工程监理责任。

（五）建设工程质量责任

识记：① 质量保证期的概念；② 质量保修期的概念。

领会：① 建设工程质量责任的主体；② 建设工程质量标准；③ 最低保修期的规定。④ 质量保修期内责任的承担。

简单应用：① 工程质量责任的内容；② 质量保证期和保修期的区分意义。

本章关键问题

本章介绍的各类主体在房地产开发建设中的任务和作用。

第六章 房地产交易

学习目的与要求

了解房地产交易的概念、种类和历史。掌握商品房预售和现售的法律规定。了解商品房预售中几个特殊问题的处理。理解商品房的交付、过户与风险转移;商品房的质量保证责任;商品房销售广告的类型和法律属性。掌握商品房预售和现售的概念和特征。了解存量房网上签约流程;信息公示要求和流程;存量房交易资金监管的必要性。理解房屋租赁合同。掌握房屋租赁的原则及特殊规定;买卖不破租赁规则;承租人的优先购买权。

课程内容

第一节 房地产交易概述

（一）房地产交易的概念和特征
（二）房地产交易的种类

第二节 商品房销售

（一）商品房的概念、商品房销售和计价方式
（二）商品房预售
（三）商品房现售

第三节 商品房的交付、质量保证和风险转移

（一）商品房交付的一般要求
（二）商品房的交付、过户与风险转移
（三）商品房的质量保证

第四节　商品房销售广告

（一）商品房销售广告的概念和特征、主要类型
（二）商品房销售广告的法律属性
（三）商品房销售广告的法律规制

第五节　存量房交易

（一）存量房的概念和特点
（二）网上签约和信息公示
（三）存量房交易资金监管

第六节　房屋租赁

（一）房屋租赁的概念、特征和种类，房屋租赁的原则及特殊规定
（二）房屋租赁合同关系
（三）房屋租赁的特殊效力
（四）房屋转租
（五）房屋租赁登记备案

第七节　房地产交易中房屋和土地的关系

（一）主体一致原则
（二）一同处分原则

考核知识点与考核要求

（一）房地产交易概述
识记：房地产交易的概念和特征。
领会：① 房地产交易的种类；② 政府管制房地产交易的主要方式；③ 房地产宏观调控及其意义。
（二）商品房销售
识记：① 商品房的概念；① 商品房预售的概念；② 商品房现售的概念。
领会：① 商品房销售的计价方式；② 商品房预售的特征；③ 商品房预售的条件；

④ 预售合同登记备案与预告登记的区别;⑤ 预售商品房的再行转让;⑥ 商品房现售的条件。

简单应用:① 商品房销售合同;② 项目规划、设计改变后的处理;③ 面积误差的处理。

(三) 商品房的交付、质量保证和风险转移

领会:① 商品房的交付、过户与风险转移;② 商品房质量问题的分类及处理;③ 商品房的质量保修责任。

简单应用:商品房交付的一般要求。

(四) 商品房销售广告

识记:① 商品房销售广告的概念;② 商品房销售广告的特征。

领会:① 商品房销售广告的类型;② 商品房销售广告的法律属性。

简单应用:商品房销售广告的法律规制。

(五) 存量房交易

识记:存量房的概念。

领会:① 存量房交易的特点;② 存量房交易资金监管的必要性。

简单应用:① 网上签约流程;② 信息公示要求和流程;③ 对于资金监管的规定。

(六) 房屋租赁

识记:① 房屋租赁的概念;② 房屋租赁的特征;③ 房屋租赁的分类;④ 房屋转租的概念。

领会:① 房屋租赁的原则及特殊规定;② 出租人的权利义务;③ 承租人的权利义务;④ 其他特定人的权利义务;⑤ 买卖不破租赁规则;⑥ 承租人的优先购买权;⑦ 房屋转租中的特殊规定。

简单应用:① 房屋租赁合同的订立;② 房屋租赁合同的解除;③ 房屋租赁登记备案。

(七) 房地产交易中房屋和土地的关系

领会:① 主体一致原则;② 一同处分原则。

综合应用:房地一体原则。

本章关键问题

购买住宅时要注意的法律问题(注意区分商品房和存量房)。

第七章 房地产中介服务

学习目的与要求

了解房地产中介服务的概念、种类和特点；房地产中介机构的设立条件和程序；房地产经纪的概念和主要业务；房地产经纪服务合同的主要形式及内容；国家对房地产经纪人员和经纪机构进行管理和监督的主要手段；房地产估价的种类；房地产估价原则以及房地产估价的意义；房地产估价机构和人员的资质核准与管理；房地产估价合同双方当事人的权利和义务；掌握商品房包销的概念和特征，理解商品房包销的种类；包销行为的法律性质；商品房包销的主要法律问题；了解商品房包销的基本流程。

课程内容

第一节 房地产中介服务概述

（一）房地产中介服务的概念和种类
（二）房地产中介服务的主要特点
（三）房地产中介机构的设立条件和程序

第二节 房地产经纪

（一）房地产经纪的概念
（二）房地产经纪机构的主要业务
（三）房地产经纪服务合同
（四）房地产经纪人员和机构的管理和监督

第三节 房地产估价

（一）房地产估价的概念和分类
（二）房地产估价的原则和意义

（三）房地产估价机构和人员的资质核准与管理
（四）房地产估价合同的签订
（五）房地产估价机构的违法行为及其处罚

第四节　商品房包销

（一）商品房包销的概念、特征、种类和流程
（二）商品房包销的法律性质
（三）商品房包销中的几个法律问题

考核知识点与考核要求

（一）房地产中介服务概述
识记：① 房地产中介服务的概念；② 房地产咨询的定义；③ 房地产估价的定义；④ 房地产经纪的定义。
领会：① 房地产中介服务的种类；② 房地产中介服务的特点；③ 房地产中介机构的设立条件；④ 房地产中介机构的设立程序。
（二）房地产经纪
识记：① 房地产居间的定义和分类；② 房地产代理的定义和分类；③ 房地产行纪的定义和特征；④ 房地产经纪服务合同的概念、性质；⑤ 房地产经纪人员的概念和种类；
领会：① 作为居间人的房地产经纪机构的权利和义务；② 代理活动的特点；③ 对房地产经纪机构提供房地产行纪服务的限制；④ 房地产经纪服务合同的当事人；⑤ 房地产经纪人员的执业资格制度；⑥ 房地产经纪人员的注册执业；⑦ 房地产经纪机构的备案和年检；⑧ 房地产经济机构的价格和收费管理；⑨ 客户交易结算资金专用存款账户；⑩ 业务记录制度；⑪ 对房地产经纪机构和房地产经纪人员的监督；⑫ 房地产经纪机构和经纪人员的违法行为及处罚。
简单运用：房地产经纪合同的订立。
综合运用："反跳单"条款及其效力。
（三）房地产估价
识记：房地产估价的概念。
领会：① 房地产估价的分类；② 房地产估价的原则；③ 房地产估价的意义；④ 房地产估价机构的资质等级核准及其业务范围；⑤ 房地产估价师的注册管理；⑥ 房地产估价机构的违法行为及其处罚。
简单运用：房地产估价合同的签订。

（四）商品房包销

识记：商品房包销的定义。

领会：① 商品房包销的特征；② 商品房包销的种类；③ 包销行为的法律性质。

简单应用：商品房包销的基本流程。

综合应用：商品房包销中的主要法律问题。

本章关键问题

各种房地产中介在房地产开发和交易中所起的作用。

第八章 建筑物区分所有权与物业管理

学习目的与要求

掌握建筑物区分所有权的概念和特征；专有部分所有权和共有部分共有权的内容和特征；物业管理的概念、法律属性；业主、业主大会与业主委员会、前期物业管理、物业服务企业和物业服务合同的有关内容。

课程内容

第一节 建筑物区分所有权

（一）建筑物区分所有权的概念
（二）建筑物区分所有权的特征
（三）建筑物区分所有权的内容

第二节 物业管理概述

（一）物业和物业管理的概念
（二）物业管理与业主的建筑物区分所有权、业主自治的关系

第三节 业主、业主大会与业主委员会

（一）业主
（二）业主大会
（三）业主委员会
（四）管理规约和业主大会议事规则
（五）政府对业主大会、业主委员会的指导和监督

第四节　物业服务企业

（一）物业服务企业的概念
（二）物业服务企业的法律地位
（三）物业服务企业的资质管理制度

第五节　物业管理服务

（一）物业服务合同
（二）物业服务企业在物业管理服务中的义务和责任
（三）业主和物业使用人在物业管理中的义务和责任
（四）物业管理服务的转委托
（五）物业服务收费

第六节　建设单位的前期物业管理义务

（一）通过招投标方式选聘物业服务企业
（二）制定临时管理规约
（三）其他重要义务

第七节　物业的使用和维护中的主要法律问题

（一）物业管理区内公共建筑和共用设施的用途改变及利用经营
（二）物业管理区内道路、场地的占用、挖掘和管线、设备维修养护
（三）住宅专项维修资金
（四）有安全隐患物业的维修养护

考核知识点与考核要求

（一）建筑物区分所有权
识记：① 建筑物区分所有权的概念和内容；② 专有部分客体的条件；③ 共有部分的概念和分类。
领会：① 建筑物区分所有权的特征；② 共有部分共有权和一般共有权的差异；③ 共

有部分的构成。

简单应用:专有部分和共有部分的合理使用。

(二)物业管理概述

识记:① 物业的基本含义;② 物业管理的基本含义。

领会:① 物业管理的法律性质;② 物业管理与业主的建筑物区分所有权、业主自治的关系。

(三)业主、业主大会和业主委员会

识记:① 业主的概念;② 业主大会的概念和性质;③ 业主委员会概念;④ 业主委员会备案制度;⑤ 管理规约概念。

领会:① 业主在物业管理中的权利和义务;② 业主大会的职责;③ 业主大会会议的决定;④ 业主委员会职责。

简单应用:业主大会和业主委员会的法律责任。

综合运用:业主大会和业主委员会的职责分工。

(四)物业服务企业

识记:① 物业服务企业的概念;② 物业服务企业的法律地位。

领会:① 物业服务企业资质等级的条件;② 各资质等级物业服务企业的业务范围。

简单应用:① 物业服务企业资质、资质证书的使用和管理;② 物业服务企业违反资质管理的法律后果。

(五)物业管理服务

识记:① 物业服务合同的概念、性质和特点;② 物业服务合同的分类;③ 物业服务企业在物业管理服务中的义务;④ 业主和物业使用人在物业管理中的义务。

领会:① 物业服务企业与业主和物业使用人在物业管理中的法律责任;② 物业管理服务的转委托;③ 物业服务收费原则、对象、服务报酬及公用事业费代收。

(六)建设单位的前期物业管理义务

识记:① 前期物业管理的概念;② 前期物业服务企业的选聘;③ 临时管理规约的内容和原则。

综合运用:建设单位在前期物业管理中承担的义务。

(七)物业的使用和维护中的主要法律问题

识记:① 住宅专项维修资金的概念;② 住宅专项维修资金的使用;③ 住宅专项维修资金的管理。

领会:① 物业管理区内公共建筑和共用设施的用途改变及利用经营;② 物业管理区内道路、场地的占用、挖掘和管线、设备维修养护;③ 有安全隐患物业的维修养护。

综合运用:业主和物业使用人、物业管理服务企业合理地使用、维护物业的义务。

本章关键问题

建筑物区分所有权与物业管理的关系;业主、业主大会、业主委员会、物业服务企业、建设单位在物业管理中的法律地位和权利义务。

第九章　房地产融资与担保

学习目的与要求

　　了解房地产与金融的关系；房地产开发贷款；个人住房贷款制度和公积金贷款制度；置业担保制度；房地产信托融资与 REITs。理解房地产抵押和房地产按揭的区别；房地产抵押合同和登记；房地产开发融资的种类。掌握房地产融资的概念和种类；房地产抵押权的标的；房地产抵押权当事人的权利和义务；房地产项目运作与项目公司融资。

课程内容

第一节　房地产融资与担保概述

（一）房地产与金融
（二）房地产融资的概念与种类
（三）房地产融资担保的概念与种类

第二节　房地产抵押

（一）房地产抵押概述
（二）房地产抵押权的设立
（三）房地产抵押权当事人的权利和义务

第三节　房地产开发融资

（一）房地产开发融资的概念和种类
（二）房地产项目运作与项目公司融资
（三）房地产开发贷款

第四节 房地产消费融资

（一）个人住房贷款制度
（二）住房公积金贷款

第五节 置业担保

（一）置业担保的概念、历史
（二）我国的住房置业担保的特征
（三）置业担保公司的设立
（四）置业担保中的保证和抵押反担保

第六节 房地产信托融资与 REITs

（一）房地产信托融资
（二）房地产信托融资与 REITs

考核知识点与考核要求

（一）房地产融资与担保概述
识记：① 房地产融资的概念；② 房地产融资担保的概念。
领会：① 房地产融资种类；② 房地产融资担保的种类。
（二）房地产抵押
识记：房地产抵押的概念。
领会：① 房地产抵押和房地产按揭的区别和联系；② 房地产抵押合同的主要内容。
简单应用：① 可以设定抵押和不得设定抵押的房地产的范围；② 对预购商品房抵押和在建工程抵押标的正确理解；③ 房地产抵押登记及其效力；④ 房地产抵押权当事人的权利和义务。
综合应用：房地产抵押中房屋和土地的关系。
（三）房地产开发融资
识记：① 房地产开发融资的概念和种类；② 房地产开发贷款的定义和种类。
领会：① 一般房地产开发贷款；② 经济适用住房开发贷款；③ 廉租住房建设贷款；④ 公共租赁住房建设贷款。
综合应用：房地产项目运作与项目公司融资。

（四）房地产消费融资

识记：① 个人住房贷款的概念；② 直贷式个人住房抵押贷款的概念；③ 住房公积金贷款的概念；④ 组合贷款的概念。

领会：① 个人住房贷款的特征与种类；② 住房公积金贷款的特征。

简单应用：住房抵押贷款保险制度。

（五）置业担保

领会：我国的住房置业担保的特征。

简单应用：① 置业担保公司的设立；② 置业担保中的保证和抵押反担保。

（六）房地产信托融资与REITs

识记：REITs的概念。

领会：房地产信托融资与REITs的区别。

简单应用：房地产信托融资的运营模式。

本章关键问题

房地产融资方式中，银行贷款和其他方式的区别与联系。

第十章 住房保障法律制度

学习目的与要求

掌握住房保障、保障性住房、经济适用住房、限价商品住房、廉租住房、公共租赁住房和住房公积金的基本概念;理解住房保障的形式及各自的特征,理解住房公积金的特征和管理原则;了解经济适用住房、限价商品住房、公共租赁住房和廉租住房的准入、退出机制以及住房公积金的提取和使用方法。

课程内容

第一节 住房保障概述

(一) 住房保障的概念和特征
(二) 住房保障的形式
(三) 保障性住房

第二节 经济适用住房

(一) 经济适用住房的概念和特征、经济适用住房的有限产权
(二) 经济适用住房的准入和退出

第三节 廉租住房保障

(一) 廉租住房保障的概念和种类
(二) 准入和退出

第四节 公共租赁住房

(一) 公共租赁住房的概念和特征

（二）公共租赁住房的房源筹集

第五节　限价商品住房

（一）限价商品住房的概念和特征
（二）限价商标住房的准入和退出

第六节　住房公积金

（一）住房公积金的历史沿革、概念和特征
（二）住房公积金的管理
（三）住房公积金的缴存、提取和使用

考核知识点与考核要求

（一）住房保障概述
识记：① 住房保障制度的概念；② 保障性住房的概念。
领会：① 住房保障的特征；② 住房保障的形式；③ 保障性住房的特征。
（二）经济适用住房
识记：经济适用住房的概念。
领会：① 经济适用住房的特征；② 经济适用住房的有限产权。
简单应用：① 经济适用住房的准入；② 经济适用住房的退出。
（三）廉租住房保障
识记：廉租住房保障的概念。
领会：廉租住房保障的种类。
简单应用：① 廉租住房的准入；② 廉租住房的年度审核、调整与退出。
（四）公共租赁住房
识记：公共租赁住房的概念。
领会：① 公共租赁住房的特征；② 公共租赁住房的房源筹集。
（五）限价商品住房
识记：限价商品住房的概念。
领会：限价商品住房的特征。
简单运用：① 限价商品住房的准入；② 限价商品住房的退出。
（六）住房公积金
识记：① 住房公积金的概念；② 住房公积金的管理机构。

领会:① 住房公积金的特征;② 住房公积金的管理原则;③ 住房公积金管理机构的职责;④ 住房公积金缴存额。

简单应用:① 住房公积金的提取;② 住房公积金的使用。

本章关键问题

我国住房保障的基本形式及各自的适用范围。

第十一章　房地产税费法律制度

学习目的与要求

了解房地产税收的基本概念和作用。理解具体的房地产税和房地产费的概念和主要内容。

课程内容

第一节　房地产税费概述

（一）房地产税收的概念和作用
（二）房地产费的概念和分类

第二节　房地产税

（一）城镇土地使用税
（二）耕地占用税
（三）土地增值税
（四）房产税
（五）契税
（六）房地产印花税
（七）销售不动产营业税
（八）房地产所得税

第三节　房地产费

（一）土地使用权出让金和土地闲置费
（二）房地产行政性收费
（三）房地产事业性收费

考核知识点与考核要求

（一）房地产税收概述

识记：① 房地产税收的概念；② 房地产费的概念。

领会：房地产税收的作用。

（二）几种具体的房地产税

识记：① 城镇土地使用税的概念；② 耕地占用税的概念；③ 土地增值税的概念；④ 房产税的概念；⑤ 契税的概念；⑥ 房地产印花税的概念；⑦ 销售不动产营业税的概念；⑧ 房地产所得税的概念。

领会：① 城镇土地使用税的主要内容；② 耕地占用税的主要内容；③ 土地增值税的主要内容；④ 房产税的主要内容；⑤ 契税的主要内容；⑥ 房地产印花税的主要内容；⑦ 销售不动产营业税的主要内容；⑧ 房地产所得税的主要内容。

综合应用：房地产开发、经营中涉及的几种房地产税。

（三）房地产费

识记：① 土地使用权出让金和土地闲置费的概念；② 房地产行政性收费的概念；③ 房地产事业性收费的概念。

领会：① 房屋登记费；② 房地产交易手续费；③ 房屋估价收费。

综合应用：房地产开发、经营中涉及的房地产费。

本章关键问题

房地产开发、经营过程中涉及的主要税费。

Ⅳ 关于大纲的说明与考核实施要求

一、自学考试大纲的目的和作用

课程自学考试大纲是根据专业自学考试计划的要求,结合自学考试的特点而确定的。其目的是对个人自学、社会助学和课程考试命题进行指导和规定。

课程自学考试大纲明确了课程学习的内容以及深广度,规定了课程自学考试的范围和标准。因此,它是编写自学考试教材和辅导书的依据,是社会助学组织进行自学辅导的依据,是自学者学习教材、掌握课程内容知识范围和程度的依据,也是进行自学考试命题的依据。

二、课程自学考试大纲与教材的关系

课程自学考试大纲是进行学习和考核的依据,教材是学习掌握课程知识的基本内容与范围,教材的内容是大纲所规定的课程知识和内容的扩展与发挥,并体现了一定的深度和难度。但自学考试还是以大纲的要求为准。

具体地说,大纲里面的课程内容和考核知识点,教材里一般都有体现。但是,如果期间相关的法律法规修改的,在学习时应根据修改后的法律法规对教材内容作适当的调整。反过来教材里有的内容,大纲里就不一定体现。这些内容原则上不会在考试中出现,但理解掌握这些内容,有助于对大纲规定的考试内容的理解和掌握,从而在考试中取得好成绩。

三、关于自学教材

《房地产法》,全国高等教育自学考试指导委员会组编,楼建波编著,北京大学出版社2012年版。

四、关于自学要求和自学方法的指导

本大纲的课程基本要求是依据专业考试计划和专业培养目标而确定的。课程基本要求还明确了课程的基本内容,以及对基本内容掌握的程度。基本要求中的知识点构成了课程内容的主体部分。因此,课程基本内容掌握程度、课程考核知识点是高等教育自学考试考核的主要内容。

为有效地指导个人自学和社会助学,本大纲已指明了课程的重点和难点。

本课程共3学分。

针对课程的特点，广大考生在自学中应做到下面几点：

1. 掌握房地产法的内在逻辑，系统学习、深入重点

教材除第一章（房地产法概述）、第二章（房地产上的物权及其登记）、第三章（土地管理法律制度）、第十章（住房保障法律制度）、第十一章（房地产税费法律制度）外，主要遵循了开发用地的取得（第四章）、开发主体的设立和管理（第五章第二节）、建设施工（第五章）、房地产交易及交易中的中介服务（第六章、第七章）、投入使用的房地产的管理（第八章）这样一个逻辑。第九章讨论的房地产融资和担保则贯彻房地产开发交易的全过程。考生在学习中应体会这种逻辑。在具体学习各章时，自学者首先应系统地学习各章内容，掌握要求识记的概念，深入理解和掌握基本理论和基本方法，在此基础上深入知识点，掌握重点。

2. 掌握房地产法的重点法律法规

实质意义上的房地产法律法规内容庞杂，但形式意义上的房地产法主要是《城市房地产法管理法》。考生在学习中应抓住《城市房地产管理法》这个核心。在掌握该法后，再来理解领会其他法律法规中的相关内容。

3. 深入理解各章后面的思考题，注意理论与实践相结合

房地产法综合性应用性强，自学者对教材各章的思考题应深入理解，尤其要做好案例分析题，以提高分析问题和解决问题的能力，做到学以致用。

五、应考指导

1. 通读、精读教材和相关法律法规

为了在考试中作出满意的回答，考生必须对教材内容和相关的法律法规有很好的理解，并熟记其中的基本概念。反复阅读是记忆和理解的关键。我们建议自学者在考试前至少精读一遍教材和相关的法律。考生阅读教材和相关法律时可以做读书笔记。如有需要重点注意的内容，可以用彩笔来标注。如：红色代表重点；绿色代表需要深入研究的领域；黄色代表可以运用在工作之中。可以在教材空白处记录相关法条。在完成精读后，还应在考试前通读几遍教材。

2. 保持卷面整洁，注重答题的逻辑和重点

在回答名词解释题、简答题、论述题和案例分析题时，要争取书写工整，段落与间距合理，以便阅卷教师评分。在答题时，一定要注重答题的逻辑和重点。为突出重点，考生应尽量分要点答题。

3. 克服畏难情绪、放松心态

从知识面看来，本课程既要求具有相关的法学知识，又要求具有一定的房地产专业知识。因此，对一部分既非从事法律工作又非从事房地产工作的自学应考者来说，学习这门课程存在一定难度。考生一定要克服畏难情绪。事实上，只要掌握了本门课程的逻辑，再辅以正确的学习方法，大多数考生还是能取得理想的成绩的。

此外，在学习和考试中一定要放松心态，克服焦虑的情绪。

六、对社会助学的要求

1. 社会助学者应根据本大纲规定的课程内容和考核目标，认真钻研指定教材，明确本课程与其他课程不同的特点和学习要求。对自学应考者进行切实有效的辅导，把握社会助学的正确导向，避免自学者在自学中产生各种偏向。

2. 要正确处理基础知识和应用能力的关系，努力引导自学应考者将识记、领会同应用联系起来，把基础知识和理论转化为应用能力，在全面辅导的基础上，着重培养和提高自学应考者的分析问题和解决问题的能力。

3. 要正确处理重点和一般的关系。课程内容有重点与一般之分，但考试内容是全面的，而且重点与一般是相互联系的，不是截然分开的。社会助学者应指导自学应考者全面系统地自学教材，掌握全部课程内容和考核知识点，在此基础上再突出重点。总之，要把重点学习同兼顾一般结合起来，切勿孤立地抓重点，把自学应考者引向猜题押题。

4. 建议每学分2—3个助学学时。

七、对考核内容的说明

1. 本课程要求考生学习和掌握的知识点内容都将作为考核的内容。课程中各章的内容均由若干知识点组成，在自学考试中成为考核知识点。因此，课程自学考试大纲中所规定的考试内容是以分解为考核知识点的方式给出的。由于各知识点在课程中的地位、作用以及知识自身的特点不同，自学考试将对各知识点分别按四个认知（或叫能力）层次确定其考核要求。

2. 在考试之日起6个月前，由全国人民代表大会和国务院颁布或修订的法律、法规都将列入相应课程的考试范围。凡大纲、教材内容与现行法律、法规不符的，应以现行法律法规为准。

需要说明的是，教材中的"本书法律法规索引"几乎列举了教材所涉及的所有法律法规、行政规章、地方法规和规章以及政策性规范性文件。对法律和行政法规，考核内容不局限于教材中所涉及的条文。但是，对行政规章、地方法规和规章以及政策性规范性文件，考核的内容仅限于教材中援引的内容。

3. 按照重要性程度不同，教材中的章节分为重点章节和一般章节。在本课程试卷中对不同考核内容要求的分数比例大致为：重点章节占60%，一般章节占40%。

八、关于考试命题的若干规定

1. 本课程考试的方法是闭卷考试，考试答卷时间为150分钟。采用百分制评分，60分为及格。

2. 本大纲各章所规定的基本要求、知识点及知识点下的知识细目，都属于考试范围。考试命题要覆盖到各章，并适当突出重点章节，体现本课程的内容重点。

3. 命题不应有超出大纲中考核知识点范围的题,考核目标不得高于大纲中所规定的相应的最高能力层次要求。命题应着重考核自学者对基本概念、基本知识和基本理论是否了解或掌握,对基本方法是否会用或熟练。不应出与基本要求不符的偏题或怪题。

4. 本课程在试题中不同能力层所要求的试题所占的分数比例大致为:识记占20%,领会占30%,简单应用占30%,综合应用占20%。每个层次的试题分数允许5分的上下浮动。

5. 试题的难易程度分为:易、较易、较难和难四个等级。每份试卷中,不同难易试题的分数比例一般为2:3:3:2。

必须注意试题的难易度与能力层次不是一个概念,在各能力层次中都可能存在不同难度的考题,切勿混淆。

6. 本课程考试命题的题型一般有:单项选择题、多项选择题、名词解释题、简答题、论述题、案例分析题等。

在命题工作中必须按照本课程大纲中所规定的题型命制,考试试卷使用的题型可以略少,但不能超出本课程对题型的规定。

Ⅴ 题型举例

一、单项选择题(在每小题列出的四个备选项中只有一个是符合题目要求的,请将其代码填写在题后的括号内。错选、多选或未选均无分)

1. 下列关于国有土地上房屋征收补偿的说法正确的是(　　)

A. 政府是征收补偿的主体,建设单位可以参与搬迁

B. 房屋征收部门可以委托房屋征收实施单位承担房屋征收与补偿的具体工作。对于房屋征收实施单位的行为后果房屋征收部门不承担法律责任。

C. 只有为了公共利益,确需征收房屋的,市、县级人民政府才能作出房屋征收决定

D. 作出房屋征收决定后、搬迁之前,征收补偿费用应当足额到位、专户存储、专款专用

二、多项选择题(在每小题列出的五个备选项中至少有两个是符合题目要求的,请将其代码填写在题后的括号内。错选、多选、少选或未选均无分)

1. 下列房地产中不得进行抵押的有(　　)

A. 土地所有权

B. 建设用地使用权

C. 所有权、使用权不明或者有争议的房地产

D. 依法被查封、扣押、监管的房地产

E. 耕地承包经营权

三、名词解释题

1. 建设用地使用权
2. 商品房预售

四、简答题

1. 预售备案登记和预告登记有哪些区别?
2. 土地使用权划拨的范围如何?

五、论述题

试述房地产交易中的"房地一体"原则。

六、案例分析题

原告:李先生,买房人

被告:天河房地产开发有限公司(以下简称天河公司)

2005年3月19日,李先生与天河公司签订商品房买卖合同,并在当天支付全款购买了天河广场B807室,合同约定2006年5月1日交房,但直到2007年5月天河公司都没

有通知交房。李先生发现房子已经被卖给了第三人。

原来，B807室位于第三人欲购买的两套房间的中间，天河公司为了便于销售，将B807室一起卖给了第三人，并答应为李先生换成B1501室。

由于B1501室的面积较小，且天河公司一直未交房，而天河公司又被另一家公司接收并另行对外出售楼盘，于是李先生起诉要求解除双方的买卖合同，同时判令天河公司返还购房款、物业费、供暖费约195万元，并赔偿该房屋经济损失约97万元。请回答：

1. 天河公司"一房二卖"的行为是否构成违约？李先生是否有权主张第三人与天河公司的买卖合同无效？

2. 天河公司被另一家公司接收后，李先生应向谁主张权利？

后　　记

　　《房地产法自学考试大纲》是根据高等教育自学考试法律专业考试计划的要求，由全国考委法学类专业委员会组织编写。

　　《房地产法自学考试大纲》由北京大学法学院副教授楼建波撰写。

　　北京大学法学院魏振瀛教授、中国政法大学法学院符启林教授和南开大学法学院陈耀东教授参加审稿并提出修改意见，向他们表示诚挚的谢意。

全国高等教育自学考试指导委员会
法学类专业委员会
2012 年 8 月

全国高等教育自学考试指定教材
法律专业(本科)

房 地 产 法

全国高等教育自学考试指导委员会　组编

第一章 房地产法概述

学习目标:本章涉及房地产法的基本概念和基本原理,是学习其他各章节的基础。通过本章的学习,掌握房地产、房地产市场和房地产法的概念;理解房地产开发的概念、法律上房屋和土地的关系、房地产法的渊源以及我国房地产法律体系的特点;了解我国房地产市场的发展和房地产业在国民经济中的作用。

第一节 房地产和房地产业

一、土地、不动产、房地产

(一) 土地

从自然属性上来看,土地是万物之本,是最重要、最基础的不动产,是一切生产和一切存在的源泉。土地具有下面两个特征:(1) 土地具有基础性。任何其他不动产,如房屋、林木等,都不得不依附于土地而存在,离开了土地,这些不动产就不复存在。(2) 土地具有永续性。除土地外的不动产,存续时间都是有限的。

土地是整个房地产开发的出发点和基础。整个房地产业不可能离开土地而存在。但是,与房地产相关的土地,即房地产法所关注的土地,只是作为自然物的土地的一部分。具体地说:(1) 土地本为连绵无垠之物,但房地产法关注的是宗地,即土地权属界线封闭的地块或者空间(《土地登记办法》第 5 条)。需要指出的是,宗地并非平面的,而是立体的。宗地的范围,在横的方面和纵的方面,都以界址为限。(2) 在我国,不仅矿藏、水流、海域与土地是相互独立的客体,土地上的建筑物及其他定着物、附着物等在物权上被视为独立于土地的客体,森林、山岭、草原、荒地、滩涂等自然资源也被视为不同于土地的物权客体。房地产法关注的土地范围则更窄,主要是用于房地产开发的城镇建设用地。

(二) 动产和不动产

动产和不动产是民法上对物的基本划分。《中华人民共和国物权法》(以下简称《物权法》)使用了动产和不动产的概念。学理上把不能移动或者移动会损害其用途和价值的物称为不动产。不动产主要指土地及土地上的定着物。

法律上区分动产和不动产,主要是考虑到动产和不动产在经济价值以及利用方法等各方面的差异,在调整上需要采取不同的原则。具体而言:(1)《物权法》对动产和不动产物权的变动规定了不同的要件。不动产物权变动一般以登记为生效要件。如房屋所有权的转让,当事人必须向房屋所在地房管机关登记,办理过户手续,才能生效。而动产物权的变动则一般以物的交付为要件。(2) 权利类型不同。建设用地使用权、地役权等用益物权以不动产为限;而动产质权、留置权则以动产为限。(3) 诉讼管辖不同。不动产发生的纠纷,由不动产所在地法院专属管辖;而动产的诉讼管辖则比较灵活。(4) 在涉外物权法律关系中的准据法不同。按照《中华人民共和国涉外民事关系法律适用法》第36条的规定,涉外不动产物权关系,适用不动产所在地(国)的法律;而涉外动产物权的准据法则没有这种强制性的规定。

(三) 房地产的概念和特征

房地产是指可开发的土地及其地上定着物、建筑物,包括物质实体和依托于物质实体上的权益。房地产具有下面的特征:(1) 房地产是不动产的一种,与土地密不可分。但是,不能开发的土地,如基本农田,不属于房地产的范畴。换言之,不动产的外延要大于房地产。(2) 房地产不仅包括物质实体,还包括依托于物质实体上的权利和利益。例如,建设用地使用权就是一种很重要的依托于土地的权利,而《物权法》第86、87、88条分别规定的相邻不动产权利人间相互给予的用水、排水的便利,通行的便利,因建造、修缮建筑物以及铺设电线、电缆、水管、暖气和燃气管线等必须利用相邻土地时给予的利用土地的便利,则是一种依托于土地的利益。(3) 房地产既包括房产,又包括地产。其中地产是指土地和固着其上不可分割的部分所共同形成的物质实体以及依托于物质实体上的权益;房产是指个人或者团体保有所有权的房屋连同保有使用权的地基以及依托于房屋、地基物质实体上的权益。从这两个定义中可以看出,地产可以是其上尚未建造房屋的土地,但房产不能离开土地而存在。

房地产中的地产和房产存在密不可分的关系,地产是房产的依托和基础,房产是地产的目标和用途。具体地说:(1) 从物质形态上看,房产总与地产联结为一体而不可分离,离开土地建筑物就不复存在。(2) 从房地产开发过程看,土地的开发与房屋的建设总是一个并行或相继发生的连续过程。没有土地开发,房屋的建设就无法进行。(3) 在价值形态和经营上,房产、地产也形成一个整体。例如,房屋的买卖,既完成了房产的交易,也包含着地产的交易,房产的价格中往往也包括了其地产的价格。

(四) 法律上房屋和土地的关系

按照《中华人民共和国宪法》(以下简称《宪法》)、《物权法》和《中华人民共和国土地管理法》(以下简称《土地管理法》)的规定,城市的土地属于国家所有;农村和城市郊区的土地,除法律规定属于国家所有的外,属于农村集体经济组织所有。个人、法人和其他组织只能取得国有和集体所有土地的用益物权,其中与房地产密切相关的是建设用地使用权。但是,建设用地使用权人对房屋的权利并非其建设用地使用权的一部分。从物权的归属和登记上看,权利人对房屋的权利和对土地的权利是两个不同的权利。但转让或抵押时,房屋的权利和土地的权利必须一并转让或抵押。对此,《物权法》第146、147条及第182条有明确的规定。

二、房地产开发、房地产市场与房地产业

(一) 房地产开发

房地产开发有广义和狭义之分。

广义的房地产开发,即《城市房地产管理法》第2条第3款规定的在"取得国有土地使用权的土地上进行基础设施、房屋建设的行为"。这里的基础设施建设是指土地开发的再开发,其中的土地开发是指把自然状态的土地变为可供建造房屋和各类设施的建筑用地,即"生地"变"熟地";土地再开发是指对城区原有土地进行改造,即通过一定量资金、劳动等的投入,调整用地结构,完善城市基础设施,以提高现有土地的使用功能。房屋建设是指在具备建设条件的城市土地上,建筑各类房屋。

狭义的房地产开发,即经营性的房地产开发。按《城市房地产开发经营管理条例》第2条的规定,"是指房地产开发企业在城市规划区内国有土地上进行基础设施建设、房屋建设,并转让房地产开发项目或者销售、出租商品房的行为"。

广义和狭义房地产开发的区别并不在于开发建设的范围的不同,而在于:(1) 目的不同。狭义的开发建设是一种经营行为,以转让房地产项目或者销售、出租商品房获取利润为目的。而广义的开发既包括这种经营性的开发,也包括不以获取利润为目的的开发建设行为。(2) 主体不同。狭义的房地产开发建设主体是依法成立的房地产开发企业;而广义的房地产开发主体则不一定是开发企业。

(二) 房地产市场及其在我国的发展

1. 房地产市场的概念

房地产市场是指国有建设用地使用权出让、转让、出租、抵押和城市房地产转让、房地产抵押、房屋租赁等交易活动的总称。2003年的《房地产业基本术语标准》[①]把房地产市场区分为:(1) 土地市场,即进行土地使用权交易的市场;(2) 房屋一级市场,即新开发的商品房预(销)售市场,是增量房屋产权交易市场;(3) 房屋二级市场,即存量房屋的产权交易市场;以及(4) 房屋三级市场,即房屋出租、抵押、典当以及承租房屋的转租及使用权转让等部分产权交易的市场。

2. 房地产市场的发展

1988年《宪法》修改前,任何组织或者个人不得侵占、买卖、出租或者以其他形式非法转让土地,在我国并不存在真正意义上的土地市场。1988年《宪法》的修改,以及随后的《土地管理法》的修改及《城镇国有土地使用权出让转让暂行条例》的颁布,为国有建设用地使用权在我国的出让和转让提供了法律基础。

公民合法的私有房屋一直受到法律的保护,私有房屋的买卖和出租在我国一直都是存在的,但在1988年《宪法》、《土地管理法》修正及1990年《城镇国有土地使用权出让转

---

① 《房地产业基本术语标准》(中华人民共和国行业标准JGJ/T30-2003),《建设部关于发布行业标准的公告》第127号,2003年3月17日发布,2003年6月1日起实施。

让暂行条例》颁布前,商品房市场在我国并不存在。只有随着可以交易的土地使用权的出现,房地产开发经营活动,即房地产开发企业在城市规划区内国有土地上进行基础设施建设、房屋建设,并转让房地产开发项目或者销售、出租商品房的行为才真正成为一种重要的经济活动,商品房的出租和销售才逐步兴起并蓬勃发展。

(三) 房地产业

1. 房地产业的概念

在实际生活中,人们习惯上将从事房地产开发和经营的行业称为房地产业。具体地说,房地产业是指以土地和建筑物为经营对象,从事房地产开发、建设、经营、管理以及维修、装饰和服务的集多种经济活动为一体的综合性产业,属于第三产业,是具有先导性、基础性、带动性和风险性的产业。

2. 房地产业作为一个独立产业形成和确认

房地产业从房地产经纪活动成长为一个独立的产业经历了漫长的过程。从产业分类标准上看,有的分类标准没有明确房地产的产业地位,有的分类标准中房地产的产业地位较为模糊,直到联合国 1986 年修正的《全部经济活动的国际标准产业分类》中,房地产业的产业地位才得到明确的承认。[①] 联合国为统一世界各国产业分类而制定的标准产业分类法也被称为国际标准产业分类法,该分类法于 1989 年再次修订。按该分类法,房地产业由四个部分组成:(1) 出租和经营房地产(非住宅、建筑、公寓房间、住宅);(2) 进行土地功能分区和房地产开发(用自己的账户);(3) 不动产出租人;以及 (4) 通过合同或收费方式经营的租赁、买卖、管理、评估房地产的代理人、经理人和管理者。[②]

参照联合国标准产业分类法,我国分别于 1984 年、1994 年和 2002 年制定和修改了《中国国民经济行业分类与代码》,把全部的国民经济分为 20 个行业,从 A 到 T 依次排列,其中 K 为房地产业,包括:(1) 房地产开发经营,即房地产开发企业进行的房屋、基础设施建设等开发,以及转让房地产开发项目或者销售、出租房屋等活动;(2) 物业管理,即物业服务企业按照合同约定,对房屋及配套的设施设备和相关场地进行维修、养护、管理,维护环境卫生和相关秩序的活动;(3) 房地产中介服务,即房地产咨询、房地产价格评估、房地产经纪等活动;(4) 自有房地产经营活动,即除房地产开发商、房地产中介、物业公司以外的单位和居民住户对自有房地产(土地、住房、生产经营用房和办公用房)的买卖和以营利为目的的租赁活动,以及房地产管理部门和企事业、机关提供的非营利租赁服务,还包括居民居住自有住房所形成的住房服务;(5) 其他房地产业。[③] 这样,房地产业作为一个独立的产业就得到了政府的认可。

3. 房地产业在国民经济中的地位

房地产业的地位,即房地产业的功能定位。对房地产业的基础产业定位,学术界的认

[①] 该分类方法把经济活动分为十大类,房地产业被列入第八类。
[②] 转引自包亚钧等:《房地产经济论》,同济大学出版社 1998 年版,第 10 页。
[③] 资料来源:国家统计局网站 http://www.stats.gov.cn/tjbz/hyflbz/index.htm (2011-10-20 最后访问)。

识比较一致,但对房地产业是否应该成为支柱产业,大家的认识并不一致。① 尤其是房地产宏观调控开始后,大家对房地产业是否为支柱产业更是产生了怀疑。

(1) 房地产业的基础产业地位。

所谓的基础产业,是指在国民经济生活中有重要影响、能较大程度制约其他产业和部门发展的产业。房地产业的基础产业地位可以从下面四个方面理解:第一,房地产业是社会经济活动的基本物质前提,是国民经济发展的基本保证。房地产是社会一切产业部门不可或缺的物质空间条件,购买或租赁物业的费用是一般商品生产和企业经营不可忽视的成本内容。更重要的是,房地产是整个社会财富的非常重要的组成部分。第二,房地产业是人口素质提高和社会全面进步的基本条件。如果没有住宅及与之配套的文化、娱乐、教育、卫生、体育、公共设施、就没有劳动力的生产和再生产、劳动力的素质就不可能依据社会经济发展的需要而提高。第三,房地产业是城市经济发展和城市现代化的重要基础。城市土地和房屋不仅是城市经济存在和发展的空间,也是一个城市立体形象的物质外壳和主体。第四,房地产业是社会财富创造的重要源泉。房地产业的开发经营活动,把特定土地资源与科技、资金和社会需求有机结合起来,建造出满足不同生活需要的各种物业,从而在土地自然价值的基础上,创造出更高的价值。

(2) 房地产业的支柱产业地位。

一般认为,一个产业要成为支柱产业,必须符合下面的条件:第一,在国民经济中占有一定比重,自身发展速度快,对国民经济贡献较大;第二,产业关联度大,能带动其他产业的发展;第三,能吸纳新技术成果。从这些标准看,房地产业可以成为支柱产业。② 事实上,国务院2003年《关于促进房地产市场持续健康发展的通知》(国发[2003]18号)文中就明确指出"房地产业关联度高,带动力强,已经成为国民经济的支柱产业"。

但是,一个产业是否支柱产业,不仅与产业本身有关,而且取决国民经济的发展阶段和国家相应的产业政策。换言之,从国家产业政策上看,一个产业是否为支柱产业是相对的、有条件的。国家在2003年将房地产业定位为支柱产业,以及从2008开始的房地产业宏观调控,正体现了国家对房地产业政策的变化。

第二节 房地产法律体系

一、房地产法的概念和调整范围

(一) 形式意义上的房地产法和实质意义上的房地产法

形式意义上的房地产法,即《中华人民共和国城市房地产管理法》(以下简称《城市房地产管理法》)。实质意义上的房地产法是调整房地产开发用地的取得,房地产开发、房

---

① 曹振良等编著:《房地产经济学通论》,北京大学出版社2003年版,第18页。
② 同上书,第20页。

地产交易,实施房地产管理的综合性法律部门,由多层次的法律规范体系组成。

本教材将以《城市房地产管理法》为主,力争对房地产基本法律制度作比较全面的介绍。更准确地说,对《城市房地产管理法》规定的各项基本制度,本教材将作全面的介绍,对其他法律法规的规定,本教材只介绍与房地产相关的制度。

(二) 房地产法的调整范围

房地产法的调整范围,可以从以下三个方面理解

1. 从地域上说,房地产法主要调整城镇房地产关系。

这一点,可以从《城市房地产管理法》名称中"城市"一词中清楚地看出。该法第 2 条更是明确了这一点。一般认为,这里的城市,包括国家按行政建制设立的直辖市、市、镇。

但是,考虑到农村房地产关系的重要性,尤其是考虑到一些地区正在进行的城乡统筹试点工作和集体建设用地使用权出让转让的实践,本教材在必要的时候,也会涉及农村房地产法律关系。但总的来说,本教材讨论的主要是调整城市规划区内国有土地上的房地产关系的法律制度。

需要说明的一点是,按《城市房地产管理法》第 72 条的规定,"在城市规划区外的国有土地范围内取得房地产开发用地的土地使用权,从事房地产开发、交易活动以及实施房地产管理,参照本法执行"。因此,调整的地域范围上的城镇并不是绝对的。

2. 从调整的行为看,房地产法调整的行为主要包括取得房地产开发用地的建设用地使用权的行为、房地产开发行为、房地产交易行为,以及国家实施房地产管理的行为。

3. 从房地产关系的主体地位看,房地产法既调整平等主体之间的房地产关系,也调整非平等主体间的房地产关系。

平等主体间的房地产关系主要体现为民事性质的房地产关系,受民法规则的调整,主要包括:(1) 房地产物权关系;(2) 建设用地使用权出让合同关系;(3) 建设用地使用权转让关系;(4) 建设工程施工合同关系,建设工程监理合同关系;(5) 房地产交易中的合同关系;(6) 房地产中介委托合同关系;(7) 物业管理服务合同法律关系;(8) 房地产融资中的合同关系;等等。

非平等主体间的房地产关系主要体现为行政性质的房地产关系,一方主体是国家,受行政法规则调整,主要包括:(1) 土地管理法律关系(包括集体土地征收关系);(2) 国有土地上房屋征收补偿关系;(3) 建设用地使用权行政划拨法律关系;(4) 房地产建设项目管理关系;(5) 建设用地规划管理关系;(6) 房地产开发主体、市场主体管理关系;(7) 房地产市场秩序管理关系;(8) 房地产税费关系;等等。

需要说明的是,在房地产开发交易的实践中,平等主体间的关系与非平等主体间的关系往往共生共存。例如,在房地产开发建设工程中,既有建设工程施工合同、建设工程监理合同等平等主体间的关系,又有政府对房地产开发主体、建筑施工企业的管理关系。

二、房地产法的渊源

依立法机关的不同,即法的效力渊源,实质意义上的房地产法主要包括下面几个层次:

(一) 宪法

宪法是国家根本大法、具有最高的法律效力。我国《宪法》有关土地所有权、使用权的规定,集体土地征收、征用的规定是房地产法中许多具体制度的基础。

(二) 法律

这里的法律是狭义上的法律,是指由全国人大及其常委会制定的规范性文件。我国有关房地产最主要的基础性法律包括《土地管理法》、《城市房地产管理法》、《物权法》等。其他较为重要的法律有:《城乡规划法》、《建筑法》、《招标投标法》等。此外,还有一些与房地产有关的法律规范,散见于《民法通则》、《担保法》、《合同法》、《公司法》等法律中。

(三) 行政法规

行政法规是国务院为领导和管理国家各项行政工作,根据宪法和法律制定的政治、经济、教育、科技、文化、外事等各类法规的总称。有关房地产的行政法规主要有:《土地管理法实施条例》、《城镇国有土地使用权出让和转让暂行条例》、《城市房地产开发经营管理条例》、《住房公积金管理条例》以及《国有土地上房屋征收与补偿条例》等。

(四) 地方性法规

地方性法规是指地方国家权力机关为保证宪法、法律和行政法规的遵守和执行,结合本行政区内的具体情况和实际需要,依照法律规定的权限通过和发布的规范性法律文件。有关房地产的地方性法规很多,如《云南省城市房地产开发交易管理条例》、《上海市房地产登记条例》、《山东省商品房销售条例》等。

(五) 行政规章

行政规章指国务院各部委以及各省、自治区、直辖市的人民政府和省、自治区的人民政府所在地的市以及国务院批准的较大市的人民政府根据宪法、法律和行政法规等制定和发布的规范性文件。其中部委制定的是部门规章,地方各级有权人民政府制定的是地方政府规章。有关房地产的部委规章非常多,如《房地产经纪管理办法》、《城市房地产抵押管理办法》等。地方政府规章更是纷繁复杂。

(六) 司法解释和指导性案例

司法解释是由国家最高司法机关在适用法律过程中对具体应用法律问题所作的解释。其中,最高人民法院的司法解释对于房地产案件的纠纷的解决发挥着重要作用。最高院关于房地产法的解释主要有两类:一类是专门性的司法解释,如《最高人民法院关于审理涉及国有土地使用权合同纠纷案件适用法律问题的解释》、《最高人民法院关于审理建设工程施工合同纠纷案件适用法律问题的解释》等。另一类是综合性的司法解释,如《关于贯彻执行〈中华人民共和国民法通则〉若干问题的意见(试行)》、《关于适用〈中华人民共和国担保法〉若干问题的解释》等。

2010年,最高人民法院和最高人民检察院分别印发了《最高人民法院关于案例指导工作的规定》(法发[2010]51号)和《最高人民检察院关于案例指导工作的规定》(高检发研字[2010]3号)。据此,最高人民法院确定并统一发布的指导性案例,对全国法院审判、执行工作具有指导作用,各级人民法院审判类似案例时应当参照。最高人民检察院公开发布的指导性案例,作为指导全国检察机关工作的一种形式,供各级人民检察院在办理同类案件、处理同类问题时参照执行;在办理同类案件、处理同类问题时,承办案件的检察官认为不应当适用指导性案例的,应当书面提出意见,报经检察长或者检察委员会决定。最高人民法院分别于 2011 年 12 月①和 2012 年 4 月发布了两批共 8 个指导性案例;最高人民检察院于 2010 年 12 月公布了第一批 3 个指导性案例②。指导性案例中涉及房地产的案例,也是房地产法的重要渊源。

需要指出的是,除了以上的正式法律渊源外,习惯和各类合同示范文本也在房地产实践中发挥着重要作用。例如,在处理相邻关系时,依《物权法》第 85 条,"法律、法规没有规定的,可以按照当地习惯"。

示范合同文本在调整房地产关系也起着不可忽视的作用。比较重要的示范合同文本如《商品房买卖合同示范文本》、《前期物业服务合同(示范文本)》、《建设工程施工合同(示范文本)》等。

在房地产领域,还有一个处于最重要地位的规范渊源就是党和国家的政策。近年来,在房地产宏观调控、土地管理、保障性住房建设等方面,党中央和国务院制定了一系列重要的政策性文件,例如,国务院办公厅下发的《关于进一步做好房地产市场调控工作有关问题的通知》(国办发[2011]1 号),国务院 2007 年 8 月 7 日《关于解决城市低收入家庭住房困难的若干意见》,中共中央、国务院 1997 年 5 月 18 日下发的《关于进一步加强土地管理、切实保护耕地的通知》,等等。

三、房地产法律体系的特点

(一) 房地产法是行政法律规范、民事法律规范和经济法律规范的综合体

房地产的开发、交易、融资活动,既适用《合同法》、《物权法》、《公司法》等民商事法律,又受《行政许可法》、《行政处罚法》等行政法律的调整。例如,房地产开发公司的设立和运营,就要遵循公司法的有关规定;房地产开发企业在开发项目开发前申请施工许可证,在预售前申请预售许可,房地产建设主管部门对申请进行审查,按规定发放施工许可证、预售许可证就受《行政许可法》的调整。而关于房地产宏观调控、房地产税收的规定,则属于经济法律规范。

更重要的是,大多数专门的房地产法律法规中都既有行政法律规范和经济法律规范,又有民事法律规范。以《城市房地产管理法》为例,该法第四章中有关房地产交易价格管理的规定(第 33、34、35 条)当属经济法律规范,而关于房地产转让、房地产抵押、房屋租赁合同形式的规定当属民事法律规范;该章中关于房屋预售许可的规定则是典型的行政法律规范。

(二) 房地产法律体系中既有全国性的立法,又有地方性立法

属地性是不动产的一个重要特征。我国幅员辽阔,房地产业在各地发展并不平衡。

---

① 《最高人民法院关于发布第一批指导性案例的通知》(法[2011]354 号)。
② 《最高人民检察院关于印发第一批指导性案例的通知》(高检发研字[2010]12 号)。

举凡房地产开发、交易、融资、保障住房等房地产法调整的重要领域,各地往往在全国性立法的基础上根据当地的实践制定地方性法规和规章。以北京为例,在房地产转让方面,有《北京市城市房地产转让管理办法》、《北京市房屋租赁管理若干规定》;在住房保障方面,有《北京市经济适用住房管理办法(试行)》、《北京市城市廉租住房管理办法》。

在一些领域,如不动产登记,地方性法规和地方政府规章起着十分重要的作用。《物权法》第246条就明确规定:"法律、行政法规对不动产统一登记的范围、登记机构和登记办法作出规定前,地方性法规可以依照本法有关规定作出规定。"

(三)房地产法作为一个发展中的法律部门,政策、习惯在其中起着不可或缺的作用

房地产法是一个尚待发展的法律部门。房地产关系中的许多问题,还缺乏明确的法律规则。这样,政策、习惯有时候就成了解决房地产法律纠纷的依据。如前所述,在处理相邻关系纠纷时,习惯就是一个重要的法律渊源;在接连几轮的房地产宏观调控中,中共中央、国务院的政策更是为宏观调控提供了指导。

思考题:
1. 试述房地产的概念和特征。
2. 什么是房地产市场?我国房地产市场的发展如何?
3. 简述房地产法的概念和调整范围。
4. 简述我国房地产法的渊源。

第二章 房地产上的物权及其登记

学习目标: 房地产上的物权和权属登记是房地产法律制度的基础知识。本章主要梳理了房地产上的主要物权和不动产登记法律制度。通过本章的学习,要掌握房地产上几种主要物权的概念、特征和法律渊源;掌握不动产登记的基本制度和现状、不动产登记基本类型的概念和内容。了解不动产物权的一般分类、作为不动产登记基础的物权公示公信原则、不动产登记一般程序、登记错误的责任。

第一节 房地产上的主要物权

建设用地使用权和房屋是城镇房地产法律关系最主要的两种客体。从某种程度上说,整个城市房地产法律关系就是围绕建设用地使用权和房屋展开的。下面我们就根据《物权法》中所有权、用益物权、担保物权的物权体系对房地产上的物权作一个梳理。

一、所有权

(一)土地所有权

根据《宪法》(第10条)、《物权法》(第47条)和《土地管理法》(第8条)的规定,城市市区的土地属于国家所有。农村和城市郊区的土地,除由法律规定属于国家所有的以外,属于农民集体所有;宅基地和自留地、自留山,属于农民集体所有。

《宪法》第10条第3款禁止土地所有权的买卖或其他形式的非法转让。在本教材讨论的众多房地产法律制度中,涉及土地所有权的并不是很多。

国家土地作为国有财产的一种,其所有权原则上应该由国务院代表国家行使(《物权法》第45条第2款)。

集体土地所有权的主体比较复杂。集体土地既可以是乡(镇)农民集体所有,也可以是村或者村内村民小组内的农民集体所有。国土资源部、中央农村工作领导小组办公室、财政部、农业部2011年11月颁发的《关于农村集体土地确权登记发证的若干意见》(国土资发〔2011〕178号)对集体土地所有权的主体和代表作了具体的规定:(1)凡是村民小组(原生产队)土地权属界线存在的,土地应确认给村民小组农民集体所有,发证到村民小组农民集体;由村内各该集体经济组织或者村民小组代表集体行使所有权。对于村民小组组织机构不健全的,可以由村民委员会代为申请登记、保管土地权利证书。(2)对于村民小组(原生产队)土地权属界线不存在、并得到绝大多数村民认可的,应本着尊重历史、承认现实的原则,对这部分土地承认现状,明确由村农民集体所有;由村集体经济组织或者村民委员会受本农民集体成员的委托行使所有权。(3)属于乡(镇)农民集体所有的,土地所有权应依法确认给乡(镇)农民集体,由乡镇集体经济组织代表集体行使所有权;没有乡(镇)农民集体经济组织的,乡(镇)集体土地所有权由乡(镇)政府代管。(4) 在土地登记簿的"权利人"和土地证书的"土地所有权人"一栏,集体土地所有权主体按"××组(村、乡)农民集体"填写。

(二) 房屋所有权

房屋是供人们生产、居住或者作其他用途的建筑物的总称。《城市房地产管理法》第2条第2款将房屋定义为"土地上的房屋等建筑物及构筑物"。

房屋所有权是指房屋所有权人对房屋享有的占用、使用、收益、处分的权利。

在城镇地区,除少数房屋所有人外,大多数房屋所有权人所取得的都是建筑物区分所有权。本教材将在第八章中对建筑物区分所有权做详细介绍。

(三) 相邻关系

1. 相邻关系的概念

相邻不动产的所有人或使用人在行使自己权利的同时,都要尊重其他所有权人或使用人的权利,相互给予一定方便或者接受一定限制。可见,相邻关系是指两个以上相邻不动产的所有人或使用人,在行使占有、使用、收益、处分权利时因给对方提供必要便利而发生的权利义务关系。

不动产相邻关系,本质上是一方所有人或者使用人的财产权利的延伸,同时又是对他方所有人或者使用人的财产权利的限制。在一方权利人行使权利时,应当尽量避免对相邻的不动产权利人造成损害;造成损害的,应当给予赔偿。

2. 相邻关系特征

(1) 相邻关系发生在两个以上的不动产相邻的所有人或使用人之间。相邻人可以是自然人,也可以是法人;可以是不动产所有人,也可以是非所有人,如承包经营人、承租人等。

(2) 相邻关系的客体一般不是不动产和动产本身,而是由行使所有权或者使用权所引起的和邻人有关的经济利益或者其他利益,如对噪音进行限制,对于不动产和动产本身的归属并不发生争议。

(3) 相邻关系的发生常与不动产的自然条件有关,即两个以上所有人或者使用人的财产应当是相邻的。

3. 处理相邻关系的原则和具体依据

《物权法》第84条规定,不动产的相邻权利人应当按照有利生产、方便生活、团结互助、公平合理的原则,正确处理相邻关系。第85条规定,法律、法规对处理相邻关系有规定的,依照其规定;法律、法规没有规定的,可以按照当地习惯。

4. 相邻关系种类

《物权法》规定了各种相邻关系,包括:(1) 相邻用水、流水、截水、排水关系。不动产权利人应当为相邻权利人用水、排水提供必要的便利。对自然流水的利用,应当在不动产的相邻权利人之间合理分配。对自然流水的排放,应当尊重自然流向(第86条)。(2) 相邻通行关系。动产权利人对相邻权利人因通行等必须利用其土地的,应当提供必要的便利(第87条)。(3)相邻管线安设关系。不动产权利人因建造、修缮建筑物以及铺设电线、电缆、水管、暖气和燃气管线等必须利用相邻土地、建筑物的,该土地、建筑物的权利人应当提供必要的便利(第88条),不动产权利人挖掘土地、建造建筑物、铺设管线以及安装设备等,不得危及相邻不动产的安全(第91条)。(4)相邻防险排污关系。不动产权利人不得违反国家规定弃置固体废物,排放大气污染物、水污染物、噪声、光、电磁波辐射等有害物质(第90条)。(5)相邻光照、通风、采光关系。建造建筑物,不得违反国家有关工程建设标准,妨碍相邻建筑物的通风、采光和日照(第89条)。

二、用益物权

在《物权法》第三编明确规定的用益物权中,与房地产有关的包括建设用地使用权、宅基地使用权和地役权。

(一)建设用地使用权

建设用地使用权是指依法对国家所有的土地享有占有、使用、收益的权利;建设用地使用权人有权利用该土地建造建筑物、构筑物及其附属设施。

建设用地使用权是用益物权的一种。在《物权法》生效前,建设用地使用权和其他用途的土地使用权一起,统称为土地使用权。

房地产开发建设只能在取得国家建设用地使用权的土地上进行。

(二)宅基地使用权

1. 概念和特征

根据《物权法》第152条的规定,宅基地使用权是指农村集体组织的成员依法享有的在农民集体所有的土地上建造住宅及其附属设施的权利。

宅基地使用权具有以下特征:(1)宅基地使用权的权利人只能是本农村集体的成员。城镇居民不得购置宅基地。(2)宅基地使用权只能用于建造个人住宅及其附属设施。(3)宅基地使用权实行"一户一宅"。《土地管理法》第62条规定,农村村民一户只能拥有一处宅基地,其宅基地的面积不得超过省、自治区、直辖市规定的标准;农村村民建住宅,应当符合乡(镇)土地利用总体规划,并尽量使用原有的宅基地和村内空闲地。(4)宅基地使用权具有福利性。农村村民取得本农民集体所有土地上的宅基地基本上是无偿的,或者只缴纳少量的费用。(5)除转让给符合条件的本农民集体成员外,宅基地使用权人不得出卖或以其他方式转让其宅基地。根据《物权法》第184条,除法律另有规定外,宅基地不得抵押。《土地管理法》第62条规定,农村村民出卖、出租住房后,再申请宅基地的,不予批准。

2. 宅基地使用权的取得、转让、和消灭

《物权法》第153条规定,宅基地使用权的取得、行使和转让,适用土地管理法等法律和国家有关规定。

根据《土地管理法》第62条的规定,农村村民住宅用地,经乡(镇)人民政府审核,由县级人民政府批准,但如果涉及占用农用地的,应依照《土地管理法》第 44 条的规定办理审批手续。换言之,农村村民要获得宅基地使用权,应提出申请并获得批准。具体地说:(1)申请宅基地使用权的申请人必须具备村民资格。申请人必须是无宅基地,家庭人口众多确需分户居住的,因国家或乡(镇)建设需要另行安排宅基地的,或者在农村落户需建住宅而无宅基地的村民。(2)村民申请宅基地的,应首先向所在地的农村集体经济组织提出申请,集体经济组织批准后将申请提交乡(镇)土地管理部门,后者接到申请后到现场查看。申请人填写建房用地申请表,经乡(镇)人民政府审核后报县级人民政府土地管理部门审批。

宅基地使用权只能转让给符合条件的同一农民集体成员。具体地说,宅基地使用权有效转让,必须满足下列条件:(1)本集体经济组织同意;(2)受让人为同一农民集体成员;(3)受让人没有住房和宅基地,且符合宅基地使用权分配情况。

依《物权法》第 154 条规定,宅基地使用权因自然灾害等原因灭失的,宅基地使用权消灭。对失去宅基地的村民,应当重新分配宅基地。

(三) 地役权

1. 概念和特征

依《物权法》第 156 条规定,地役权是按照合同约定,利用他人的不动产,以提高自己的不动产的效益的权利。其中他人的不动产为供役地,自己的不动产为需役地。

地役权具有以下特征:

(1) 地役权的客体不限于土地,而且不限于需役地所有权人与供役地所有权人之间,供役地、需役地的用益物权人也可以约定设立地役权。需要指出的是,对地役权的客体是否仅限土地,有不同的立法例[①],但《物权法》显然没有把地役权的客体限制在土地上。

(2) 地役权通过书面形式的地役权合同设立。这是地役权和相邻关系的最大区别,因为相邻关系是法定的。

(3) 地役权具有从属性和不可分性。地役权的成立必须是需役地与供役地同时存在,从属于供役地与需役地,并与供役地、需役地不可分离。这种从属性和不可分性主要体现在《物权法》的下列规定中:第一,如果供役地人或需役地人一方为用益物权人而非所有权人的,则地役权的期限不得超过土地承包经营权、建设用地使用权等用益物权的剩余期限(第 161 条);第二,土地所有权人享有地役权或者负担地役权的,设立土地承包经营权、宅基地使用权时,该土地承包经营权人、宅基地使用权人继续享有或者负担已设立的地役权(第 162 条);第三,地役权不得单独转让;土地承包经营权、建设用地使用权等转让的,地役权一并转让,但合同另有约定的除外(第 164 条);第四,地役权不得单独抵押;土地承包经营权、建设用地使用权等抵押的,在实现抵押权时,地役权一并转让(第 165 条);第五,需役地以及需役地上的土地承包经营权、建设用地使用权部分转让时,转让部

[①] 《日本民法典》第 280 条将地役权客体限于土地。而《法国民法典》、《德国民法典》则认为地役权的客体是不动产。

分涉及地役权的,受让人同时享有地役权①(第166条);第六,供役地以及需役地上的土地承包经营权、建设用地使用权部分转让时,转让部分涉及地役权的,受让人同时享有地役权②(第167条)。

2. 地役权合同的订立和解除

依《物权法》第157条,设立地役权,当事人应当采取书面形式订立地役权合同。需要指出的一点是,土地上已设立土地承包经营权、建设用地使用权、宅基地使用权等权利的,未经用益物权人同意,土地所有人不得设立地役权(《物权法》第163条)。

《物权法》第157条列举了地役权合同的一般条款,包括:(1)当事人的姓名或者名称和住所;(2)供役地和需役地的位置;(3)利用目的和方法;(4)利用期限;(5)费用及其支付方式;(6)解决争议的方法。

地役权合同的解除,适用《合同法》有关合同解除的一般规定。《物权法》第186条规定在下面两种情况下供役地权利人的单方解除权:(1)地役权人违反法律规定或者合同约定,滥用地役权的。依《物权法》第159条、160条的规定,供役地权利人应当按照合同约定,允许地役权人利用其土地,不得妨害地役权人行使权利;地役权人应当依照合同约定的利用目的和方法利用供役地,尽量减少对供役地权利人物权的限制。(2)有偿利用供役地,地役权人在约定的付款期间届满后在合理期限内经两次催告未支付费用的。

三、担保物权——抵押权

《物权法》第四编规定的抵押权、质权和留置权三种担保物权中,质权主要在动产或权利上设立,留置权人只能留置动产,只有抵押权能够在房屋和土地上设立。

依《物权法》第179条的规定,抵押权是指债权人对债务人或者第三人不转移占有而供担保的财产,在债务人不履行到期债务或者发生当事人约定的情形时,就该财产的价值优先清偿受担保的债权的权利。

抵押权可以在房屋和土地用益物权上设立。

第二节 不动产登记

房地产物权的设立、变更、转让和消灭离不开登记。本节将在对不动产登记作概括介绍后,对房屋和土地登记作重点介绍。

一、物权公示公信原则与不动产登记

不动产登记是指将不动产物权的设立、变更、转让和消灭记载于登记簿公示的行为。

---

① 例如,A地块南部的住宅与B地块毗邻,在B地块上设有不得建高层建筑的地役权,A地南部转让给甲,北部给乙,则该地役权仅为甲继续享有而与乙无关。

② 例如,A地块在B地块上设有排水地役权,B地块被分割为B-1、B-2两个地块,则A地块对B-1、B-2同时享有地役权。

《物权法》第 14 条规定,不动产物权的设立、变更、转让和消灭,依照法律规定应当登记的,自记载于不动产登记簿时发生效力。

不动产物权的设立、变更、转让和消灭,统称物权变动。不动产登记作为不动产物权变动的公示方式,具有公信力。

(一) 公示原则

公示原则要求物权的变动,必须以一定的可以从外部查知的方式表现出来。物权作为对特定的物享有的直接支配和排他的权利,具有优先权和物上请求权的效力,如果不以一定的可以从外部查知的方式表现物权变动,就可能给第三人带来不测的损害,难以保证交易的安全。

民法上以"登记"为不动产物权变动的公示方式,以"交付"为动产物权变动的公示方式。

(二) 公信原则

公信原则包括两方面的内容:(1) 除非有相反的证据证明,登记权利人(记载于不动产登记簿的权利人)推定为该不动产的权利人,动产的占有人推定为该动产的权利人,即"权利的正确性推定效力"。(2) 凡善意信赖公示的表象而为一定的行为,在法律上应当受到保护,保护的方式就是承认此行为产生的物权变动的效力。[①]

公信原则是公示原则的必要补充。有了公示原则,我们在进行物权交易时,就不必顾虑他人主张未公示的物权。但公示原则不能解决真实的物权状态与公示的物权状态不相符合的情况。依据公信原则,行为人可以信赖登记与占有所公示的物权状态,进行交易,而不必担心其实际权力的状态,从而大大降低了交易成本。

《物权法》第 106 条规定的不动产或动产物权的善意取得制度,规定第三人在法律规定的条件下可以信赖物权的公示而从无权处分人处取得物权,正是对公信原则的贯彻。

二、《物权法》确立的不动产登记的基本制度及我国不动产登记的现状

(一) 不动产物权变动的登记生效主义及其例外

所谓登记生效主义,即:(1) 不动产物权的设立、变更、转让和消灭,应当登记;未经登记,不发生物权效力(《物权法》第 9 条第 1 款);(2) 物权变动发生效力的时间为记载于不动产登记簿之时(《物权法》第 14 条)。

登记生效主义存在以下例外:

(1) 依法属于国家所有的自然资源,所有权可以不登记(《物权法》第 9 条第 2 款)。

(2) 非依法律行为而发生的不动产物权变动,主要包括:第一,因人民法院、仲裁委员会的法律文书,人民政府的征收决定等,导致物权变动的,自法律文书生效或者人民政府的征收决定等行为生效时发生效力(《物权法》第 28 条);第二,因继承或者受遗赠取得物权的,自继承或者受遗赠开始时发生效力(《物权法》第 29 条);第三,因合法建造、拆

---

① 魏振瀛主编:《民法》,北京大学出版社 2010 年版,第 221 页。

除房屋等事实行为设立或者消灭物权的,自事实行为成就时发生效力(《物权法》第30条)。

需要指出的是,《物权法》第28—30条的规定同时适用于动产物权和不动产物权。依《物权法》第31条规定,依上述条款未经登记而享有不动产物权的,在处分前必须依法登记取得物权。

(3)对土地承包经营权、宅基地使用权和地役权的例外规定。具体地说,第一,土地承包经营权自土地承包经营权合同生效时设立;县级以上地方人民政府应当向土地承包权人发放相关权利证书,并登记造册,确认土地承包经营权(《物权法》第127条)。但是,土地承包经营权人将土地承包经营权互换、转让的,未经登记,不得对抗善意第三人(《物权法》第129条)。第二,宅基地使用权的取得,转让和消灭,不以登记为生效要件。但已经登记的宅基地使用权转让或者消灭的,应当及时办理变更或者注销登记(《物权法》第155条)。第三,地役权自地役权合同生效时设立。当事人要求登记的,可以向登记机构申请地役权登记;未经登记,不得对抗善意第三人(《物权法》第158条)。

上述例外规定,主要考虑到现行法律的规定以及我国的实际情况尤其是农村的实际情况。

(二)不动产统一登记的要求与分散登记的现状

《物权法》第10条第2款规定:"国家对不动产实行统一登记制度。统一登记的范围、登记机构和登记办法,由法律、行政法规规定。"

不动产统一登记是我国不动产登记制度发展的方向。目前,不同的不动产在我国的登记机构,登记的办法和程序并不统一。具体地说,我国的不动产登记包括:(1)县级以上人民政府国土资源行政主管部门进行的土地权利登记和矿权登记;(2)直辖市、市、县人民政府建设(房地产)主管部门或者其设置的负责房屋登记工作的机构进行的房屋权利登记;(3)县级以上林业主管部门进行的林权登记;(4)农业行政主管部门负责的草原所有权与使用权登记;(5)县级以上地方人民政府渔业行政主管部门负责的水面滩涂养殖使用权登记;(6)国家海洋部门负责的滩涂登记;和(7)农业部门负责的耕地承包经营权登记;等等。

在与房地产开发交易、融资密切相关的建设用地使用权、房屋所有权及建设用地使用权、房屋所有权上的抵押权的登记上,我国各地的做法并不完全一致。在大多数地方,房屋和土地的登记机构在房产和土地管理部门分别设立,房屋和土地分别登记;有的地方,如重庆、广州、深圳等实现了房屋和土地管理机构的统一,同时也实行房地产统一登记;还有些地方,虽然房屋、土地的管理机构实现了统一,但由于对房屋、土地登记程序、方法和内容上整合的困难,目前仍实行房屋和土地分别登记。[①] 正是考虑到这种情况,《物权法》第246条授权地方在法律、行政法规对不动产统一登记的范围、登记机构和登记办法作出

[①] 全国人大常委会法制工作委员会民法室编:《中华人民共和国物权法:条文说明、立法理由及相关规定》,北京大学出版社2007年版,第16页。

规定前,制定不动产登记的地方性法规。

(三) 不动产依申请登记的原则及例外

不动产登记依申请的原则,是指登记程序应该由当事人申请而启动,除法律、法规另有规定外,登记机关一般不得主动登记,特别是不得随意进行更正登记或者注销登记以改变登记权利人的不动产权利。《土地登记办法》第6条明确规定了依申请登记的原则。房屋登记办法也把依申请登记作为房屋登记应遵循的基本原则。[①]

当事人申请不动产登记以共同申请为原则,单方申请为例外。《房屋登记办法》第12条在规定共同申请的原则后,列举了当事人单方申请的七种情形:(1)因合法建造房屋取得房屋权利;(2)因人民法院、仲裁委员会的生效法律文书取得房屋权利;(3)因继承、受遗赠取得房屋权利;(4)发生《房屋登记办法》规定的变更登记情形之一的;(5)房屋灭失;(6)权利人放弃房屋权利;和(7)法律、法规规定其他情形。《土地登记办法》第7条也在规定共同申请的原则后,列举了单方申请的9种情形:(1)土地总登记;(2)国有土地使用权、集体土地使用权、集体土地使用权的初始登记;(3)因继承或者遗赠取得土地权利的登记;(4)因人民政府已经发生法律效力的土地权属争议处理决定而取得土地权利的登记;(5)因人民法院、仲裁机构已经发生法律效力的法律文书而取得土地权利的登记;(6)更正登记或者异议登记;(7)名称、地址或者用途变更登记;(8)土地权利证书的补发或者换发;(9)其他依照规定可以由当事人单方申请的情形。

依申请登记的例外主要有三:(1)查封登记。查封登记由登记机构按照法院的查封裁定书和协助执行通知书进行登记,不需要申请。(2)已登记的不动产所在地的名称发生变化而进行的变更登记。(3)登记机关依职权进行注销登记。例如,依《土地登记办法》第50条的规定,依法收回的国有土地、依法征收的农民集体土地、以及因人民法院、仲裁机构生效的法律文书致使原土地权利消灭,当事人未办理注销登记的,登记机构可以依职权登记。

(四) 属地登记的原则与作为例外的分级登记

所谓属地登记就是不动产应当由不动产所在地的登记机构办理,即《物权法》第10条第1款所规定的:"不动产登记,由不动产所在地的登记机构办理。"属地登记是由不动产的不能移动的本质属性所决定的。与属地登记相对应的是分级登记,即按照不动产权利人的级别、身份的不同而由不同级别的登记机构进行登记。我国目前除海域使用权登记外,基本实现了属地登记。在土地和房屋登记上,《土地登记办法》第3条第1款明确规定:"土地登记实行属地登记";《房屋登记办法》第4条第1款也明确规定:"房屋登记,由房屋所在地的房屋登记机构办理"。

---

① 住房城乡建设部政策法规司、住宅与房地产业司、村镇建设办公室编:《房屋登记办法释义》,人民出版社2008年版,第20页。

三、房屋和土地登记

(一) 房屋和土地登记的概述

1. 概念

根据《土地登记办法》,土地登记是指将国有土地使用权、集体土地所有权、集体土地使用权和土地抵押权、地役权以及依照法律法规规定需要登记的其他土地权利记载于土地登记簿公示的行为。房屋登记,依《房屋登记办法》第2条的规定,是指房屋登记机构依法将房屋权利和其他应当记载的事项在房屋登记簿上予以记载的行为。

2. 登记部门

除地方法规另有规定的地方外,目前的土地登记部门是土地所在地的县级以上人民政府国土资源行政主管部门;房屋登记部门是直辖市、市、县人民政府建设(房地产)主管部门或其设置的负责房屋登记工作的机构。

3. 房屋登记和土地登记的关系

对于房地登记的顺序,《城市房地产管理法》第61条规定了两种情形:(1) 在依法取得的房地产开发用地上建成房屋的,应当凭土地使用权证书向县级以上地方人民政府房产管理部门申请登记,由县级以上地方人民政府房产管理部门核实并颁发房屋所有权证书。(2) 房地产转让或者变更时,应当向县级以上地方人民政府房产管理部门申请房产变更登记,并凭变更后的房屋所有权证书向同级人民政府土地管理部门申请土地使用权变更登记,经同级人民政府土地管理部门核实,由同级人民政府更换或者更改土地使用权证书。

(二) 登记程序、登记收费和登记期限

1. 登记程序

依《物权法》,当事人申请不动产登记,应当根据不同登记事项提供权属证明和不动产界址、面积等必要材料(第11条)。登记机构应该:(1) 查验申请人提供的权属证明和其他必要材料,就有关登记事项询问申请人。申请登记的不动产的有关情况需要进一步证明的,登记机构可以要求申请人补充材料,必要时可以实地查验。(2) 如实、及时登记有关事项(第12条)。

依《房屋登记办法》第7条的规定,房屋登记一般依照下列程序进行:申请、受理、审核、记载于登记簿、发证。房屋登记机构认为必要时,可以就登记事项进行公告。

《物权法》第13条禁止登记机构为下列行为:(1) 要求对不动产进行评估;(2) 以年检等名义进行重复登记;(3) 超出登记职责范围的其他行为。

2. 登记收费

依《物权法》第22条的规定,不动产登记费按件收取,不得按照不动产的面积、体积或价款的比例收取。

3. 登记时限

《房屋登记办法》第23条要求房屋登记机构自受理登记申请之日起,在下列时限内,将申请登记事项记载于房屋登记簿或者作出不予登记的决定:(1) 国有土地范围内房屋所有权登记,30 个工作日,集体土地范围内房屋所有权登记,60 个工作日;(2) 抵押权、地役权登记,10 个工作日;(3) 预告登记、更正登记,10 个工作日;(4) 异议登记,1 个工作日。

公告期限不计入上述规定时限。因特殊原因需要延长登记时限的,经房屋登记机构负责人批准可以延长,但最长不得超过原时限一倍。

依《土地登记办法》第 19 条规定,国土资源行政部门应当自受理土地登记申请之日起 20 日内,办结土地登记申请手续。特殊情况需要延期的,经国土资源行政主管部门负责人批准后,可以延长 10 日。

(三) 登记簿与权属证书

1. 登记簿

依《物权法》第 16 条的规定,不动产登记机构管理的不动产登记簿是物权归属和内容的根据。"不动产物权的设立、变更、转让和消灭,依照法律规定应当登记的,自记载于不动产登记簿时发生效力"(《物权法》第 14 条)。

我国除少数实行房地统一登记的地方外,房屋登记簿和土地登记簿分别设立,由房屋登记机构和土地登记机构分别管理。

根据《房屋登记办法》第 24 条,房屋登记簿应当记载房屋自然状况、权利状况以及其他依法应当登记的事项。房屋登记簿可以采取纸介质,也可以采取电子介质。采用电子介质的,应当有唯一、确定的纸介质转化形式,并应当定期异地备份。

《土地登记办法》第 15 条要求土地登记簿载明下列内容:(1) 土地权利人的姓名或者名称、地址;(2) 土地的权属性质、使用权类型、取得时间和使用期限、权利以及内容变化情况;(3) 土地的坐落、界址、面积、宗地号、用途和取得价格;(4) 地上附着物情况。该条同时规定土地登记簿应当加盖人民政府印章;土地登记簿采用电子介质的,应当每天进行异地备份。

2. 权属证书

不动产权属证书是权利人享有该不动产物权的证明(《物权法》第 17 条)。房屋权属证书包括《房屋所有权证》和《房屋他项权利证书》等(《房屋登记办法》第 25 条)。土地权利证书包括:(1) 国有土地使用权证(国有建设用地使用权和国有农用地使用权);(2) 集体土地所有证;(3) 集体土地使用证(集体建设用地使用权、宅基地使用权和集体农用地使用权);(4) 土地他项权利证明书(土地抵押权和地役权)(《土地登记办法》第 17 条)。

3. 权属证书和登记簿的关系

依《物权法》第 17 条,不动产权属证书记载的事项,应当与不动产登记簿一致;记载不一致的,除有证据证明不动产登记簿确有错误外,以不动产登记簿为准。《房屋登记办法》和《土地登记办法》作了同样的规定。

(四) 登记类型

登记类型即登记的种类。《物权法》列明的不动产登记种类包括不动产物权设立、变更、转让和消灭登记(第9条)、更正登记(第19条)、异议登记(第19条)、预告登记(第20条)。《土地登记办法》规定的土地登记类型包括土地总登记、初始登记、变更登记、注销登记、更正登记、异议登记、预告登记和查封登记;《房屋登记办法》规定的初始登记、转移登记、变更登记、注销登记、更正登记、异议登记、预告登记。下面我们依总登记、初始登记、转移与变更登记、注销登记、更正登记与异议登记、预告登记、查封登记的顺序对房屋和土地的类型作一介绍。

1. 总登记

《房屋登记办法》中没有规定总登记。《土地登记办法》所称的总登记,是指在一定时间内对辖区内全部土地或者特定区域内土地进行的全面登记(第21条)。土地总登记应当发布通告,明确土地登记区的划分、总登记的期限、收件地点、申请人应当提交的相关文件材料等事项(第22条)。登记区内的申请人应在规定的期限内将相关文件材料提交到指定的收件地点申请土地权利登记。国土资源行政主管部门在审查申请人提供的文件材料后,对符合条件的土地权利申请进行公告,公告的内容包括权利人的身份信息、申请登记的土地权利,并应对土地权利人及其他利害关系人提出异议的期限、方式和受理机构进行说明(第23条)。公告期满,当事人对土地总登记审核结果无异议或者异议不成立的,由国土资源行政主管部门报经人民政府批准后办理登记(第24条)。

土地总登记的根本目的在于对登记区内的土地建立完整的地籍信息,通过登记实现对不动产的行政管理。

2. 初始登记

《土地登记办法》所称的初始登记,是指土地总登记之外对设立的土地权利进行的登记(第25条)。农民集体土地所有权、国有建设用地使用权、集体建设用地使用权、集体农用地使用权(不包括承包经营权)、土地使用权抵押权以及地役权的设立要进行初始登记。划拨国有建设用地使用权依法转为出让国有建设用地使用权的,应申请初始登记(第28条)。《房屋登记办法》中的初始登记仅指房屋所有权的设立登记。

总登记和初始登记都是不动产登记的开端,是后续登记的基础。但二者不是一个概念。总登记作为一种全面登记,不局限于初始登记。虽然总登记也要求当事人提出申请,但实务中,总登记往往不收登记费用。此外,在程序上,总登记有通告和公告,而初始登记只在必要时进行公告。

3. 转移登记和变更登记

转移登记俗称过户登记,是指不动产物权从转让人转移到受让人时办理的登记。《土地登记办法》没有将转移登记作为独立的登记类型,而是融入变更登记的范畴,但是《房屋登记办法》则把转移登记作为独立的登记类型,更符合交易实际和交易习惯,也与许多国家和地区立法例一致。

关于变更登记的内涵,房屋和土地登记中并不一致。按照《土地登记办法》的规定,土地变更登记,是指因土地权利人发生改变,或者因土地权利人姓名或名称、地址和土地用途等内容发生变更而进行的登记(第38条)。第39—48条规定了变更登记包括的种类,主要是各类土地使用权的法律权属变更和非权属要素的变更(如土地权利人的姓名或名称、地址、土地用途等)。但是按照《房屋登记办法》的规定,房屋变更登记仅仅包括:(1)房屋所有权人的姓名或名称变更;(2)房屋坐落的街道、门牌号或房屋名称变更的;(3)房屋面积增加或减少的;(4)同一所有权人分割、合并房屋的;(5)法律法规规定的其他情形(第36条)。

《土地登记办法》规定广义变更登记的依据是《物权法》第145条规定的"建设用地使用权转让、互换、出资或者赠与的,应当向登记机构申请变更登记",但是《物权法》将"转移"和"变更"同时列为不动产登记的事由(第9条),并不能断定《物权法》采取的是广义变更登记。

4. 更正登记

更正登记是指对不正确的不动产登记进行更正的登记,其前提是登记错误,包括记载的事项有遗漏。更正登记有两类情形:一类是《物权法》19条规定的"依申请的更正登记",是指权利人、利害关系人认为不动产登记簿记载的事项错误的,可以申请更正登记。《土地登记办法》第59条和《房屋登记办法》第74条也规定了此种更正登记,依据当事人申请,登记机关尚不得直接进行更正,只有不动产登记簿记载的权利人书面同意更正或者有证据证明登记确有错误时,登记机构才有义务予以更正(《物权法》第19条第1款,《土地登记办法》第59条第1款,《房屋登记办法》第74条第1款)。另一类是"依职权的更正登记",是指如果真实的权利人及其利害关系人没有申请更正登记,登记部门发现不动产登记簿的记载有错误的,可以依职权径直为更正登记。依据《土地登记办法》的规定,国土资源行政主管部门发现土地登记簿记载的事项确有错误的,应当报经人民政府批准后进行更正登记,并书面通知当事人在规定期限内办理更换或者注销原土地权利证书的手续。当事人逾期不办理的,国土资源行政主管部门报经人民政府批准并公告后,原土地权利证书废止。更正登记涉及土地权利归属的,应当对更正登记结果进行公告;《房屋登记办法》中的依职权更正则区分了两种情况:对于房屋不涉及房屋权利归属和内容的,应当书面通知有关权利人在规定期限内办理更正登记,当事人无正当理由逾期不办理更正登记的,房屋登记机构可以依据申请登记材料或者有效的法律文件对房屋登记簿的记载予以更正,并书面通知当事人;而对于涉及房屋权利归属和内容的房屋登记簿的记载错误,房屋登记机构应当书面通知有关权利人在规定期限内办理更正登记;办理更正登记期间,权利人因处分其房屋权利申请登记的,房屋登记机构应当暂缓办理。

5. 异议登记

异议登记是指在不动产登记簿记载的事项有错误的情况下,把真实的权利人及其利害关系人对不动产登记簿记载的权利所提出的异议记入登记簿,使登记簿记载的权利失去正确性推定的效力,第三人也不能主张依据登记的公信力受到保护。

依据《物权法》第19条第2款、《土地登记办法》第60条第1款、《房屋登记办法》第

76条的规定,在登记名义人不同意更正不动产登记时,利害关系人有权申请异议登记。《土地登记办法》进一步规定,对符合异议登记条件的,国土资源行政主管部门应当将相关事项记载于土地登记簿,并向申请人颁发异议登记证明,同时书面通知土地登记簿记载的土地权利人(第60条第2款)。《房屋登记办法》进一步规定,房屋登记机构受理异议登记的,应当将异议事项记载于房屋登记簿(第77条)。

在异议登记的效力问题上,《土地登记办法》和《房屋登记办法》采取了不同规定。依据《土地管理办法》第60条第3款的规定,异议登记期间,未经异议登记权利人同意,不得办理土地权利的变更登记或者设定土地抵押权;而依据《房屋登记办法》第78条第1款的规定,异议登记期间,房屋登记簿记载的权利人处分房屋申请登记的,房屋登记机构应当暂缓办理;权利人处分房屋申请登记,房屋登记机构受理登记申请但尚未将申请登记事项记载于房屋登记簿之前,第三人申请异议登记的,房屋登记机构应当中止办理原登记申请,并书面通知申请人。

可以看到,异议登记虽然可以对真实的权利人提供保护,但这种保护应当是临时性的,因为异议登记给不动产交易造成一种不稳定状态。为使因异议登记所带来的不稳定状态早日恢复正常,法律必须对异议登记的有效期限做出限制。《物权法》第19条第2款规定,申请人在异议登记之日起15日内不起诉,异议登记失效,如果异议登记不当(异议登记不成立),造成权利人损害的,权利人可以向申请人请求赔偿。

6. 预告登记

预告登记,是指为保全旨在使物权于未来发生变动的债权所为的登记,以及个别情况下保全尚未登记的物权所为的预备登记。保全物权的预告登记主要适用于因合同成立而生效的物权,如土地承包经营权、地役权。预告登记意义巨大,为债权向物权的转化提供了顺畅的通道,是本登记得以展开的准备阶段。

有权申请办理预告登记的人,即预告登记权利人,通常为即将通过登记获得物权的一方。例如,买受人甲和出卖人开发商乙签订了商品房预售合同,甲是预告登记权利人。再如,开发商甲和国土资源管理部门签订了建设用地使用权出让合同,甲为预告登记权利人。

《物权法》和《土地登记办法》都规定当事人可以依据约定申请预告登记,但没有明确是否需要双方当事人一起申请。《房屋登记办法》考虑到商品房的特殊性,开发商无法与每一个购房人一起申请预告登记,于是规定预售人和预购人订立商品房买卖合同后,预售人未按照约定与预购人申请预告登记,预购人可以单方申请预告登记(第69条)。

预告登记的效力在于:(1)债权一经预告登记就具有否定其后于债权标的物上成立的物权的效力,未经预告登记的权利人同意,出卖人或转让人处分不动产的,不发生物权效力(《物权法》第20条第1款)。例如,买受人甲就其请求开发商乙转移A商品房所有权的债权办理了预告登记之后,开发商乙把该商品房出卖与丙或抵押给丁银行,丙不能取得该商品房的所有权,丁银行的商品房抵押权也不能生效。(2)物权一经预告登记就强化了自身的法律效力,能够对抗第三人,第三人很难以不知也不应知某特定标的物上存在着物权为由予以抗辩。

依据《房屋登记办法》第68条第1款的规定,预告登记后,未经预告登记的权利人书面同意,处分该房屋申请登记的,房屋登记机构应当不予办理。依据《土地登记办法》第62条第4款的规定,预告登记期间,未经预告登记权利人同意,不得办理土地权利的变更登记或土地抵押权、地役权登记。

与异议登记类似,预告登记也有期限限制,《物权法》第20条第2款规定,预告登记后,债权消灭或者自能够进行不动产登记之日起3个月内未申请登记的,预告登记失效。

预告登记对其保全的债权有依附性,随着债权状态的改变而变动。当债权转让或消灭时,预告登记随之转让或消灭。

在预告登记和本登记均已办理且日期不同的情况下,物权变动的时间点以何者为准?《物权法》没有明确,但从《物权法》不动产依登记生效的原则推断,应当以本登记为准。

7. 注销登记

依据《土地登记办法》的规定,注销登记指因土地权利的消灭等而进行的登记。土地注销登记分为登记机关直接办理和依当事人申请两类。

直接办理的情况包括依法收回的国有土地、依法征收的农民集体土地以及因人民法院、仲裁机构的生效法律文书致使原土地权利消灭,当事人未办理注销登记的(第50条)。

依当事人申请的情况包括因自然灾害、土地使用权期限届满、抵押权或地役权终止导致的土地权利消灭(第51—53条)。如果当事人未依法申请注销登记,国土资源行政主管部门应当责令当事人限期办理;逾期不办理的,进行注销公告,公告期满后可直接办理注销登记(第54条)。

土地登记注销后,土地权利证书应当收回;确实无法收回的,应当在土地登记簿上注明,并经公告后废止。

《房屋登记办法》第38—41条对房屋所有权的注销登记作了规定。除房屋所有权注销登记外,《房屋登记办法》还规定了房屋抵押权注销登记(第48条)、在建工程抵押权注销登记(第61条)、地役权注销登记(第66条)、异议登记注销(第79条)。

8. 查封登记

《物权法》和《房屋登记办法》没有规定查封登记。依据《土地登记办法》的规定,国土资源行政主管部门应当根据人民法院提供的查封裁定书和协助执行通知书,报经人民政府批准后将查封或者预查封的情况在土地登记簿上加以记载。可见查封登记是一种不依当事人申请的对权利的限制登记,是登记机构对人民法院的协助执行措施。依据《土地登记办法》第64条,国土资源行政主管部门在协助人民法院执行土地使用权时,不对生效法律文书和协助执行通知书进行实体审查。国土资源行政主管部门认为人民法院的查封、预查封裁定书或者其他生效法律文书错误的,可以向人民法院提出审查建议,但不得停止办理协助执行事项。

查封登记效力有两个,对当事人而言,不动产被查封后,不得处分已经查封的财产;对登记机构而言,查封登记后,不得办理土地权利的变更登记或者土地抵押权、地役权登记。

(五) 登记错误的责任

《物权法》第21条规定:"当事人提供虚假材料申请登记,给他人造成损害的,应当承担赔偿责任。"(第1款)"因登记错误,给他人造成损害的,登记机构应当承担赔偿责任⋯⋯"(第2款)对"登记错误"有两种解释:一种是对登记错误作广义理解,即认为凡是登记簿上记载的权利状态与真实权利状态不符的都属于登记错误的范畴,因此"登记错误"既包括第2款规定的由于登记机关自身原因导致的错误,也包括第1款规定的当事人提供虚假材料导致的错误;另一种观点则认为"登记错误"应专指因登记机构自身原因造成的记载权利状态与真实权利状态不符的情形。

《土地登记办法》没有对"登记错误"进一步明确。依《房屋登记办法》第92条第2款,"房屋登记机构及其工作人员违反本办法规定办理房屋登记,给他人造成损害的,由房屋登记机构承担相应的法律责任。"该款隐含了登记错误是程序性错误的推定。只有当登记机构及其工作人员违反了登记办法规定的程序,给他人造成损害的,登记机构才承担相应的法律责任。

但《房屋登记办法》本身并未回答因当事人提供虚假材料导致登记错误时,登记机构是否应承担责任的问题。最高人民法院2010年发布的《关于审理房屋登记案件若干问题的规定》第12条规定申请人提供虚假材料办理房屋登记,给原告造成损害,房屋登记机构未尽合理审慎职责的,应当根据其过错程度及其在损害发生中所起作用承担相应的赔偿责任。因此登记机构尽了合理审查义务则可免责。

这样,房屋登记办法和最高院的规定就对房屋登记中的登记错误作了界定。登记错误专指因登记机构自身原因造成的记载权利状态与真实权利状态不符的情形。

思考题:

1. 如何理解房地产物权体系?
2. 试述房地产物权体系中每种权利的概念、特征和内容。
3. 试述不动产登记公信原则的含义。
4. 我国不动产登记的基本制度和现状如何?
5. 不动产登记中有哪些基本类型,不同登记的功能和内容有何差异?
6. 案例分析:张某等诉王某房屋买卖纠纷案

案情

原告:张某(卖房人),张大、张二、张三(张某之子)

被告:王某(买房人)

2007年11月,张某与其妻子刘某购买了张某单位分配的楼房一套,双方协商楼房由夫妻共有,但因为单位政策只登记于张某名下。2008年7月刘某死亡。2009年4月张某与王某签订协议,约定张某将该楼房以16万元出售给王某,先付13万元,于2011年5月办理房产过户手续。待张某办理完过户手续后,王某再付3万元。协议签订后,王某给付张某 13 万元。2009 年 12 月,王某对房屋进行装修后入住,但未办理过户手续。张某与刘某有三个儿子张大、张二和张三。现张某、张大、张二和张三起诉认为张某与王某签订的卖房协议涉及第三人的财产权利,以此为由要求确认买卖协议无效,由王某返还所占用的房屋。请回答:

(1) 张某与王某之间的购房合同是否有效?

(2) 王某能否取得房屋所有权?

第三章 土地管理法律制度

学习目标：土地管理法是广义的房地产法的基本内容之一。本章主要包括我国土地管理立法概况，土地管理法律制度的主要内容，土地征收、土地储备和土地一级开发制度，土地用途管制制度。通过本章的学习，要理解我国土地管理法律制度的主要内容，掌握集体土地征收、土地储备和土地一级开发制度的有关内容；了解土地用途管制制度，尤其是土地利用总体规划在土地用途管制中的地位和作用；了解"小产权房"的现状。

第一节 土地管理法律制度概述

一、土地管理立法概况

我国的土地管理立法由宪法，基本法律，专项法律，配套行政法规和行政规章、地方法规、规章四个部分构成。经过多年的发展，我国已经基本形成以《宪法》、《民法通则》、《物权法》为基础，以《土地管理法》、《城市房地产管理法》等单项法律为核心，以大量的行政法规、部门规章和地方性法规、规章为补充的，适应经济社会科学发展、适应社会主义市场经济体制要求的土地管理法律体系。

除立法外，土地管理方面还有许多重要的党中央和国务院颁布的文件，如1997年《关于进一步加强土地管理切实保护耕地的通知》（中共中央、国务院1997年11号文件），2004年《国务院关于深化改革严格土地管理的决定》（国发[2004]28号），2006年《国务院关于加强土地调控有关问题的通知》（国发[2006]31号）和2008年《国务院关于促进节约集约用地的通知》（国发[2008]3号）。

（一）《宪法》

《宪法》第10条对土地所有制、土地利用制度及土地征收征用制度作了原则性规定。具体地说：(1) 城市的土地属于国家所有。农村和城市郊区的土地，除由法律规定属于国家所有的以外，属于集体所有；宅基地和自留地、自留山，也属于集体所有。任何组织或者个人不得侵占、买卖或者以其他形式非法转让土地。(2) 一切使用土地的组织和个人必须合理地利用土地。土地的使用权可以依照法律的规定转让。(3) 国家为了公共利益的需要，可以依照法律规定对土地实行征收或者征用并给予补偿。

（二）《民法通则》、《物权法》等基本法律

《民法通则》和《物权法》主要从财产权利、尤其是物权的角度对国家和农民集体的土地所有权、土地用益物权、土地担保物权等作了规定。

《物权法》第42条对集体土地的征收作了原则性规定。

(三)《土地管理法》、《城市房地产管理法》、《城乡规划法》等专项法律

现行的《土地管理法》1986年6月25日通过,历经1988年12月29日修正,1998年8月29日修订和2004年8月28日修正。《土地管理法》细化了《宪法》中有关土地所有权和使用权的规定,规定了我国土地管理的基本法律制度,土地征收的补偿标准、审批权限和审批程序,并对土地违法行为的法律责任作了原则性规定。

《城市房地产管理法》对城市土地的开发、出让、转让、抵押等进行了规定。

2008年1月1日起施行的《城乡规划法》取代了原来的《城市规划法》,对如何制定和实施城乡规划,在规划区内的土地上进行建设活动作了规定。

(四)配套行政法规、行政规章、地方法规、规章

土地管理方面的行政法规包括《城镇国有土地使用权出让和转让暂行条例》、《土地管理法实施条例》、和《基本农田保护条例》。

国土资源部制定了近三十部土地管理方面的部门规章。此外,各地先后制定了《土地管理法实施办法》和土地登记、规划、市场建设、执法监察等方面的地方性法规、规章近二百部。

二、土地管理制度

(一)土地管理制度与土地权利制度的关系

土地管理制度也称土地权力制度,包括土地征收制度、土地利用管理制度、土地市场管理制度和土地执法监察制度。

土地权利制度即土地物权制度,包括土地所有权制度、土地用益物权制度和土地担保物权制度。土地权利制度由三部分组成,即土地权利体系、土地登记制度和土地权利保护制度。

土地管理制度是土地权利制度的基础和保障,土地权利制度中的土地用益物权制度与土地利用管理制度密不可分。更重要的是,国家在行使其公权力对土地进行征收、利用管理、市场管理和执法监察时,不能侵害土地权利人的合法权利和利益。

(二)土地管理制度的主要内容

1. 土地利用管理制度

土地利用管理制度可划分为土地用途管制制度和土地节约集约利用制度,其中土地用途管制制度又可细分为:(1)土地规划计划制度;(2)农用地转用审批制度;(3)基本农田保护制度;(4)耕地动态平衡制度;(5)土地开发整理复垦制度。

2. 土地市场管理制度

土地市场包括土地一级市场和二级市场,其中一级市场主要是建设用地使用权划拨和出让,还包括以租赁、作价出资或入股等有偿方式从政府取得国有建设用地使用权的行为;二级市场主要是建设用地使用权转让、出租和抵押。

土地市场管理制度包括土地一级市场管理制度、土地二级市场管理制度、土地税收制度和土地价格管理制度。

3. 土地征收征用制度

土地征收征用制度主要包括:(1) 征收征用的补偿标准的确定;(2) 征收征用的审批权限;(3) 征收征用的程序。

4. 土地执法监察制度

土地执法监察包括对土地违法行为的认定和法律责任的追究。

目前典型的土地违法行为包括:(1) 无权批准和越权批准;(2) 违反规划确定的用途批准征收、占用土地;(3) 违反法定程序批准用地。此外,非法批准农用地转用,口头同意、默许,以集体研究决定、会议纪要等方式违法批准或同意征、占土地也较为常见。

土地违法行为的责任单位和责任人根据其行为性质和违法严重程度,承担民事责任、行政责任或刑事责任。其中民事责任的形式包括停止侵害、排除妨碍、返还财产、恢复原状、赔偿损失等。行政责任主要依《行政机关公务员处分条例》和监察部、人力资源和社会保障部、国土资源部发布的《违反土地管理规定行为处分办法》进行追究,包括行政处罚和行政处分。刑事责任则依据《刑法》、《土地管理法》、最高法《关于审理破坏土地资源刑事案件具体应用法律若干问题的解释》、最高检《关于渎职侵权犯罪案件立案标准的规定》等进行追究。

第二节 土地征收、土地储备和土地一级开发

一、土地征收

《物权法》第42条规定国家为了公共利益的需要,依照法律规定的权限和程序可以征收集体所有的土地;征收集体所有的土地,应当依法足额支付土地补偿费、安置补助费、地上附着物和青苗的补偿费等费用,安排被征地农民的社会保障费用,保障被征地农民的生活,维护被征地农民的合法权益。

下面我们就从征收的概念和条件、补偿标准、征收的审批权限和程序等方面对我国的集体土地征收制度作简单介绍。

(一) 集体土地征收的概念和条件

1. 概念和特征

土地征收是指国家为了公共利益的需要,以足额补偿为条件,依照法律规定强制地将集体所有的土地转为国家所有的土地的行为。按照法律规定,市县政府是征地组织实施的主体,对确定征地补偿标准、拆迁费用及时足额支付到位、组织被征地农民的就业培训、将被征地农民纳入社会保障等负总责。

集体土地征收和征用虽然都是为了公共利益,而且都具有强制性——均仅依政府依法作出的征收、征用决定而发生效力,无须征得被征收、被征用的单位和个人同意。但二者存在如下区别:(1) 征收的实质,是国家强行收买集体土地的所有权,意味着土地所有权的改变。征用的实质,是国家强行使用集体土地,使用完毕再返还原集体,并不改变土

地所有权。(2) 适用环境不同:征收是和平环境的法律制度,征用是紧急状态下的特别措施。

2. 征收的条件

集体土地征收作为对集体所有权的一种剥夺,在实质上和程序上都有严格的条件,这些条件包括:(1) 公共利益;(2) 足额补偿,妥善安置;(3) 法定的程序。下面我们重点对补偿安置及程序进行介绍。

(二) 征地补偿安置

征地中的补偿包括土地补偿以及地上附着物和青苗的补偿。其中土地补偿发放给被征地的集体经济组织,由该集体经济组织决定补偿费的使用和分配;地上附着物和青苗的补偿费直接发给农户。

我国现行的征地补偿安置标准是1998年修订的《土地管理法》规定的,其后经历了一定的变化和发展。

1. 1998年修订的《土地管理法》的规定

根据《土地管理法》第47条:(1) 征收土地的,按照被征收土地的原用途给予补偿。(2) 征收耕地的补偿费用包括土地补偿费、安置补助费以及地上附着物和青苗的补偿费。征收耕地的土地补偿费,为该耕地被征收前三年平均年产值的六至十倍。每一个需要安置的农业人口的安置补助费标准,为该耕地被征收前三年平均年产值的四至六倍。(3) 不能使需要安置的农民保持原有生活水平的,经省、自治区、直辖市人民政府批准,可以增加安置补助费。但是,土地补偿费和安置补助费的总和不得超过土地被征收前三年平均年产值的三十倍。

2. 2004年《国务院关于深化改革严格土地管理的决定》

2004年《国务院关于深化改革严格土地管理的决定》(国发[2004]28号)规定:(1) 土地补偿费和安置补助费的总和达到法定上限,尚不足以使被征地农民保持原有生活水平的,当地人民政府可以用国有土地有偿使用收入予以补贴。(2) 省、自治区、直辖市人民政府要制定并公布各市县征地的统一年产值标准或区片综合地价,征地补偿做到同地同价,国家重点建设项目必须将征地费用足额列入概算。

为真正落实"生活水平不降低、长远生计有保障"的征地补偿安置原则,决定进一步要求组织实施征地的地方政府妥善安置被征地农民:(1) 县级以上地方人民政府应当制定具体办法,使被征地农民的长远生计有保障。(2) 对有稳定收益的项目,农民可以经依法批准的建设用地土地使用权入股。(3) 在城市规划区内,当地人民政府应当将因征地而导致无地的农民,纳入城镇就业体系,并建立社会保障制度。(4) 在城市规划区外,征收农民集体所有土地时,当地人民政府要在本行政区域内为被征地农民留有必要的耕作土地或安排相应的工作岗位。(5) 对不具备基本生产生活条件的无地农民,应当异地移民安置。(6) 劳动和社会保障部门要会同有关部门尽快提出建立被征地农民的就业培训和社会保障制度的指导性意见。

3. 2005 年征地片区综合地价标准的实施及征地补偿安置的新发展

从 2005 年开始,我国开始推行征地区片综合地价标准,对多年的产值倍数标准进行补充。所谓征地区片综合地价是指在城镇行政区土地利用总体规划确定的建设用地范围内,依据地类、产值、土地区位、农用地等级、人均耕地数量、土地供求关系、当地经济发展水平和城镇居民最低生活保障水平等因素,划分区片并测算的征地综合补偿标准。

2010 年 5 月 15 日,国务院办公厅颁发了《关于进一步严格征地拆迁管理工作切实维护群众合法权益的紧急通知》(国办发明电[2010]15 号),要求:(1)在征地中严格执行省级人民政府公布实施的征地补偿标准;加强对征地实施过程的监管,确保征地补偿费用及时足额支付到位。(2)尚未公布实施新的征地补偿标准的省、自治区、直辖市在 2010 年 6 月底前公布实施;已经公布实施但标准偏低的,尽快调整提高。(3)征地涉及拆迁农民住房的,必须先安置后拆迁。(4)重大工程项目建设涉及征地拆迁的,要带头严格执行规定程序和补偿标准。

为贯彻国务院通知的精神,2010 年 6 月 26 日,国土资源部发出了《关于进一步做好征地管理工作的通知》(国土资发[2010]96 号),规定:(1)全面实行征地统一年产值标准和区片综合地价。各地应根据经济发展水平、当地人均收入增长幅度等情况,每 2—3 年对征地补偿标准进行调整,逐步提高征地补偿水平。(2)探索完善征地补偿款预存制度。在市县组织用地报批时,根据征地规模与补偿标准,测算出征地补偿费用,由申请用地单位提前缴纳预存征地补偿款;对于城市建设用地和以出让方式供地的单独选址建设项目用地,由当地政府预存征地补偿款。用地经依法批准后,根据具体批准情况对预存的征地补偿款及时核算,多退少补。(3)合理分配征地补偿费。省级国土资源部门要会同有关部门,按照征地补偿主要用于被征地农民的原则,制定完善征地补偿费分配办法,报省级政府批准后执行。征地批准后实施时,市县国土资源部门要按照确定的征地补偿安置方案,及时足额支付补偿安置费用;应支付给被征地农民的,要直接支付给农民个人。通知还要求各地采取多元安置途径,保障被征地农民的生产生活;做好征地中农民住房拆迁补偿安置工作,解决好被征地农民居住问题。

需要说明的是,区片综合地价的实施,并未完全取代原先的年产值标准。征地区片价测算范围重点在土地利用总体规划确定的城市、集镇建设用地规模范围内。虽然各地可以根据征地需要和实际情况将区片综合地价标准扩展到城市郊区或更大范围,但在不能实行区片综合地价标准的地方,仍然实施年产值标准。区片综合地价或年产值标准由土地补偿费和安置补偿费组成,但不含青苗补偿费和地上附着物补偿费。目前许多省市往往同时公布征地区片综合地价标准和统一年产值标准。例如,浙江省 2012 年 2 月就同时公布了征地片区综合地价补偿和年产值补偿的最低标准。[①]

---

① 根据浙江省政府的通知,实行征地区片综合地价补偿的,征收耕地的区片补偿综合价不低于 3 万元/亩;实行统一年产值倍数法补偿的,征收耕地的统一年产值不低于 1800 元/亩,补偿倍数不低于 16 倍,补偿标准不低于 2.88 万元/亩。参见《浙江公布征地补偿最低保护标准》,载《新京报》2012 年 2 月 6 日,A13。

(三) 征收的审批权限和程序

1. 审批权限

征收的审批权限集中在国务院和省级人民政府。其中征收基本农田、基本农田以外的耕地超过 35 公顷的、其他土地超过 70 公顷的,由国务院批准;征收其他土地的,由省、自治区、直辖市人民政府批准,并报国务院备案。

2. 征收程序

《土地管理法》规定了集体土地征收的程序,概括地说,征收土地需由市、县人民政府拟定"一书四方案",逐级上报有批准权的人民政府批准;批准后,由市、县人民政府组织实施。

(1) "一书四方案"的审查和批准

这里的"一书四方案"是指建设项目用地呈报说明书、农用地转用方案、补充耕地方案、征用土地方案、供地方案。这些文件由市、县国土资源行政主管部门根据有关材料编写,并逐级上报至有批准权的人民政府审批。

此外,为切实保护农民集体和农民的权益,2004 年《国务院关于深化改革严格土地管理的决定》要求:在征地依法报批前,要将拟征地的用途、位置、补偿标准、安置途径告知被征地农民;对拟征土地现状的调查结果须经被征地农村集体经济组织和农户确认;确有必要的,国土资源部门应当依照有关规定组织听证。要将被征地农民知情、确认的有关材料作为征地报批的必备材料。2010 年,国土资源部在《关于进一步做好征地管理工作的通知》中,进一步强调要认真做好用地报批前的告知、确认、听证工作,确保农民的知情权、参与权、申诉权和监督权。

(2) 征地方案的实施

征地方案的实施要经过"两公告一登记"的程序。按照《土地管理法实施条例》第 25 条的规定:第一,征用土地方案经依法批准后,组织实施的被征用土地所在地的市、县人民政府应将批准征地机关、批准文号、征用土地的用途、范围、面积以及征地补偿标准、农业人员安置办法和办理征地补偿的期限等,在被征用土地所在地的乡(镇)、村予以公告。第二,被征用土地的所有权人、使用权人应当在公告规定的期限内,持土地权属证书到公告指定的人民政府土地行政主管部门办理征地补偿登记。第三,市、县人民政府土地行政主管部门根据经批准的征用土地方案,会同有关部门拟订征地补偿、安置方案,在被征用土地所在地的乡(镇)、村予以公告,听取被征用土地的农村集体经济组织和农民的意见。第四,征地补偿、安置方案报市、县人民政府批准后,由市、县人民政府土地行政主管部门组织实施。第五,对补偿标准有争议的,由县级以上地方人民政府协调;协调不成的,由批准征用土地的人民政府裁决。征地补偿、安置争议不影响征用土地方案的实施。第六,征用土地的各项费用应当自征地补偿、安置方案批准之日起 3 个月内全额支付。

为缩短征地报批后实施程序,按照国土资源部 2010 年《关于进一步做好征地管理工作的通知》,征地报批前履行了告知、确认和听证程序并完成土地权属、地类、面积、地上附着物和青苗等确认以及补偿登记的,可以在征地报批的同时拟订征地补偿安置方案。征地批准后,征收土地公告和征地补偿安置公告可同步进行。但是,公告中群众再次提出意见的,要认真做好政策宣传解释和群众思想疏导工作,得到群众的理解和支持,不得强行征地。

根据2004年《国务院关于深化改革严格土地管理的决定》,征地补偿安置不落实的,不得强行使用被征土地。省、自治区、直辖市人民政府应当根据土地补偿费主要用于被征地农户的原则,制订土地补偿费在农村集体经济组织内部的分配办法。被征地的农村集体经济组织应当将征地补偿费用的收支和分配情况,向本集体经济组织成员公布,接受监督。农业、民政等部门要加强对农村集体经济组织内部征地补偿费用分配和使用的监督。

(3) 征地批后实施反馈

根据2010年国土资源部《关于进一步做好征地管理工作的通知》,建设用地批准后(其中国务院批准的城市建设用地,在省级政府审核同意农用地转用和土地征收实施方案后)6个月内,市县国土资源部门应将征地后实施完成情况,包括实施征地的范围和规模、履行征地报批后程序、征地补偿费用到位、被征地农民安置及社会保障落实等情况,通过在线报送系统及时报送省级国土资源部门和国土资源部。

各级国土部门要充分运用报送信息,及时掌握、分析征地批后实施情况,加强用地批后监管,确保按批准要求实施征地。

(四) 发展趋势:加强对农民合法财产权利的保护和补偿

集体土地征收问题一直是党和国家关注的重点。温家宝总理在2012年全国人大的《政府工作报告》中就指出要在2012年内制定出台农村集体征收补偿条例。正在进行的《土地管理法》的修改也把集体土地征收补偿问题作为修法的重点。对被征地农民的补偿、被征地农民的安置、征地时的争议纠纷处理和法律救济,以及集体土地征地补偿标准等问题都是立法和修法中研究的重点。[1]

2011年底的农村工作会议上,温家宝总理强调土地承包经营权、宅基地使用权、集体收益分配权等,是法律赋予农民的财产权利,任何人都无权剥夺[2];并于2012年在《求是》杂志上发表署名文章重申了这一点。[3] 根据《物权法》第132条,"承包地被征收的,土地承包经营权人有权依照本法第42条第2款的规定获得相应补偿"。国土资源部也表示要在《土地管理法》的修订中明确在征地中对农民房屋不再简单地按附着物补偿,要单独给予补偿。[4] 我们有理由相信,加强对农民合法财产权利的保护和补偿是我国集体土地征收制度发展的一个重要方向。

---

[1] 《中央农办:三招缓解农村土地纠纷》,载《新京报》2012年2月3日,A05。
[2] 同上。
[3] 温家宝:《中国农业和农村的发展道路》,载《求是》2012年第2期,第3页。
[4] 《农民房屋征地拆迁将单独补偿》,载《新京报》2012年3月16日,A04。

二、土地储备与土地一级开发

(一) 土地储备

土地储备是指立足于为将来利用目的而取得现有土地并持有的行为。国内关于土地储备的全国性规定主要是国土资源部、财政部、人民银行于2007年11月19日联合颁布的《土地储备管理办法》。按该办法的规定,土地储备"是指市、县人民政府国土资源管理部门为实现调控土地市场、促进土地资源合理利用目标,依法取得土地,进行前期开发、储存以备供应土地的行为"。

需要纳入储备的土地包括:(1)依法收回的国有土地;(2)收购的土地;(3)行使优先购买权取得的土地;(4)已办理农用地转用、土地征收批准手续的土地;(5)其他依法取得的土地。

市、县人民政府一般都设立专门的土地储备机构来实施土地储备。依《土地储备管理办法》第3条的规定,"土地储备机构应为市、县人民政府批准成立、具有独立法人资格、隶属于国土资源管理部门、统一承担本行政辖区内土地储备工作的事业单位"。

(二) 土地一级开发

土地一级开发是指按照区域总体规划、详细规划和土地利用规划的要求,对一定区域内的城市国有土地和农村集体土地进行统一的拆迁、补偿、安置,以进行城市基础设施建设和社会公共设施建设,使区域内土地达到"三通一平"、"五通一平"或"七通一平"的前期开发活动。① 土地必须完成一级开发后才能出让。

土地一级开发与土地储备关系密切,尤其在法律要求土地达到建设条件才能出让后,土地一级开发更是成为了土地储备的重要组成部分。《土地储备管理办法》第18条明确要求"土地储备机构应对储备土地特别是依法征收后纳入储备的土地进行必要的前期开发,使之具备供应条件"。

第三节 土地用途管制制度

一、概述

土地用途管制制度是指国家为保证土地资源的合理利用,促进经济、社会和环境的协调发展,通过编制土地利用总体规划、城乡规划规定土地用途,明确土地使用条件,土地所有者、使用者必须严格按照规划确定的用途和条件使用土地的制度。

土地用途管制是我国土地管理的基本制度,《土地管理法》第4条规定:"国家实行土地管理制度"。土地用途管制的最基本要求是严格按照规划确定的用途和条件使用土地。由于土地的用途和使用条件是由土地利用总体规划和城乡规划确定的,因此,土地利用总

---

① 刘保奎、冯长春:《我国城市一级土地开发的产生、发展与内涵》,载《土地市场》2007年第8期,第46页。

体规划和城乡规划是土地用途管制的基础。

二、土地利用总体规划

(一) 概念及立法沿革

土地利用总体规划是在一定行政区域内,根据国家社会经济可持续发展的要求和当地的自然、经济、社会条件,对土地的开发、利用、治理、保护在空间上、时间上所作的总体安排和布局。

土地利用总体规划的规划期限一般为15年。我国目前正在实施的是《全国土地利用总体规划纲要(2006—2020年)》。《纲要》以2005年为基期,以2020年为规划期末年。《纲要》的规划范围未包括香港特别行政区、澳门特别行政区和台湾地区。

新中国土地利用规划法规体系建设起步比较晚。1986年以前,我国始终没有关于土地利用规划的法律法规。在《宪法》、《民法》等大法中只是对于土地利用提出一定的要求,例如,《宪法》第10条第5款规定:"一切使用土地的组织和个人必须合理地利用土地。"1986年颁布的《土地管理法》中第一次明确规定了土地利用总体规划的法律地位。1993年,原国家土地管理局制定并颁布了《土地利用总体规划编制审批暂行办法》,从此土地利用规划开始步入法制化管理的轨道。1998年《土地管理法》实施后,国土资源部对1993年3月1日颁布施行的《土地利用总体规划编制审批暂行办法》进行修订,出台了《土地利用总体规划编制审批规定》。目前土地利用总体规划的编制审查主要依据国土资源部2009年2月4日发布的《土地利用总体规划编制审查办法》。

(二) 土地利用总体规划的编制、实施与修订

1. 编制

土地利用总体规划分为国家、省、市、县和乡(镇)五级,根据需要可编制跨行政区域的土地利用总体规划。其中全国和省级土地利用总体规划属宏观控制规划,主要是在确保耕地总量动态平衡的前提下,统筹安排各类用地,严格控制城镇建设用地规模,通过规划土地利用区和规划指标对下级土地利用总体规划进行控制。县、乡级土地利用总体规划属于实施性规划,其主要任务是根据上级规划的指标和布局要求,划分各土地利用区,明确土地用途和适用条件,为农用地转用审批、基本农田保护区划定、土地整理、开发区复垦提供依据,通过规划的落实,实施土地管理。

全国土地利用总体规划,由国务院土地行政主管部门会同国务院有关部门编制,报国务院批准。省、自治区、直辖市的土地利用总体规划,由省、自治区、直辖市人民政府组织本级土地行政主管部门和其他有关部门编制,报国务院批准。省、自治区人民政府所在地的市、人口在100万以上的城市以及国务院指定的城市的土地利用总体规划,由各该市人民政府组织本级土地行政主管部门和其他有关部门编制,经省、自治区人民政府审查同意后,报国务院批准。

其他土地利用总体规划,由有关人民政府组织本级土地行政主管部门和其他有关部门编制,逐级上报省、自治区、直辖市人民政府批准;其中,乡(镇)土地利用总体规划,由

乡(镇)人民政府编制,逐级上报省、自治区、直辖市人民政府或者省、自治区、直辖市人民政府授权的设区的市、自治州人民政府批准。

下级土地利用总体规划应当依据上一级土地利用总体规划编制。地方各级人民政府编制的土地利用总体规划中的建设用地总量不得超过上一级土地利用总体规划确定的控制指标,耕地保有量不得低于上一级土地利用总体规划确定的控制指标。

乡(镇)土地利用总体规划经依法批准后,乡(镇)人民政府应当在本行政区域内对规划的下列事项进行公告:(1)规划目标;(2)规划期限;(3)规划范围;(4)地块用途;(5)批准机关和批准日期。

2. 实施

土地利用总体规划一经批准,必须严格执行。土地利用总体规划主要通过城乡规划,江河、湖泊综合治理和开发利用规划,土地年度利用计划贯彻实施。按《土地管理法》规定:(1)城市总体规划、镇总体规划以及乡规划和村庄规划的编制,应当与土地利用总体规划相衔接,城市总体规划、村庄和集镇规划中建设用地规模不得超过土地利用总体规划确定的城市和村庄、集镇建设用地规模(第22条)。(2)江河、湖泊综合治理和开发利用规划,应当与土地利用总体规划相衔接(第23条)。(3)土地利用年度计划,根据国民经济和社会发展计划、国家产业政策、土地利用总体规划以及建设用地和土地利用的实际状况编制。土地利用年度计划的编制审批程序与土地利用总体规划的编制审批程序相同,一经审批下达,必须严格执行(第24条)。省、自治区、直辖市人民政府应当将土地利用年度计划的执行情况列为国民经济和社会发展计划执行情况的内容,向同级人民代表大会报告(第25条)。

3. 修订

经批准的土地利用总体规划的修改,须经原批准机关批准;未经批准,不得改变土地利用总体规划确定的土地用途。

上一级土地利用总体规划修改后,涉及修改下一级土地利用总体规划的,由上一级人民政府通知下一级人民政府作出相应修改,并报原批准机关备案。

三、城乡规划

(一)概念和种类

城乡规划是各级政府统筹安排城乡发展建设空间布局,保护生态和自然环境,合理利用自然资源,维护社会公正与公平的重要依据,具有重要公共政策的属性。根据2008年1月1日起施行的《城乡规划法》,城乡规划是以促进城乡经济社会全面协调可持续发展为根本任务、促进土地科学使用为基础、促进人居环境根本改善为目的,涵盖城乡居民点的空间布局规划。

《城乡规划法》中所称的城乡规划,包括城镇体系规划、城市规划、镇规划、乡规划和村庄规划。城市规划、镇规划分为总体规划和详细规划。详细规划分为控制性详细规划和修建性详细规划(第2条)。

(二) 城乡规划的编制、实施与修改

1. 编制

依《城乡规划法》，城乡规划由相应的城乡规划组织编制机关委托具有相应资质等级的单位编制。具体地说：(1) 全国城镇体系规划由国务院城乡规划主管部门会同国务院有关部门组织编制；由国务院城乡规划主管部门报国务院审批(第12条)。(2) 省域城镇体系规划的内容应当包括城镇空间布局和规模控制，重大基础设施的布局，为保护生态环境、资源等需要严格控制的区域，由省、自治区人民政府组织编制，报国务院审批(第13条)。(3) 城市总体规划由城市人民政府组织编制。其中直辖市的城市总体规划由直辖市人民政府报国务院审批。省、自治区人民政府所在地的城市以及国务院确定的城市的总体规划，由省、自治区人民政府审查同意后，报国务院审批。其他城市的总体规划，由城市人民政府报省、自治区人民政府审批(第14条)。(4) 县人民政府所在地镇的总体规划由县人民政府组织编制，报上一级人民政府审批；其他镇的总体规划由镇人民政府组织编制，报上一级人民政府审批(第15条)。(5) 城市的控制性详细规划由城市人民政府城乡规划主管部门组织编制，经本级人民政府批准后，报本级人民代表大会常务委员会和上一级人民政府备案(第19条)。(6) 镇的控制性详细规划由镇人民政府组织编制，报上一级人民政府审批(第20条)。(7) 县人民政府所在地镇的控制性详细规划，由县人民政府城乡规划主管部门组织编制，经县人民政府批准后，报本级人民代表大会常务委员会和上一级人民政府备案(第20条)。(8) 重要地块的修建性详细规划由城市、县人民政府城乡规划主管部门和镇人民政府组织编制(第21条)。

省、自治区人民政府组织编制的省域城镇体系规划，城市、县人民政府组织编制的总体规划，在报上一级人民政府审批前，应当先经本级人民代表大会常务委员会审议，常务委员会组成人员的审议意见交由本级人民政府研究处理。镇人民政府组织编制的镇总体规划，在报上一级人民政府审批前，应当先经镇人民代表大会审议，代表的审议意见交由本级人民政府研究处理。规划的组织编制机关报送审批省域城镇体系规划、城市总体规划或者镇总体规划，应当将本级人民代表大会常务委员会组成人员或者镇人民代表大会代表的审议意见和根据审议意见修改规划的情况一并报送。乡、镇人民政府组织编制乡规划、村庄规划，在报上一级人民政府审批前，应当经村民会议或者村民代表会议讨论同意。

省域城镇体系规划、城市总体规划、镇总体规划批准前，审批机关应当组织专家和有关部门进行审查。

2. 实施

城市、镇规划区内的建设活动应当符合规划要求。地方各级人民政府应当根据当地经济社会发展水平，量力而行，尊重群众意愿，有计划、分步骤地组织实施城乡规划。

规划实施与土地利用的关系十分密切，具体地说：(1) 城市地下空间的开发和利用，必须符合城市规划，履行规划审批手续。(2) 按照国家规定需要有关部门批准或者核准的建设项目，以划拨方式提供国有土地使用权的，建设单位在报送有关部门批准或者核准前,应当向城乡规划主管部门申请核发选址意见书。(3) 在城市、镇规划区内以划拨方式提供国有土地使用权的建设项目,建设单位应当向城市、县人民政府城乡规划主管部门提出建设用地规划许可申请,由城市、县人民政府城乡规划主管部门依据控制性详细规划核定建设用地的位置、面积、允许建设的范围,核发建设用地规划许可证。建设单位在取得建设用地规划许可证后,方可向县级以上地方人民政府土地主管部门申请用地。(4) 在城市、镇规划区内以出让方式提供国有土地使用权的,在国有土地使用权出让前,城市、县人民政府城乡规划主管部门应当依据控制性详细规划,提出出让地块的位置、使用性质、开发强度等规划条件,作为国有土地使用权出让合同的组成部分。规划条件未纳入国有土地使用权出让合同的,该国有土地使用权出让合同无效。

3. 修改

城乡规划的修改,应该按照原规划的审批程序报批或备案。

城镇体系规划、城市总体规划、镇总体规划只有出现下列情形之一的,才能修改:(1) 上级人民政府制定的城乡规划发生变更,提出修改规划要求的;(2) 行政区划调整确需修改规划的;(3) 因国务院批准重大建设工程确需修改规划的;(4) 经评估确需修改规划的;(5) 城乡规划的审批机关认为应当修改规划的其他情形。

修改省域城镇体系规划、城市总体规划、镇总体规划前,组织编制机关应当对原规划的实施情况进行总结,并向原审批机关报告;修改涉及城市总体规划、镇总体规划强制性内容的,应当先向原审批机关提出专题报告,经同意后,方可编制修改方案。

修改控制性详细规划的,组织编制机关应当对修改的必要性进行论证,征求规划地段内利害关系人的意见,并向原审批机关提出专题报告,经原审批机关同意后,方可编制修改方案。修改后的控制性详细规划,应当依照原规划审批程序报批。控制性详细规划修改涉及城市总体规划、镇总体规划的强制性内容的,应当先修改总体规划。

四、土地用途管制下土地用途的分类及其变更

(一) 土地用途分类

《土地管理法》第4条按土地用途,将土地分为三类:(1) 农用地,即直接用于农业生产的土地,包括耕地、林地、草地、农田水利用地、养殖水面等;(2) 建设用地,即建造建筑物、构筑物的土地,包括城乡住宅和公共设施用地、工矿用地、交通水利设施用地、旅游用地、军事设施用地等;(3) 未利用地。

2001年,国土资源部在1984年的《土地利用现状分类及含义》和1989年的《城镇土地分类及含义》的基础上,制定了统一的《土地分类》(国土资发[2001]255号)。该分类在上述三大类土地的基础上,设了15个二级类和71个三级地类,统一适用于城乡土地的分类,以有效实施城乡地政统一管理,满足实施土地用途管制的需要。

(二) 用途变更的审批

土地用途的变更包括两个层次的用途变更:一个是土地利用总体规划规定的用途的变更,即地类的变更,如农用地转为建设用地的;另一个层次是对城乡规划规定的利用条件的变更。

1. 地类的变更

使用土地的单位和个人必须严格按照土地利用总体规划确定的用途使用土地。土地用途的改变如果涉及经批准的土地利用总体规划的,必须按法定程序修改土地利用总体规划,并报原批准机关批准;未经批准,不得改变土地利用总体规划确定的土地用途。

2. 规划条件的变更

《城乡规划法》第43条要求建设单位按照规划条件进行建设。建设单位确需变更规划的,必须向城市、县人民政府城乡规划主管部门提出申请。变更内容不符合控制性详细规划的,城乡规划主管部门不得批准。城市、县人民政府城乡规划主管部门应当及时将依法变更后的规划条件通报同级土地主管部门并公示。建设单位应当及时将依法变更后的规划条件报有关人民政府土地主管部门备案。

依《物权法》第140条,建设用地使用权人需要改变土地用途的,应当依法经有关行政部门批准。《城市房地产管理法》第18条对出让取得的建设用地使用权用途变更作了专门的规定。根据该条,"土地使用者需要改变土地使用权出让合同约定的土地用途的,必须取得出让方和市、县人民政府城市规划行政主管部门的同意,签订土地使用权出让合同变更协议或者重新签订土地使用权出让合同,相应调整土地使用权出让金"。

第四节　小产权房的现状与法律分析

一、小产权房的基本情况

近年来,小产权房在全国范围内迅猛发展。小产权房的出现有其社会历史背景和经济原因。由于城市商品房价格节节升高,大多数城市工薪阶层无力承担动辄几十万、上百万的房价,而一些村民甚至农民集体经济组织又希望通过出售宅基地上房屋或新建的房屋获利。

除城镇居民直接购买的农民宅基地上的房屋外,实践中还存在规模开发的小产权房。小产权房的开发模式有三种:第一种是开发商直接以自己的名义与农民集体签订土地使用协议,直接进行开发建设,不办理任何审批手续。第二种是开发商与村集体或乡镇政府合作,以乡镇政府或村集体进行社会主义新农村建设或旧村改造的名义立项,获得合法的立项、用地、规划及开工等审批手续,但不能办理合法的销售手续。第三种是村集体组织直接以自己的名义在集体土地上开发建设并对外销售。

建设小产权房所使用的集体土地有宅基地、集体建设用地,甚至还有部分耕地的变相利用。

2004年的《国务院关于深化改革严格土地管理的决定》(国发[2004]28号)明确禁止城镇居民在农村购置宅基地。该文件明确要求"……改革和完善宅基地审批制度,加强农村宅基地管理,禁止城镇居民在农村购置宅基地"。2007年,《国务院办公厅关于严格执行有关农村集体建设用地法律和政策的通知》(国办发[2007]71号)指出:农村住宅用地只能分配给本村村民,城镇居民不得到农村购买宅基地、农民住宅或"小产权房"。

2012年,国土资源部牵头联合14个部委对小产权房进行清理整治,并确立了"区别对待、分类处理"的清理整治原则。

二、小产权房的法律辨析

实践中小产权房主要有以下两种类型:一是城镇居民购买农民宅基地的房屋;二是购买在集体土地上规模建设的项目中的房屋。其中集体土地上大规模建设的又可分为三种情况:一是没有用地批准的;二是有用地批准,但没有办理规划建设许可的;三是用地和规划建设手续合法,但违法违规出售的。下面我们就区分不同情况对小产权房的权属进行分析。

小产权房的"小"强调的是小产权房的购买者不能取得房屋的所有权。但是,这并不意味着小产权房一律不存在合法的所有权。农村宅基地上建设房屋的产权属于农民,集体建设用地上建设房屋的产权属于合法投资建设的单位和个人。所谓"小",是指购买这些房屋的城镇居民不能取得房屋的所有权。当然,用地违法或没有规划建设手续的房屋,不能取得产权。具体地说:(1)城镇居民购买农民宅基地上房屋的,城镇居民不能取得房屋的所有权,房屋仍然归农民所有。(2)用地和规划手续合法的集体建设用地上建造的房屋,违法出售的,购房人不能取得所购房地产的权属,但投资建设单位可以合法取得投资建设的房地产的权属。(3)用地违法的,如占用基本农田违法建设的房屋,投资建设的单位和个人除承担违法用地的法律责任外,不能取得房屋的产权;购买该房屋的单位和个人也不能取得房屋的产权。(4)用地合法,但没有规划建设许可建造的房屋,投资建设主体在承担相应的法律责任后,应申请补办规划建设许可,如果补办成功,可以取得房屋的产权;违法出售的,购房人不能取得房屋权属。

思考题:
1. 简述我国土地管理法律制度的渊源。
2. 简述集体土地征收的概念和条件。
3. 什么是土地储备?什么是土地一级开发?
4. 试对小产权房进行法律辨析。
5. 案例分析:甲大学与乙公司房屋产权纠纷案

案情
原告:乙科技开发公司(以下简称乙公司)
被告:甲大学

2000年7月,甲大学与乙公司共同投资兴办丙电子科技开发公司。2002年甲大学擅自将其临街的围墙拆除,与附近高校共同形成一个规模较大的高科技市场。丙公司以甲大学下属单位的身份无偿取得临街商用铺面两间,计120平方米,估价150万,由丙公司占有使用。2005年,甲大学与乙公司协商终止合作关系,解散丙公司。乙公司认为甲大学提供的两间店铺系属甲大学对丙公司的追加投资,应计入清算资产之列。甲大学认为该房屋虽交与丙公司使用,但未收取任何费用,亦未办理房产过户登记手续,房屋所有权并未转移,因此不应被清算。双方诉至法院。试分析本案中有关土地管理制度的法律问题。

第四章 房地产开发用地

学习目标：开发用地的取得和转让是房地产开发的重要环节，本章首先介绍了房地产开发用地与建设用地制度的关系，继而介绍了建设用地的相关法律制度。通过本章的学习，要了解建设用地的分类、房地产开发用地的内涵；协议出让与招标、拍卖、挂牌的程序。理解建设用地使用权的设立与消灭；国有土地上房屋征收补偿制度；项目转让的相关制度。掌握建设用地使用权的概念、性质和特征；建设用地使用权人的权利和义务；建设用地使用权的划拨与土地出让的适用范围；建设用地使用转让的条件。

第一节 建设用地与房地产开发用地

一、建设用地

按《土地管理法》第4条的规定，建设用地作为建造建筑物、构筑物的土地，包括城乡住宅和公共设施用地、工矿用地、交通水利设施用地、旅游用地、军事设施用地等。国土资源部2001年的《土地分类》在此基础上把建设用地分为：(1) 商服用地，指商业、金融业、餐饮旅馆业及其相应附属设施用地。(2) 工矿仓储用地，指工业、采矿、仓储业用地。(3) 公用设施用地，指为居民生活和二、三产业服务的公用设施及相应附属设施用地。(4) 公共建筑用地，指公共文化、体育、娱乐、机关、团体、科研、设计、教育、医卫、慈善等建筑用地。(5) 住宅用地，指供人们日常生活居住的房基地（有独立院落的包括院落）；又可细分为城镇单一住宅用地、城镇混合住宅用地、农村宅基地、空闲宅基地。(6) 交通运输用地，指用于运输通行的地面线路、场站等用地，包括民用机场、港口、码头、地面运输管道和居民点道路及其相应附属设施用地。(7) 水利设施用地，指用于水库、水工建筑的土地。(8) 特殊用地，指军事设施、使领馆、宗教、监教、墓地等用地。

二、房地产开发用地是建设用地的组成部分

如前所述，无论是广义的房地产开发，还是狭义的房地产开发，都是在取得国有土地使用权的土地上进行基础设施、房屋建设的行为。

《城市房地产管理法》第二章对城市房地产开发建设用地制度作了规定。根据该章的规定，房地产开发应该在出让或者划拨取得建设用地使用权的城镇国有土地上进行。《城市房地产开发经营管理条例》第12条更是明确规定："房地产开发用地应当以出让方式取得；但是，法律和国务院规定可以采用划拨方式的除外。"

实践中，商品房的开发基本上都是在出让土地上进行的，划拨土地主要用于保障性住

房中的经济适用住房和廉租住房的建设。公共租赁住房的用地比较复杂,目前大多数城市的公共租赁住房都是在划拨用地上建设的,一些城市政府用租赁的方式(年租制)供地①,一些地区试点在农民集体土地上建设公共租赁住房,还有一些城市尝试"限地价、竞公共租赁房面积"的土地出让方式来建设公共租赁住房。② 此外,理论上一直有在集体土地上建设公共租赁住房和其他保障性住房的讨论。③ 2011年5月,国土资源部下发《关于加强保障性安居工程用地管理有关问题的通知》(国土资电发[2011]53号),要求各地要严格执行国务院《关于严格执行有关农村集体建设用地法律和政策的通知》(国办发[2007]71号),严禁擅自利用农村集体建设用地兴建公共租赁住房。2011年12月,住建部住房保障司司长表示利用农村集体建设用地盖公租房的试点必须满足一系列条件,比如房价比较高的地区、土地资源比较紧缺的地区,省级政府要为这个试点做出方案、要经过国土资源部批准。更重要的是,集体土地建设公租房,其产权还是归农村集体经济组织,土地性质也不变,还是集体建设用地,只是允许用租赁的方式租给住房困难的家庭。因此和小产权房是完全不同的概念。④

本章讨论的房地产开发用地,是指出让或者划拨取得建设用地使用权的,用于经营性房地产开发的城镇国有土地。房地产开发用地是建设用地的重要组成部分,但与建设用地相比,存在着下面的区别:(1)房地产开发用地只能是城镇国有土地。而建设用地既可以是城镇土地,又可以是农村和城市郊区土地;既可以是国有土地,又可以是农民集体所有土地。(2)房地产开发用地用于经营性的房地产开发。而建设用地的用途则不限于房地产开发,其使用主体也不限于房地产开发企业。

第二节 国有土地上的建设用地使用权

一、建设用地使用权的概念、性质和特征

(一) 概念和性质

建设用地使用权是指依法对国家所有的土地享有占有、使用、收益的权利;建设用地使用权人有权利用该土地建造建筑物、构筑物及其附属设施。

建设用地使用权可以在土地的地表、地上或者地下分别设立。但新设立的建设用地

---

① 《加大保障房供应 缓解当前楼市压力——北京推出公共租赁住房用地探析》,载《中国国土资源报》2009年8月13日。
② 丁高胜、丁锐:《宜春试水供地新模式——首次采用"限地价、竞公共租赁房面积"土地供应方式》,载《宜春日报》2011年6月30日。
③ 2010年的100万套保障房任务下达后,北京、上海、郑州登记都探索在"集体土地上建公租房"。理论界也有一些讨论。北京提出的方案的主要内容是:北京提出在农村集体土地及工业园区建公租房的思路;政府支持农村集体经济组织采取自建、参股或出租土地等方式建公租房,农民持股分红。国有企业、产业园区亦可利用自用土地建设公租房,解决职工住房需求。北京、上海的方案目前已经获国土批准。
④ 马力:《集体土地建公租房需国土批准——住建部住房保障司表示,农村集体用地试点公租房不会造成小产权房合法化》,载《新京报》2011年12月31日,A20。

使用权,不得损害已设立的用益物权。

(二) 国有土地上的建设用地使用权的特征

在《物权法》颁布前,建设用地使用权和其他用途的土地使用权一起,统称为土地使用权。国有土地上的建设用地使用权有以下特征:(1) 国有建设用地使用权是存在于国家所有的土地上的权利;(2) 国有建设用地使用权是以建造并保存建筑物、构筑物及其附属设施为目的的权利;(3) 建设用地使用权是用益物权的一种。

二、建设用地使用权的设立、期限与续期

(一) 建设用地使用权的设立

国有土地上的建设用地使用权由国家以土地所有权人的身份为建设用地使用权人设立。国家可以通过与建设用地使用权人的合同设立建设用地使用权,也可以行政划拨的方式设立建设用地使用权。

1. 建设用地使用权的合同设立

建设用地使用权的合同设立,即国家通过与用地者签订合同的方式设立建设用地使用权。建设用地使用权的合同设立一般都是有偿的,包括:

(1) 国有建设用地使用权出让

国有建设用地使用权出让,即土地使用权出让,是指国家将国有土地建设用地使用权在一定年限内出让给土地使用者,由土地使用者向国家支付土地使用权出让金的行为。国有土地使用权出让,由市、县人民政府土地管理部门与土地使用者签订国有建设用地使用权出让合同。

(2) 国有土地租赁

按国土资源部《规范国有土地租赁若干意见》的规定,"国有土地租赁是指国家将国有土地出租给使用者使用,由使用者和县级以上人民政府土地管理部门签订一定年限的土地租赁合同,并支付租金的行为"。

国有土地租赁是出让方式的补充,主要适用于原有建设用地因发生土地转让、场地出租、企业改制和改变土地用途后依法应当有偿使用的情形。对于经营性房地产开发用地,无论是利用原有建设用地,还是利用新增建设用地,都必须实行出让,不实行租赁。

(3) 国有土地使用权作价出资或者入股

按1998年《国有企业改革中划拨土地使用权管理暂行规定》第3条,"国家以土地使用权作价出资(入股),是指国家以一定年期的国有土地使用权作价,作为出资投入改组后的新设企业,该土地使用权由新设企业持有,可以依照土地管理法律、法规关于出让土地使用权的规定转让、出租、抵押。土地使用权作价出资(入股)形成的国家股股权,按照国有资产投资主体由有批准权的人民政府土地管理部门委托有资格的国有股权持股单位统一持有"。

国有土地使用权作价出资入股的适用范围十分有限,只有当根据国家产业政策,须由国家控股的关系国计民生、国民经济命脉的关键领域和基础性行业企业或大型骨干企业

改造或改组为有限责任公司、股份有限公司以及组建企业集团时,涉及的划拨土地使用权才可以采取国家以土地使用权作价出资(入股)方式处置。国有土地使用权作价出资入股,必须经省级以上人民政府土地管理部门批准。

在企业改革的实践中,国有土地作价出资入股往往通过国家控股公司、作为国家授权投资机构的国有独资公司和集团公司实现。具体地说,国家将一定年期的国有土地使用权作价后授权给经国务院批准设立的国家控股公司、作为国家授权投资机构的国有独资公司和集团公司经营管理后,被授权的国家控股公司、作为国家授权投资机构的国有独资公司和集团公司凭授权书,可以向其直属企业、控股企业、参股企业以作价出资(入股)或租赁等方式配置土地。

随着国有企业改革的逐步完成,国有土地使用权作价出资或者入股在实践中已经很少发生了。

2. 建设用地使用权划拨

建设用地使用权划拨,是指县级以上人民政府依法批准,在土地使用者缴纳补偿、安置等费用后将该幅土地交付其使用,或者将建设用地使用权无偿交付给土地使用者使用的行为。

(二)建设用地使用权的期限与续期

1. 期限

依《城市房地产管理法》第23条第2款,划拨取得的建设用地使用权原则上没有使用期限的规定。

出让取得的建设用地使用权,依《城镇国有土地使用权出让和转让暂行条例》第12条的规定,其最高年限按下列用途确定:(1)居住用地70年;(2)工业用地50年;(3)教育、科技、文化、卫生、体育用地50年;(4)商业、旅游、娱乐用地40年;(5)综合或者其他用地50年。具体的出让合同规定的期限可以低于最高年限。

租赁取得的建设用地使用权,按国土资源部《规范国有土地租赁若干意见》的规定,国有土地租赁可以根据具体情况实行短期租赁和长期租赁。对短期使用或用于修建临时建筑物的土地,应实行短期租赁,短期租赁年限一般不超过五年;对需要进行地上建筑物、构筑物建设后长期使用的土地,应实行长期租赁,具体租赁期限由租赁合同约定,但最长租赁期限不得超过法律规定的同类用途土地出让最高年限。

作价出资或者入股的国有建设用地使用权也有期限,实践中一般根据企业改制的需要确定。

2. 续期

《物权法》第149条对有期限的建设用地使用权的续期作了原则性的规定。根据该条,住宅建设用地使用权期间届满的,自动续期。非住宅建设用地使用权期间届满后的续期,依照法律规定办理。

(1)非住宅建设用地使用权续期的一般规定

《城市房地产管理法》第22条对出让的建设用地使用权的续期作了规定。依据该条,土地使用权出让合同约定的使用年限届满,土地使用者需要继续使用土地的,应当至迟于届满前一年申请续期,除根据社会公共利益需要收回该幅土地的,应当予以批准。经批准予续期的,应当重新签订土地使用权出让合同,依照规定支付土地使用权出让金。

从条文的规定中可以看出,出让取得的非住宅建设用地使用权的续期是一种依申请、有偿、有期限的续期。

(2) 对住宅建设用地使用权自动续期的理解

《物权法》规定住宅建设用地使用权的自动续期,解决了有众多业主的住宅建设用地使用权申请续期时集体决策与集体行为难以协调一致的难题。这实际上也是立法者当时专门规定住宅建设用地使用权自动续期的一个主要原因。据人大法工委民法室介绍,物权法草案曾按照当时的《城市房地产管理法》第21条的规定对建设用地使用权的续期统一规定依申请续期。"但有人提出,一幢公寓多户居住,建设用地使用权期限届满,是由住户个人申请续期还是业主委员会同意申请续期,意见不一致时怎么办,需要明确……如果规定住宅建设用地需要申请续期,要求成千上万的住户办理续期手续,不仅难以操作,加重了老百姓的负担,也增加了行政管理的费用,不利于社会安定。"正是听取了这一意见,"物权法草案对住宅建设用地使用权和非住宅建设用地使用权的续期分别作出规定,明确规定住宅建设用地使用权期限届满的,自动续期"[①]。但是,对于住宅建设用地使用权续期是否有条件,自动续期是否需要重新交纳建设用地使用权出让金,续期的建设用地使用权的期限问题,以及有关续期的许多技术性问题,《物权法》和相关的法规、规章并无明确规定。

三、建设用地使用权人的权利和义务

(一) 权利

1. 占有和使用土地并取得土地上建造的建筑物、构筑物及其附属设施的所有权

占有和使用土地是建设用地使用权的应有之义。考虑到建设用地使用权的主要目的是在土地上建造建筑物、构筑物及其附属设施,《物权法》第142条专门规定:"建设用地使用权人建造的建筑物、构筑物及其附属设施的所有权属于建设用地使用权人,但有相反证据证明的除外。"

2. 处分建设用地使用权并获取收益的权利

《物权法》对建设用地使用权人处分建设用地使用权的权利作了原则性的规定。该法第143条规定:"建设用地使用权人有权将建设用地使用权转让、互换、出资、赠与或者抵押,但法律另有规定的除外。"

建设用地使用权人转让、互换、出资其建设用地使用权所获收益,在缴纳必要的税费后,由建设用地使用权人所有。

---

① 全国人大常委会法制工作委员会民法室编:《中华人民共和国物权法条文说明、立法理由及相关规定》,北京大学出版社2007年版,第275页。

(二) 义务

1. 按照法律规定以及合同约定支付出让金等费用的义务

《物权法》第141条明确了建设用地使用权人的这一义务。出让建设用地使用权人应按合同约定支付出让金,租赁建设用地使用权人应按合同约定支付租金,自无疑义。划拨建设用地使用权人,可以无偿取得权利,但在大多数情况下,应缴纳补偿、安置等费用,用于对原土地使用者的补偿、安置。以国家作价出资入股方式取得建设用地使用权的企业,应履行对出资人国家的义务。

2. 合理利用土地的义务

根据《物权法》第140条的规定,这一义务包含积极和消极的两层含义:(1)建设用地使用权人应当合理利用土地,这是积极意义上的义务。(2)建设用地使用权人在使用土地过程中不得改变土地用途,这是消极意义上的义务。

《土地管理法》第3条把"十分珍惜、合理利用土地和切实保护耕地"规定为基本国策。所谓合理利用土地,简单地说,就是要求建设用地使用权人充分发挥土地效能,土地使用权人在法律规定或约定期限内不使用土地,或滥用建设用地使用权的,应承担相应的法律责任。构成闲置土地的,按闲置土地的处理方式处理。

《土地管理法》第56条规定,建设单位使用国有土地的,应当按照建设用地使用权出让等有偿使用合同的约定或者建设用地使用权划拨批准文件的规定使用土地;确需改变该幅土地建设用途的,应当经有关人民政府土地行政主管部门同意,报原批准用地的人民政府批准。其中,在城市规划区内改变土地用途的,在报批前,应当先经有关城市规划行政主管部门同意。《城市房地产管理法》第18条、第44条对出让建设用地使用权的初始受让人和其后的使用权人分别规定了同样的义务。

四、建设用地使用权的消灭

(一) 建设用地使用权消灭的原因

1. 有期限的建设用地使用权使用期限届满未申请续期或申请续期未获批准

依《城市房地产管理法》第22条第2款的规定,建设用地使用权出让合同约定的使用年限届满,土地使用者未申请续期或者虽申请续期但未获批准的,建设用地使用权由国家无偿收回。

2. 建设用地使用权被依法收回

建设用地使用权被依法收回的情形比较复杂,从法律规定上说,主要有以下三个:一是《土地管理法》第58条;二是《物权法》第148条和《城市房地产管理法》第20条;三是《土地管理法》第37条、《城市房地产管理法》第26条和国土资源部《闲置土地处置办法》有关收回闲置土地的规定。

依《土地管理法》第58条,有下列情形之一的,由有关人民政府土地行政主管部门报经原批准用地的人民政府或者有批准权的人民政府批准,可以收回国有土地使用权:(1)为公共利益需要使用土地的;(2)为实施城市规划进行旧城区改建,需要调整使用土地的;(3)土地出让等有偿使用合同约定的使用期限届满,土地使用者未申请续期或者申请续期未获批准的;(4)因单位撤销、迁移等原因,停止使用原划拨的国有土地的;(5)公路、铁路、机场、矿场等经核准报废的。依第(1)、(2)项收回国有土地使用权的,对土地使用权人应当给予适当补偿。

《物权法》第 148 条规定:"建设用地使用权期间届满前,因公共利益需要提前收回该土地的,应当依照本法第 42 条的规定对该土地上的房屋及其他不动产给予补偿,并退还相应的出让金。"依该条规定收回建设用地使用权的,往往和后面要讨论的国有土地上房屋征收连在一起。《城市房地产管理法》第 20 条作了与《物权法》第 148 条相同的规定。但该条明确了第 148 条中"相应的出让金"的计算,即"根据土地使用者使用土地的实际年限"确定应退还的出让金。

《土地管理法》第 37 条、《城市房地产管理法》第 26 条和国土资源部《闲置土地处置办法》规定,闲置土地两年以上的,国家收回土地使用者的土地使用权。

3. 作为建设用地使用权载体的土地灭失

《城市房地产管理法》第 21 条规定:"土地使用权因土地灭失而终止。"

(二) 建设用地使用权消灭后地上建筑物的处理

建设用地使用权消灭的原因不同,土地权利消灭后地上建筑物的处理各不相同。现行法律主要就有期限的建设用地使用权期限届满未申请续期或申请续期未获批准时地上建筑物的处理以及土地使用权依《物权法》第 148 条提前收回时地上建筑物的处理做了规定。

1. 有期限的建设用地使用权期限届满未申请续期或申请续期未获批准时地上建筑物的处理

依《物权法》第 149 条第 2 款,在这种情况下,"该土地上的房屋及其他不动产的归属,有约定的,按照约定;没有约定或者约定不明确的,依照法律、行政法规的规定办理"。从目前的建设用地使用权出让实践看,当事人主要约定以下两种处理方式:(1) 由出让人收回地上建筑物、构筑物及其附属设施,并根据收回时地上建筑物、构筑物及其附属设施的残余价值,给予土地使用者相应补偿;(2) 由出让人无偿收回地上建筑物、构筑物及其附属设施。[①]

上面的做法,从某种程度上消除了《城镇国有土地使用权出让出让和转让暂行条例》第 40 条关于地上建筑物、其他附着物由国家无偿取得的规定的不合理之处。

2. 依《物权法》第 148 条提前收回时地上建筑物的处理

依《物权法》第 148 条规定,国家因公共利益需要提前收回建设用地使用权的,应当依照《物权法》第 42 条关于征收的规定对该土地上的房屋及其他不动产给予补偿。对此,本章第三节将作详细论述。

---

① 参见 2008 年 7 月 1 日起执行的《国有建设用地使用权出让合同》示范文本(GF-2008-2601),第 26 条。

第三节 国有土地上房屋征收补偿制度

一、概述

《物权法》第 42 条第 3 款规定:"征收单位、个人的房屋及其他不动产,应当依法给予拆迁补偿,维护被征收人的合法权益;征收个人住宅的,还应当保障被征收人的居住条件。"《城市房地产管理法》第 6 条也规定:"为了公共利益的需要,国家可以征收国有土地上单位和个人的房屋,并依法给予拆迁补偿,维护被征收人的合法权益;征收个人住宅的,还应当保障被征收人的居住条件……"国有土地上房屋的征收与《物权法》第 148 条规定的建设用地使用权的收回在实践中往往联系在一起。2011 年 1 月 21 日国务院颁布的《国有土地上房屋征收与补偿条例》(以下简称《条例》)第 13 条第 3 款明确规定:"房屋被依法征收的,国有土地使用权同时收回。"

从逻辑上说,由于城市房屋所有人不仅享有地上建筑物的所有权,而且享有建筑物占用范围内的建设用地使用权,国家在征收国有土地上的房屋及其他附属物时,必须相应地收回房屋所有权人的建设用地使用权。考虑到目前城市土地的使用状况,政府在出让和转让建设用地使用权前,一般都要先收回该土地上现有使用人的建设用地使用权,并对土地上的房屋进行征收。

《条例》主要对国有土地上房屋的征收作了规定。下面我们就从征收补偿的责任主体、公共利益的界定、征收决定、征收补偿、强制搬迁等几个方面对国有土地上房屋的征收进行介绍。

二、征收补偿的责任主体

依《条例》第 4 条的规定,市、县级人民政府负责本行政区域的房屋征收与补偿工作。市、县级人民政府确定的房屋征收部门(以下称房屋征收部门)组织实施本行政区域的房屋征收与补偿工作。市、县级人民政府有关部门应当依照本条例的规定和本级人民政府规定的职责分工,互相配合,保障房屋征收与补偿工作的顺利进行。

《国有土地上房屋征收与补偿条例》明确了政府是征收补偿的责任主体,房屋征收是政府行为,并禁止建设单位参与搬迁。与旧的《城市房屋拆迁管理条例》把建设单位规定为拆迁人的做法相比是一个进步。按旧拆迁条例由建设单位进行的拆迁,由于拆迁进度与建设单位的经济利益直接相关,当拆迁人与被拆迁人不能达成一致时,拆迁人可能采取极端的手段甚至以暴力胁迫等手段强迫被拆迁人搬迁,严重影响社会稳定。而《条例》明确了政府的征收补偿主体地位和责任后,有利于规范征收活动,保护被征收人的利益。

《条例》第 5 条进一步规定,房屋征收部门可以委托房屋征收实施单位,承担房屋征收与补偿的具体工作。但房屋征收部门对房屋征收实施单位在委托范围内实施的房屋征收与补偿行为负责监督,并对其行为后果承担法律责任。

三、征收的前提——公共利益

《条例》界定了公共利益的范围,从而明确了征收的前提条件。

《条例》对公共利益作了列举,即:(1)国防和外交的需要;(2)由政府组织实施的能源、交通、水利等基础设施建设的需要;(3)由政府组织实施的科技、教育、文化、卫生、体育、环境和资源保护、防灾减灾、文物保护、社会福利、市政公用等公共事业的需要;(4)由政府组织实施的保障性安居工程建设的需要;(5)由政府依照城乡规划法有关规定组织实施的对危房集中、基础设施落后等地段进行旧城区改建的需要;(6)法律、行政法规规定的其他公共利益的需要。

根据《条例》,只有为了公共利益,确需征收房屋的,市、县级人民政府才能作出房屋征收决定。

四、征收决定

(一)征收决定的前置条件和程序

1. 计划和规划的要求

《条例》第9条规定,在房屋被征收后取得的土地上进行的各项建设活动,应当符合国民经济和社会发展规划、土地利用总体规划、城乡规划和专项规划。保障性安居工程建设、旧城区改建,应当纳入市、县级国民经济和社会发展年度计划。

该条进一步规定,制定国民经济和社会发展规划、土地利用总体规划、城乡规划和专项规划,应当广泛征求社会公众意见,经过科学论证。

2. 征收补偿方案的确定

按《条例》第10、11条的规定,征收补偿方案的确立应该经过下列程序:

(1)房屋征收部门应拟定征收补偿方案,报市、县级人民政府。

(2)市、县级人民政府组织有关部门对征收补偿方案进行论证并予以公布,征求公众意见。征求意见期限不得少于30日。

(3)市县人民政府根据公众意见对征收补偿方案进行修改,并及时公布征求意见情况和根据公众意见修改的情况。

因旧城区改建需要征收房屋,多数被征收人认为征收补偿方案不符合本条例规定的,市、县级人民政府应当组织由被征收人和公众代表参加的听证会,并根据听证会情况修改方案。

3. 社会稳定风险评估

《条例》第12条要求市、县级人民政府作出房屋征收决定前,进行社会稳定风险评估。如果房屋征收决定涉及被征收人数量较多的,还应当经政府常务会议讨论决定。

4. 征收补偿费用的足额到位

《条例》第12条第2款规定,作出房屋征收决定前,征收补偿费用应当足额到户、专户存储、专款专用。

(二) 征收决定的公告

《条例》第 13 条规定,市、县级人民政府作出房屋征收决定后应当及时公告。公告应当载明征收补偿方案和行政复议、行政诉讼权利等事项。

市、县级人民政府及房屋征收部门应当做好房屋征收与补偿的宣传、解释工作。

(三) 不服征收决定的救济

根据《条例》第 14 条,被征收人对市、县级人民政府作出的房屋征收决定不服的,可以依法申请行政复议,也可以依法提起行政诉讼。

(四) 征收决定的效力

1. 被征收房屋上的所有权和其他物权消灭

依《物权法》第 28 条,人民政府的征收决定一旦生效,房屋所有人的所有权消灭。房屋所有权消灭,以该房屋所有权为基础的房屋上的他物权也随之消灭。

2. 房屋征收部门开展征收调查

依《条例》第 15 条的规定,房屋征收部门应当对房屋征收范围内房屋的权属、区位、用途、建筑面积等情况组织调查登记,被征收人应当予以配合。调查结果应当在房屋征收范围内向被征收人公布。

3. 房屋征收范围内各项建设活动的冻结

依《条例》第 16 条的规定,房屋征收范围确定后,不得在房屋征收范围内实施新建、扩建、改建房屋和改变房屋用途等不当增加补偿费用的行为;违反规定实施的,不予补偿。

房屋征收部门应当将前款所列事项书面通知有关部门暂停办理相关手续。暂停办理相关手续的书面通知应当载明暂停期限。暂停期限最长不得超过 1 年。

五、征收补偿

(一) 补偿范围

依《条例》第 17 条,作出房屋征收决定的市、县级人民政府对被征收人给予的补偿包括:

(1) 被征收房屋价值的补偿。

(2) 因征收房屋造成的搬迁、临时安置的补偿。《条例》第 22 条明确规定:"因征收房屋造成搬迁的,房屋征收部门应当向被征收人支付搬迁费;选择房屋产权调换的,产权调换房屋交付前,房屋征收部门应当向被征收人支付临时安置费或者提供周转用房。"

(3) 因征收房屋造成的停产停业损失的补偿。依《条例》第 23 条,对因征收房屋造成停产停业损失的补偿,根据房屋被征收前的效益、停产停业期限等因素确定。该条进一步要求市、县级人民政府应当制定补助和奖励办法,对被征收人给予补助和奖励。

依《条例》第 24 条,市、县级人民政府作出房屋征收决定前,应当组织有关部门依法对征收范围内未经登记的建筑进行调查、认定和处理。对认定为合法建筑和未超过批准期限的临时建筑的,应当给予补偿;对认定为违法建筑和超过批准期限的临时建筑的,不予补偿。

(二) 补偿标准与价格评估

1. 补偿标准

依《条例》第 19 条,对被征收房屋价值的补偿,不得低于房屋征收决定公告之日被征收房屋类似房地产的市场价格。以市场价格作为补偿标准,则评估的时候不仅要看房屋的价值,更要看土地使用权的价值。这基本可以确保被征收人的居住条件有改善、生活水平不下降,从而保障被征收人的基本利益。

2. 价格评估

《条例》第 19、20 条对价格评估的问题作了规定:(1) 被征收房屋的价值,由具有相应资质的房地产价格评估机构按照房屋征收评估办法评估确定。(2) 房地产价格评估机构由被征收人协商选定;协商不成的,通过多数决定、随机选定等方式确定。(3) 房地产价格评估机构应当独立、客观、公正地开展房屋征收评估工作,任何单位和个人不得干预。(4) 对评估确定的被征收房屋价值有异议的,可以向房地产价格评估机构申请复核评估。对复核结果有异议的,可以向房地产价格评估专家委员会申请鉴定。

为落实被征收人选择评估机构的权利,住房和城乡建设部于 2011 年印发了《国有土地上房屋征收评估办法》(建房[2011]77 号),对评估国有土地上被征收房屋和用于产权调换房屋的价值,测算被征收房屋类似房地产的市场价格,以及对相关评估结果进行复核评估和鉴定作了具体规范。此外,一些地方也制定了具体的办法。例如,北京市住房和城乡建设委员会就于 2011 年 11 月 4 日发布了《北京市国有土地上房屋征收房地产价格评估机构选定办法》的规定。

(三) 补偿方式

依《条例》第 21 条,房屋征收的补偿方式有两种,即货币补偿和房屋产权调换。货币补偿是指政府将被征收房屋的价值,以货币结算方式补偿给被征收房屋的所有人;房屋产权调换是指政府用自己建造或购买的产权房屋与被征收房屋进行调换产权。被征收人可以选择货币补偿,也可以选择房屋产权调换。

被征收人选择房屋产权调换的,市、县级人民政府应当提供用于产权调换的房屋,并与被征收人计算、结清被征收房屋价值与用于产权调换房屋价值的差价。

因旧城区改建征收个人住宅,被征收人选择在改建地段进行房屋产权调换的,作出房屋征收决定的市、县级人民政府应当提供改建地段或者就近地段的房屋。

(四) 补偿协议和补偿决定

1. 补偿协议

依《条例》第 25 条,房屋征收部门与被征收人就补偿方式、补偿金额和支付期限、用于产权调换房屋的地点和面积、搬迁费、临时安置费或者周转用房、停产停业损失、搬迁期限、过渡方式和过渡期限等事项达成一致的,应订立补偿协议。

补偿协议订立后,一方当事人不履行补偿协议约定的义务的,另一方当事人可以依法提起诉讼。

2. 补偿决定

依《条例》第 26 条,房屋征收部门与被征收人在征收补偿方案确定的签约期限内达不成补偿协议,或者被征收房屋所有权人不明确的,由房屋征收部门报请作出房屋征收决定的市、县级人民政府按照征收补偿方案作出补偿决定,并在房屋征收范围内予以公告。

补偿决定应当公平,包括补偿协议的所有事项。

被征收人对补偿决定不服的,可以依法申请行政复议,也可以依法提起行政诉讼。

(五) 房屋征收补偿档案、征收补偿费用的审计

依《条例》第 29 条,(1) 房屋征收部门应当依法建立房屋征收补偿档案,并将分户补偿情况在房屋征收范围内向被征收人公布。(2) 审计机关应当加强对征收补偿费用管理和使用情况的监督,并公布审计结果。

六、搬迁和强制搬迁

(一) 搬迁

《条例》第 27 条对搬迁规定了以下几点:(1) 实施房屋征收应当先补偿、后搬迁;(2) 作出房屋征收决定的市、县级人民政府对被征收人给予补偿后,被征收人应当在补偿协议约定或者补偿决定确定的搬迁期限内完成搬迁;(3) 任何单位和个人不得采取暴力、威胁或者违反规定中断供水、供热、供气、供电和道路通行等非法方式迫使被征收人搬迁。禁止建设单位参与搬迁活动。

(二) 强制搬迁程序

《条例》废止了行政强制搬迁。根据《条例》第 28 条,2012 年,最高人民法院公布了《最高人民法院关于办理申请人民法院强制执行国有土地上房屋征收补偿决定案件若干问题的规定》(以下简称《规定》),对法院如何受理行政机关申请强制执行房屋征收、受理后如何进行审查和裁定等问题进行了规定,并确立了"裁执分离"为主导的强制执行方式。《条例》第 28 条规定通过司法程序进行强制搬迁,由具有中立地位的第三者(即司法机关)来决定是否应当强制搬迁,有利于保障强制搬迁的有序、公平、公正进行,也是 2012 年 1 月 1 日起施行的《行政强制法》的要求。《行政强制法》第 13 条明确规定:"行政强制执行由法律设定。法律没有规定行政机关强制执行的,作出行政决定的行政机关应当申请人民法院强制执行。"

下面我们就根据《条例》和《规定》对房屋强制搬迁的办理流程做一介绍:

1. 申请和管辖

根据《条例》第 28 条,被征收人在法定期限内对补偿决定不申请行政复议或者不提起行政诉讼,在补偿决定规定的期限内又不搬迁的,由作出房屋征收决定的市、县级人民政府依法申请人民法院强制执行。

作出房屋征收决定的市县人民政府申请强制执行的,除提交第 28 条要求的强制执行申请书(申请书应当由申请机关负责人签字,加盖申请单位印章,并注明日期),并附具补偿金额和专户存储账号、产权调换房屋和周转用房的地点和面积等材料外,还应提供下列

材料:(1)征收补偿决定及相关证据和所依据的规范性文件;(2)征收补偿决定送达凭证、催告情况及房屋被征收人、直接利害关系人的意见;(3)社会稳定风险评估材料;(4)申请强制执行的房屋状况;(5)被执行人的姓名或者名称、住址及与强制执行相关的财产状况等具体情况;(6)法律、行政规定应当提交的其他材料(《规定》第2条第1款)。

强制执行的申请应当自被执行人的法定起诉期间届满之日起3个月内提出;逾期申请的,除有正当理由外,人民法院不予受理(《规定》第2条第3款)。

申请人民法院强制执行征收补偿决定案件由房屋所在地基层人民法院管辖,高级人民法院可以根据本地实际情况决定管辖法院(《规定》第1条)。

2. 法院审查决定是否立案受理(《规定》第3条)

作出房屋征收决定的市县人民政府提出申请后,人民法院应当在法定期限内立案受理或裁定不予受理。具体地说:(1)人民法院认为强制执行的申请符合形式要件且材料齐全的,应当在接到申请后5日内立案受理,并通知申请机关。(2)人民法院认为强制执行的申请不符合形式要件或者材料不全的应当限期补正,并在最终补正的材料提供后5日内立案受理;不符合形式要件或者逾期无正当理由不补正材料的,裁定不予受理。(3)申请机关对不予受理的裁定有异议的,可以自收到裁定之日起15日内向上一级人民法院申请复议,上一级人民法院应当自收到复议申请之日起15日作出裁定。

3. 立案后审查裁定是否准予强制执行

人民法院应当自立案之日起30日内作出是否准予执行的裁定;有特殊情况需要延长审查期限的,由高级人民法院批准(《规定》第4条)。人民法院在审查期间,可以根据需要调取相关证据、询问当事人、组织听证或者进行现场调查(《规定》第5条)。人民法院裁定准予执行的,应当在5日内将裁定送达申请机关和被执行人,并可以根据实际情况建议申请机关依法采取必要措施,保障征收与补偿活动顺利实施(《规定》第8条)。

征收补偿决定存在下列情形之一的,人民法院应当裁定不准予执行:(1)明显缺乏事实根据;(2)明显缺乏法律、法规依据;(3)明显不符合公平补偿原则,严重损害被执行人合法权益,或者使被执行人基本生活、生产经营条件没有保障;(4)明显违反行政目的,严重损害公共利益;(5)严重违反法定程序或者正当程序;(6)超越职权;(7)法律、法规、规章等规定的其他不宜强制执行的情形。(《规定》第6条第1款)。

人民法院裁定不准予执行的,应当说明理由,并在5日内将裁定送达申请机关(《规定》第6条第2款)。申请机关对不准予执行的裁定有异议的,可以自收到裁定之日起15日内向上一级人民法院申请复议,上一级人民法院应当自收到复议申请之日起30日内作出裁定(《规定》第7条)。

4. 执行

根据《规定》第9条的规定,人民法院裁定准予执行的,一般由作出征收补偿决定的市、县级人民政府组织实施,也可以由人民法院执行。换言之,强制执行原则上施行"裁执分离",但如果法院更具有执行条件或更便于执行,也可由法院实施强制执行。

第四节　建设用地使用权的划拨和出让

一、建设用地使用权的划拨

（一）划拨的范围

根据《城市房地产管理法》第24条，下列建设用地的土地使用权，确属必需的，可以由县级以上人民政府依法批准划拨：（1）国家机关用地和军事用地；（2）城市基础设施用地和公益事业用地；（3）国家重点扶持的能源、交通、水利等项目用地；（4）法律、行政法规规定的其他用地。

《划拨用地目录》中提到，对国家重点扶持的能源、交通、水利等基础设施用地项目，可以以划拨方式提供土地使用权。对以营利为目的，非国家重点扶持的能源、交通、水利等基础设施用地项目，应当以有偿方式提供土地使用权。依据《划拨用地目录》，可由县级以上人民政府依法批准划拨的土地使用权有：（1）国家机关用地和军事用地。包括党政机关和人民团体用地、军事用地。（2）城市基础设施用地和公益事业用地。包括城市基础设施用地、非营利性邮政设施用地、非营利性教育设施用地、公益性科研机构用地、非营利性体育设施用地、非营利性公共文化设施用地、非营利性医疗卫生设施用地、非营利性社会福利设施用地。（3）国家重点扶持的能源、交通、水利等基础设施用地。包括石油天然气设施用地、煤炭设施用地、电力设施用地、水利设施用地、铁路交通设施用地、公路交通设施用地、水路交通设施用地、民用机场设施用地。（4）法律、行政法规规定的其他用地。明确列举出来的有：① 监狱；② 劳教所；③ 戒毒所、看守所、治安拘留所、收容教育所。

（二）土地划拨的审批程序

以划拨方式取得建设用地使用权，一般按照以下程序办理：

1. 申请核发选址意见书

按照国家规定需要有关部门批准或者核准的建设项目，以划拨方式提供国有土地使用权的，建设单位在报送有关部门批准或者核准前，应当向城乡规划主管部门申请核发选址意见书。由城市规划行政主管部门对建设项目进行初审，核发选址意见书。

2. 申报可行性研究报告或设计任务书

建设单位或个人向计划管理部门申报可行性研究报告或设计任务书。建设项目可行性研究论证时，土地行政主管部门可以根据土地利用总体规划、土地利用年度计划和建设用地标准，对建设用地有关事项进行审查，并提出意见。可行性研究报告报批时，必须附具土地行政主管部门出具的建设项目用地预审报告。

3. 申请建设用地规划许可证

在城市、镇规划区内以划拨方式提供国有土地使用权的建设项目，经有关部门批准、核准、备案后，建设单位应当向城市、县人民政府城乡规划主管部门提出建设用地规划许可申请,由城市、县人民政府城乡规划主管部门依据控制性详细规划核定建设用地的位置、面积、允许建设的范围,核发建设用地规划许可证。建设单位在取得建设用地规划许可证后,方可向县级以上地方人民政府土地主管部门申请用地。

4. 申请—审查—批准

建设单位持项目批准文件向建设用地所在地的市、县人民政府土地管理部门申请建设用地。由市、县人民政府土地管理部门审查,拟定供地方案,报市、县人民政府批准;需要上级人民政府批准的,应当报上级人民政府批准。其中项目批准文件包括可行性研究报告或设计任务书、年度基本建设计划等。

5. 核发划拨决定书

供地方案经批准后,由市、县人民政府向建设单位颁发建设用地批准书。划拨使用国有土地的,由市、县人民政府土地管理部门向土地使用者核发国有土地划拨决定书。

二、建设用地使用权的出让

(一) 概述

1. 定义

土地使用权出让,是指国家将国有土地使用权在一定年限内出让给土地使用者,由土地使用者向国家支付土地使用权出让金的行为。

2. 适用范围

根据《城镇国有土地使用权出让和转让暂行条例》第2条,国家按照所有权与使用权分离的原则,实行城镇国有土地使用权出让、转让制度,但地下资源、埋藏物和市政公用设施除外。此处所称城镇国有土地是指市、县城、建制镇、工矿区范围内属于全民所有的土地(以下简称土地)。

目前,除依法可继续采取划拨方式供应的土地外,其他新增建设用地,尤其是商业、金融、旅游、服务业、商品房屋和涉外工程建设用地,均采用土地使用权有偿有限期出让的办法。

(二) 出让方式

《城镇国有土地出让和转让暂行条例》规定,土地使用权出让可以采取拍卖、招标或双方协议的方式。国土资源部颁布的《招标拍卖挂牌出让国有土地使用权规定》(下文简称《规定》)中增加了国有土地使用权挂牌出让的方式。

这四种方式中,除协议出让外,其他三种方式都属于公开竞价的方式。协议出让和公开竞价出让的程序不同,分别适用于不同的情况。《物权法》第137条第2、3款规定,工业、商业、旅游、娱乐和商品住宅等经营性用地以及同一土地有两个以上意向用地者的,应当采取招标、拍卖等公开竞价的方式出让。

1. 协议出让

协议出让国有土地使用权,是指国家以协议方式将国有土地使用权在一定年限内出让给土地使用者,由土地使用者向国家支付土地使用权出让金的行为。

协议出让国有土地使用权主要包括以下情况:(1) 供应商业、旅游、娱乐和商品住宅等各类经营性用地以外用途的土地,其供地计划公布后同一宗地只有一个意向用地者的;(2) 原划拨、承租土地使用权人申请办理协议出让,经依法批准,可以采取协议方式,但《国有土地划拨决定书》、《国有土地租赁合同》、法律、法规、行政规定等明确应当收回土地使用权重新公开出让的除外;(3) 划拨土地使用权转让申请办理协议出让,经依法批准,可以采取协议方式,但《国有土地划拨决定书》、法律、法规、行政规定等明确应当收回土地使用权重新公开出让的除外;(4) 出让土地使用权人申请续期,经审查准予续期的,可以采用协议方式;(5) 法律、法规、行政规定明确可以协议出让的其他情形。

《协议出让国有土地使用权规范(试行)》规定了供地环节协议出让国有土地使用权的一般程序:(1) 公开出让信息,接受用地申请,确定供地方式;(2) 编制协议出让方案;(3) 地价评估,确定底价;(4) 协议出让方案、底价报批;(5) 协商,签订意向书;(6) 公示;(7) 签订出让合同,公布出让结果;(8) 核发《建设用地批准书》,交付土地;(9) 办理土地登记;(10) 资料归档。

2. 招标

招标出让国有建设土地使用权,是指市、县人民政府国土资源行政主管部门(以下简称出让人)发布招标公告,邀请特定或者不特定的自然人、法人和其他组织参加国有土地使用权投标,根据投标结果确定国有建设用地使用权人的行为。

招标拍卖挂牌出让国有土地使用权范围:(1) 供应商业、旅游、娱乐和商品住宅等各类经营性用地以及有竞争要求的工业用地;(2) 其他土地供地计划公布后同一宗地有两个或者两个以上意向用地者的;(3) 划拨土地使用权改变用途,《国有土地划拨决定书》或法律、法规、行政规定等明确应当收回土地使用权,实行招标拍卖挂牌出让的;(4) 划拨土地使用权转让,《国有土地划拨决定书》或法律、法规、行政规定等明确应当收回土地使用权,实行招标拍卖挂牌出让的;(5) 出让土地使用权改变用途,《国有土地使用权出让合同》约定或法律、法规、行政规定等明确应当收回土地使用权,实行招标拍卖挂牌出让的;(6) 法律、法规、行政规定明确应当招标拍卖挂牌出让的其他情形。

投标、开标依照下列程序进行:

(1) 投标人在投标截止时间前将标书投入标箱。招标公告允许邮寄标书的,投标人可以邮寄,但出让人在投标截止时间前收到的方为有效。标书投入标箱后,不可撤回。投标人应当对标书和有关书面承诺承担责任。

(2) 出让人按照招标公告规定的时间、地点开标,邀请所有投标人参加。由投标人或者其推选的代表检查标箱的密封情况,当众开启标箱,点算标书。投标人少于三人的,出让人应当终止招标活动。投标人不少于三人的,应当逐一宣布投标人名称、投标价格和投标文件的主要内容。

(3) 评标小组进行评标。评标小组由出让人代表、有关专家组成,成员人数为五人以上的单数。评标小组可以要求投标人对投标文件作出必要的澄清或者说明,但是澄清或者说明不得超出投标文件的范围或者改变投标文件的实质性内容。评标小组应当按照招标文件确定的评标标准和方法,对投标文件进行评审。

(4) 招标人根据评标结果,确定中标人。按照价高者得的原则确定中标人的,可以不成立评标小组,由招标主持人根据开标结果,确定中标人。

3. 拍卖

拍卖出让国有建设用地使用权,是指出让人发布拍卖公告,由竞买人在指定时间、地点进行公开竞价,根据出价结果确定国有建设用地使用权人的行为。拍卖出让的适用范围与招标出让一致。在实践中,拍卖出让主要适用于区位条件好,交通便利的闹市区、土地利用上有较大灵活性的地块。

拍卖会依照下列程序进行:(1) 主持人点算竞买人;(2) 主持人介绍拍卖宗地的面积、界址、空间范围、现状、用途、使用年期、规划指标要求、开工和竣工时间以及其他有关事项;(3) 主持人宣布起叫价和增价规则及增价幅度,没有底价的,应当明确提示;(4) 主持人报出起叫价;(5) 竞买人举牌应价或者报价;(6) 主持人确认该应价或者报价后继续竞价;(7) 主持人连续三次宣布同一应价或者报价而没有再应价或者报价的,主持人落槌表示拍卖成交;(8) 主持人宣布最高应价或者报价者为竞得人。

4. 挂牌

挂牌出让国有建设用地使用权,是指出让人发布挂牌公告,按公告规定的期限将拟出让宗地的交易条件在指定的土地交易场所挂牌公布,接受竞买人的报价申请并更新挂牌价格,根据挂牌期限截止时的出价结果确定国有建设用地使用权人的行为。挂牌时间不得少于10日。挂牌期间可根据竞买人竞价情况调整增价幅度。

挂牌出让的适用范围与招标、拍卖出让一致。

挂牌依照以下程序进行:

(1) 在挂牌公告规定的挂牌起始日,出让人将挂牌宗地的面积、界址、空间范围、现状、用途、使用年期、规划指标要求、开工时间和竣工时间、起始价、增价规则及增价幅度等,在挂牌公告规定的土地交易场所挂牌公布;

(2) 符合条件的竞买人填写报价单报价;

(3) 挂牌主持人确认该报价后,更新显示挂牌价格;

(4) 挂牌主持人在挂牌公告规定的挂牌截止时间确定竞得人。

挂牌截止应当由挂牌主持人主持确定。挂牌期限届满,挂牌主持人现场宣布最高报价及其报价者,并询问竞买人是否愿意继续竞价。有竞买人表示愿意继续竞价的,挂牌出让转入现场竞价,通过现场竞价确定竞得人。挂牌主持人连续三次报出最高挂牌价格,没有竞买人表示愿意继续竞价的,按照下列规定确定是否成交:(1) 在挂牌期限内只有一个竞买人报价,且报价不低于底价,并符合其他条件的,挂牌成交;(2) 在挂牌期限内有两个或者两个以上的竞买人报价的,出价最高者为竞得人;报价相同的,先提交报价单者为竞得人,但报价低于底价者除外;(3) 在挂牌期限内无应价者或者竞买人的报价均低于底价或者均不符合其他条件的,挂牌不成交。

第五节 建设用地使用权转让

一、概述

土地使用权转让是指土地使用者将土地使用权再转移的行为,包括出售、交换和赠与。

土地使用权转让应当签订转让合同,合同中载明土地使用权取得的方式。土地使用权转让时,土地使用权出让合同和登记文件中所载明的权利、义务随之转移。土地使用者通过转让方式取得的土地使用权,其使用年限为土地使用权出让合同规定的使用年限减去原土地使用者已使用年限后的剩余年限。

根据《中华人民共和国城镇国有土地使用权出让和转让暂行条例》的规定,土地使用权转让时,其地上建筑物、其他附着物所有权随之转让。地上建筑物、其他附着物的所有人或者共有人,享有该建筑物、附着物使用范围内的土地使用权。土地使用者转让地上建筑物、其他附着物所有权时,其使用范围内的土地使用权随之转让,但地上建筑物、其他附着物作为动产转让的除外。《物权法》中也规定了建筑物等设施与建设用地使用权一并处分的原则。因此《城市房地产管理法》中没有区分建设用地使用权的转让和房产的转让,只是笼统地提房地产转让。

二、建设用地使用权的转让条件

（一）允许转让的建设用地使用权

根据《物权法》的有关规定,建设用地使用权人有权将建设用地使用权转让、互换、出资、赠与或者抵押,但法律另有规定的除外。集体所有的土地作为建设用地的,应当依照土地管理法等法律规定办理。但《土地管理法》及《土地管理法实施条例》并未对集体所有土地上的建设用地使用权的转让作出规定。《国务院办公厅关于严格执行有关农村集体建设用地法律和政策的通知》明确规定:"严格控制农民集体所有建设用地使用权流转范围。农民集体所有的土地使用权不得出让、转让或者出租用于非农业建设。符合土地利用总体规划并依法取得建设用地的企业发生破产、兼并等情形时,所涉及的农民集体所有建设用地使用权方可依法转移。其他农民集体所有建设用地使用权流转,必须是符合规划、依法取得的建设用地,并不得用于商品住宅开发。"因此,只有城镇国有土地上的建设用地使用权才能转让。

1. 出让建设用地使用权的转让

《城市房地产管理法》第39条规定:"以出让方式取得土地使用权的,转让房地产时,应当符合下列条件:(1) 按照出让合同约定已经支付全部土地使用权出让金,并取得土地使用权证书;(2) 按照出让合同约定进行投资开发,属于房屋建设工程的,完成开发投资总额的百分之二十五以上,属于成片开发土地的,形成工业用地或者其他建设用地条件。

转让房地产时房屋已经建成的,还应当持有房屋所有权证书。"

但是,转让方未取得出让土地使用权证书与受让方订立合同转让土地使用权,起诉前转让方已经取得出让土地使用权证书或者有批准权的人民政府同意转让的,应当认定合同有效。

2. 划拨建设用地使用权的转让

我国法律对划拨建设用地使用权的转让有比较严格的限制,根据《中华人民共和国城镇国有土地使用权出让和转让暂行条例》的规定,符合下列条件的,经市、县人民政府土地管理部门和房产管理部门批准,其划拨土地使用权和地上建筑物、其他附着物所有权可以转让、出租、抵押:(1) 土地使用者为公司、企业、其他经济组织和个人;(2) 领有国有土地使用证;(3) 具有地上建筑物、其他附着物合法的产权证明;(4) 依照该条例第二章的规定签订土地使用权出让合同,向当地市、县人民政府补交土地使用权出让金或者以转让、出租、抵押所获收益抵交土地使用权出让金。除上述情况外,划拨土地使用权不得转让、出租、抵押。

划拨土地使用权必须经批准才能转让,《城市房地产管理法》第 40 条规定:"以划拨方式取得土地使用权的,转让房地产时,应当按照国务院规定,报有批准权的人民政府审批。有批准权的人民政府准予转让的,应当由受让方办理土地使用权出让手续,并依照国家有关规定缴纳土地使用权出让金。以划拨方式取得土地使用权的,转让房地产报批时,有批准权的人民政府按照国务院规定决定可以不办理土地使用权出让手续的,转让方应当按照国务院规定将转让房地产所获收益中的土地收益上缴国家或者作其他处理。"

根据《城市房地产转让管理规定》第 12 条:以划拨方式取得土地使用权的,转让房地产时,属于下列情形之一的,经有批准权的人民政府批准,可以不办理土地使用权出让手续,但应当将转让房地产所获收益中的土地收益上缴国家或者作其他处理。土地收益的缴纳和处理的办法按照国务院规定办理。

(1) 经城市规划行政主管部门批准,转让的土地用于建设《中华人民共和国城市房地产管理法》第 24 条规定的项目的;

(2) 私有住宅转让后仍用于居住的;

(3) 按照国务院住房制度改革有关规定出售公有住宅的;

(4) 同一宗土地上部分房屋转让而土地使用权不可分割转让的;

(5) 转让的房地产暂时难以确定土地使用权出让用途、年限和其他条件的;

(6) 根据城市规划土地使用权不宜出让的;

(7) 县级以上人民政府规定暂时无法或不需要采取土地使用权出让方式的其他情形。依照前款规定缴纳土地收益或作其他处理的,应当在房地产转让合同中注明。

(二) 禁止转让的情况

依据《城市房地产管理法》第 38 条,下列房地产不得转让:(1) 以转让方式取得土地使用权的不符合本法第 39 条规定条件的;(2) 司法机关和行政机关依法裁定决定查封或者以其他形式限制房地产权利的;(3) 依法收回土地使用权的;(4) 共有房地产未经其他共有人书面同意的;(5)权属有争议的;(6)未依法登记领取权属证书的;(7)法律、法规规定了禁止转让的其他情形。

三、房地产项目转让与项目公司股权转让

(一)项目转让

1. 概念和性质

房地产项目的转让,是指开发商在开发过程中将具备一定条件的整个房地产项目转让给他人的行为。

关于项目转让的性质,目前有两种不同的理解:一种认为房地产项目转让是建设用地使用权及开发完成的地上物的转让;另一种认为项目转让是营业转让。项目转让中包含着建设用地使用权的转让,但是若仅仅按照第一种理解则不够全面。因为接受转让的一方除取得建设用地使用权及已经开发完成的地上物外,还取得了继续开发项目的权利。另外,从受让方的交易目的看,主要是为取得开发经营项目的权利。因此,从学理上说,将项目转让理解成营业转让更为准确。

2. 项目转让的条件和程序

(1)项目转让的条件

根据我国《城市房地产管理法》中的相关规定:房地产项目转让交易活动中,转让方应具备房地产开发经营资格;按照出让合同约定已经支付全部土地使用权出让金,并取得土地使用权证书;转让交易的房地产项目,必须按照出让合同约定进行投资开发,属于房屋建设工程的,完成开发投资总额的25%以上,属于成片开发土地的,形成工业用地或者其他建设用地条件。转让房地产项目时房屋已经建成的,还应当持有房屋所有权证书。

(2)项目转让的程序

《城市房地产开发经营条例》第21条规定:转让房地产开发项目,转让人和受让人应当自土地使用权变更登记手续办理完毕之日起30日内,持房地产开发项目转让合同到房地产开发主管部门备案。

(二)项目公司股权转让

严格地说,房地产项目公司股权转让在法律上不会导致建设用地使用权转移的后果。但是,实践中许多投资者往往通过收购项目的股权而达到控制整个房地产开发项目的目的,从而间接地实现了取得建设用地使用权开发房地产项目的目标。

项目转让在实务中可分为项目公司股权收购和项目公司兼并两种形式。

(1)项目公司股权收购

项目公司股权收购指收购者以现金、股票或者其他有价证券作为对价,向目标公司(即房地产项目公司)的股东购买股份,获得对项目公司的全部或部分股份,进而取得项目公司的控制权。在股权收购中,交易的主体是收购公司与目标公司的股东,交易对象是目标公司的股权,收购方最终取得的是对目标公司的控制权。股权收购完成后,项目公司本身并不发生变化,只是项目公司的股东发生变化,或者股东持股比例发生变化。

项目公司股权收购具有下面的优点：

第一，转让手续简单。收购项目公司，只要签订股权转让协议并按规定办理股权转让变更和工商变更登记即可通过控制公司的经营权来直接控制和管理整个项目。而土地使用权、项目或在建工程的转让涉及土地使用权过户及建设手续更名等手续，比较复杂。

第二，转让费用节省。土地使用权或项目或在建工程的转让与项目公司股权转让相比，前者受让方须多交相当于成交金额3%的契税和房地产交易中心的交易手续费0.5%，转让方也须承担转让的营业额5%的营业税和土地增值税。

第三，项目开发速度加快。一旦股权转让手续获得有关部门的审批通过，在项目公司的名义下，投资者即可立即投入资金进行后续开发建设，无须再重新立项办理建设手续。

但是，有一利必有一弊。项目公司股权收购在实务中存在的主要问题有：

第一，收购方承担的风险因素增加。收购方除考虑房地产项目本身的建设风险外，还需考虑目标公司的对外担保、债务、未支付款项、合同违约等潜在风险。

第二，前期谈判调查时间比较长。由于商业秘密的关系，外部人员很难了解项目公司的对外担保、合同违约、或有负债等经营、财务或税务情况，产生的信息不对称增加了彼此沟通和谈判的难度。

(2) 项目公司兼并

狭义的兼并是指在市场机制作用下，企业通过产权交易获得其他企业的产权，使这些企业的法人资格丧失，并获得它们控制权的经济行为。广义的兼并是指在市场机制作用下，企业通过产权交易获得其他企业产权，并企图获得其控制权的经济行为。广义的兼并包括了前述股权收购，这里我们主要讨论狭义的兼并。

狭义的兼并与股权收购的主要区别有：

第一，兼并是受让公司吸收转让公司并以自己名义重新开发，受让公司本身必须有房地产开发相应资质；而收购则仍以转让的已具备相应资质的项目公司名义经营，收购公司本身可以不具备房地产开发资质。

第二，兼并是项目公司全部股权被转让，其所有的债务包括潜在的债务以及由此产生的风险，依法均由兼并公司承担，也即兼并公司对被兼并公司的债务或风险要承担项目公司的全部责任；而收购则是项目公司内部的股东和股权比例发生变动，其对外的债务仍由项目公司承担，股东之间可按股权比例或约定方式在股本金限额内承担，也即收购公司只对被收购公司债务或风险承担股东的相应责任。

第三，兼并后原项目公司被吸收，项目运作以兼并公司名义进行，因此，房地产项目公司的兼并，除兼并被兼并双方协议一致外，必须办理项目变更手续并通知债务人；而股权收购只发生在项目公司内部，只需公司新旧股东协议一致，不需要办理项目主体变更手续，也无须通知债务人。

第四，在程序方面，兼并比收购多了一个主体变更的手续。在兼并状态下，项目公司作为一个法人，将由另一个公司取代，因此，需要办理相应的项目变更手续并通知债务人。

思考题：

1. 什么是房地产开发用地？与建设用地有什么关系？
2. 对国有土地上房屋进行征收补偿时，要注意哪些法律事项？
3. 土地使用权划拨的范围如何？
4. 建设用地使用权出让有哪几种方式？如何适用？
5. 建设用地转让有哪些条件？
6. 项目公司股权收购有哪些优势？存在哪些问题？
7. 案例分析：张某诉甲县政府强拆纠纷案

案情

原告：张某

被告：甲县政府

第三人：甲县城乡建设局（以下简称建设局），甲县建设房屋拆迁办公室（以下简称办公室），甲县乙城区丙街道办事处（以下简称办事处）

张某是甲县染织厂职工，自2008年起厂里将一套员工房屋分与张某居住，并办理了房屋登记手续，张某一直居住上述房屋。2011年12月，甲县政府以旧城区改造名义开始对张某居住的乙城区进行大规模拆迁，由甲县城乡建设局为房屋征收部门，组织乙城区的房屋征收与补偿工作。同时，建设局委托甲县建设房屋拆迁办公室和甲县乙城区丙街道办事处为房屋征收实施单位，承担房屋征收补偿的具体工作。因为对补偿条件极为不满，张某与办公室未就安置补偿达成协议。2012年4月2日，办公室责成办事处开始强行拆除张某居住的住房。张某诉至法院，要求确认强制拆迁行为违法。问

（1）本案属于民事诉讼还是行政诉讼？案件的被告应是谁？

（2）强拆行为是否违法？

第五章　房地产开发建设

学习目标：本章阐述的是房地产开发建设法律制度。房地产开发是房地产业中最基本、最主要的经济活动,是整个房地产业的基础。通过本章的学习,要了解建设工程监理制度的意义。掌握狭义房地产开发的概念、基本原则与要求;建设工程施工合同概念及特征、建设工程监理的概念。理解房地产开发的基本流程和证书的申请和管理;房地产开发企业的设立条件和资质;项目公司开发房地产中的优势及可能产生的问题;建设工程施工合同;建设工程发包与承包、建设工程招投标相关制度;建设工程监理制度等内容。

第一节　房地产开发概述

一、房地产开发的含义

所谓开发,是指以荒地、矿山、森林、水力等自然资源为对象,通过人力加以改造,以达到利用目的的一种生产活动。房地产开发是生产活动的一种。

如前所述,房地产开发包括广义和狭义两种含义。本章主要讨论狭义的房地产开发,即房地产企业在城市规划区内国有土地上进行基础设施建设、房屋建设,并转让房地产开发项目或者销售、出租商品房的行为。

需要说明的是,本章所讨论的建设工程施工合同、建设工程监理制度以及建设工程质量责任等制度也适用于广义的房地产开发,而不仅仅是狭义的房地产开发。

二、房地产开发的基本原则与要求

《城市房地产管理法》第25条规定:"房地产开发必须严格执行城市规划,按照经济效益、社会效益、环境效益相统一的原则,实行全面规划、合理布局、综合开发、配套建设。"《城市房地产开发经营管理条例》在此基础上,对房地产开发的原则作了细化的规定。具体地说:

1. 房地产开发必须符合城市规划要求和国家投资计划要求

房地产开发是城市开发建设的重要组成部分,必须要严格执行城市规划,服从规划管理,应当符合土地利用总体规划、年度建设用地计划和城市规划、房地产开发年度计划的要求;按照国家有关规定需要经计划主管部门批准的,还应当报计划主管部门批准,并纳入年度固定资产投资计划。

2. 房地产开发必须符合经济效益、社会效益、环境效益相统一的要求

房地产开发不仅在房地产业中占据举足轻重的作用和地位,而且对于社会经济发展、

城市建设以及社会文化发展都带来深刻的影响。因此,房地产开发活动不仅要尽可能提高自身的经济效益以及对国家、社会的经济效益,同时也要提高房地产开发对社会文化和生态环境的效益。

3. 房地产开发必须实现全面规划、合理布局、综合开发、配套建设

具体地说,第一,房地产开发应当坚持旧区改建和新区建设相结合的原则,注重开发基础设施薄弱、交通拥挤、环境污染严重以及危旧房屋集中的区域,保护和改善城市生态环境,保护历史文化遗产。第二,房地产开发项目的开发建设应当统筹安排配套基础设施,并根据先地下、后地上的原则实施。

三、房地产开发的基本流程

房地产开发是一个复杂的生产过程,包含许多的环节。这些环节中的大多数环节,都必须在获得相应的行政许可后才能开展。

如下页图所示,房地产开发企业在取得划拨或出让建设用地使用权后,其开发活动大致要经过以下几个步骤,国家主要通过相关证书的核发实现对房地产开发活动的监管。

(一)项目备案——房地产开发项目手册

房地产开发企业应当在签订土地使用权出让合同或取得划拨土地使用权批准文件后,到建设主管部门备案,领取房地产开发项目手册。

房地产开发企业应将项目建设过程的主要事项,如项目名称、规模、转让记录、预售情况等记录在手册中,并定期送房地产开发主管部门备案。房地产开发主管部门要对项目手册的备案情况进行检查,并将手册记录事项作为企业资质评定、审查的依据。

(二)设计——建设工程规划许可证

房地产开发企业应当与规划设计和建筑设计单位签订项目规划设计和建筑设计书面合同,进行房地产开发项目的设计。在完成设计后,房地产开发企业应向有关部门申请建设工程规划许可证。

按《城乡规划法》第40条的规定,在城市、镇规划区内进行建筑物、构筑物、道路、管线和其他工程建设的,建设单位或者个人应当向城市、县人民政府城乡规划主管部门或者省、自治区、直辖市人民政府确定的镇人民政府申请办理建设工程规划许可证。

申请办理建设工程规划许可证,应当提交使用土地的有关证明文件、建设工程设计方案等材料。需要建设单位编制修建性详细规划的建设项目,还应当提交修建性详细规划。对符合控制性详细规划和规划条件的,由城市、县人民政府城乡规划主管部门或者省、自治区、直辖市人民政府确定的镇人民政府核发建设工程规划许可证。

建设工程规划许可证必要时可以有附图或附件。附图和附件,按照建筑物、构筑物、道路、管线以及个人建房等不同要求,由发证单位根据法律、法规规定和实际情况制定。附图和附件是建设工程规划许可证的配套证件,具有同等法律效力。

第五章 房地产开发建设

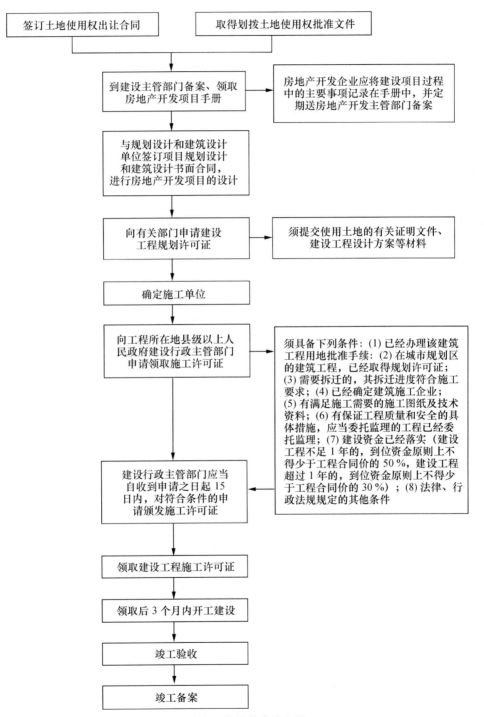

房地产开发的基本流程图

(三) 项目施工单位招标

项目的工程施工招标,一般情况下必须由招标代理公司组织,在建设主管部门指定的"交易大厅"中进行,最后向中标单位发出由建设主管部门、招标代理公司和房地产开发企业三方签章的中标通知书,中标的施工企业应及时与房地产开发企业签订施工合同。

(四) 建设工程施工许可证的申领和开工建设

房地产开发项目开工前,开发企业应当按照国家有关规定向工程所在地县级以上人民政府建设行政主管部门申请领取施工许可证。

申请领取施工许可证,应当具备下列条件:(1)已经办理该建筑工程用地批准手续。(2)在城市规划区的建筑工程,已经取得规划许可证。(3)需要拆迁的,其拆迁进度符合施工要求。(4)已经确定建筑施工企业。(5)有满足施工需要的施工图纸及技术资料。(6)有保证工程质量和安全的具体措施,应当委托监理的工程已经委托监理。(7)建设资金已经落实。建设工期不足1年的,到位资金原则上不得少于工程合同价的50%,建设工期超过1年的,到位资金原则上不得少于工程合同价的30%。(8)法律、行政法规规定的其他条件。

建设行政主管部门应当自收到申请之日起15日内,对符合条件的申请颁发施工许可证。

建设单位应当自领取施工许可证之日起3个月内开工。因故不能按期开工的,应当向发证机关申请延期;延期以两次为限,每次不超过3个月。既不开工又不申请延期或者超过延期时限的,施工许可证自行废止。

在建的建筑工程因故中止施工的,建设单位应当自中止施工之日起1个月内,向发证机关报告,并按照规定做好建筑工程的维护管理工作。

建筑工程恢复施工时,应当向发证机关报告;中止施工满1年的工程恢复施工前,建设单位应当报发证机关核验施工许可证。

建筑工程在施工过程中,建设单位或者施工单位发生变更的,应当重新申请领取施工许可证。

(五) 建设项目的竣工验收和竣工备案

建设工程竣工经验收合格后,方可交付使用。房地产开发项目竣工后,房地产开发企业应当向项目所在地的县级以上地方政府房地产开发主管部门提出竣工验收申请,并由其对涉及公共安全的内容,组织工程质量监督、规划、消防、人防等有关部门或者单位进行验收,落实规划设计条件、城市规划要求配套的基础设施和公共设施、单项工程质量验收、拆迁安置方案及物业管理等执行情况。通过竣工验收后,房地产开发企业要及时到建设主管部门进行项目竣工备案。

第二节 房地产开发企业

一、房地产开发企业的概念和分类

（一）房地产开发企业的概念

《城市房地产管理法》第30条规定："房地产开发企业是以营利为目的,从事房地产开发和经营的企业……"该条并未明确房地产开发企业是否需具备法人资格。《房地产开发企业资质管理规定》第2条中"本规定所称房地产开发企业是指依法设立、具有企业法人资格的经济实体"的规定明确了房地产开发企业必须具备法人资格。

综上,房地产开发企业是指依法设立从事房地产开发和经营的企业法人。

（二）房地产开发企业的分类

按房地产开发业务在企业经营范围中地位的不同,可将房地产开发企业分为房地产开发专营企业、兼营企业和项目公司。

1. 专营企业

房地产开发专营企业是指依法登记注册成立,长期从事房地产开发经营业务的企业。房地产开发专营企业在经营期限之内,可对各项允许开发的房地产项目进行投资建设、经营管理。房地产开发专营企业由于长期从事房地产开发,经验丰富,资金较为雄厚,技术力量较强,管理水平较高,在房地产市场上竞争力较强。

2. 兼营企业

房地产开发兼营企业是指某些主营其他行业的公司,在注册过程中,申请兼营并经批准从事房地产开发经营业务的企业。对于兼营企业没有资质等级要求,但也有其他条件要求。不过国家目前尚未统一立法,各地方对兼营企业的规定要求不太一样。

3. 项目公司

房地产开发项目公司是指以开发项目为对象从事单项房地产开发经营的企业。其经营对象只限于经批准的项目,项目开发经营完毕后,应向工商行政管理机关办理注销经营范围的手续。

二、房地产开发企业的设立条件

按《城市房地产管理法》及《城市房地产开发经营管理条例》的规定,设立房地产开发企业应具备下列条件:(1) 有符合公司法人登记的名称和组织机构;(2) 有适应房地产开发经营需要的固定的经营场所;(3) 注册资本100万元以上;(4) 有4名以上持有资格证书的房地产专业、建筑工程专业的专职技术人员,有2名以上持有资格证书的专职会计人员;(5) 法律、法规规定的其他条件。

省、自治区、直辖市人民政府可以根据本地方的实际情况,对设立房地产开发企业的注册资本和专业技术人员的条件作出高于上述条件的规定。

外商投资设立房地产开发企业的,除应当满足以上条件外,还应当依照外商投资企业法律、行政法规的规定,办理有关审批手续。

三、房地产开发企业资质

(一) 概述

为了加强对房地产开发企业的管理,规范房地产开发企业的行为,国家对房地产开发企业实行资质管理。《城市房地产开发经营管理条例》第9条明确规定:房地产开发主管部门应当根据房地产开发企业的资产、专业技术人员和开发经营业绩等,对备案的房地产开发企业核定资质等级。房地产开发企业应当按照核定的资质等级,承担相应的房地产开发项目。具体办法由国务院建设行政主管部门制定。

《房地产开发企业资质管理规定》第3条明确规定:房地产开发企业应当按照本规定申请核定企业资质等级。未取得房地产开发资质等级证书的企业,不得从事房地产开发经营业务。在第18条进一步规定,各资质等级企业应当在规定的业务范围内从事房地产开发经营业务,不得越级承担任务。

(二) 房地产开发企业的资质类别及业务范围

在《房地产开发企业资质管理规定》中,将资质管理分为两类:一类是关于已存续了一定的年限、有过一定开发面积的房地产开发企业的资质等级,包括一至四级共四个级别;另一类针对新设立的房地产开发企业的暂定资质。

《房地产开发企业资质管理规定》明确规定了各级资质房地产开发企业的业务范围。一级资质的房地产开发企业承担房地产项目的建设规模不受限制,可以在全国范围承担房地产开发项目;二级资质及二级资质以下的房地产开发企业可以承担建筑面积25万平方米以下的开发建设项目,承担业务的具体范围由省、自治区、直辖市人民政府建设行政主管部门确定。

(三) 房地产开发企业的资质条件

一至四级房地产开发企业具体资质条件见下表:

房地产开发企业资质等级条件									
资质等级	注册资本(万元)	从事房地产开发经营时间(年)	近3年房屋建筑面积累计竣工(万 m³)	连续几年建筑工程质量合格率达到100%	上一年房屋建筑施工面积(万 m³)	专业管理人员(人数)			
^	^	^	^	^	^	有职称的建筑、结构、财务、房地产及有关经济类的专业管理人员	其中		
^	^	^	^	^	^	^	中级以上职称管理人员	持有资格证书的专职会计人员	工程技术、财务、统计等业务人员是否要求具有中级职称
一级资质	≥5000	≥5	≥30	5	≥15	≥40	≥20	≥4	均要求具有相应专业中级以上职称
二级资质	≥2000	≥3	≥15	3	≥10	≥20	≥10	≥3	^

(续表)

资质等级	房地产开发企业资质等级条件							
	注册资本（万元）	从事房地产开发经营时间（年）	近3年房屋建筑面积累计竣工（万 m³）	连续几年建筑工程质量合格率达到100%	上一年房屋建筑施工面积（万 m³）	专业管理人员（人数）		
						有职称的建筑、结构、财务、房地产及有关经济类的专业管理人员	其中	
							中级以上职称管理人员	持有资格证书的专职会计人员	工程技术、财务、统计等业务人员是否要求具有中级职称
三级资质	≥800	≥2	≥5	2		≥10	≥5	≥2	统计等其他业务负责人具有相应专业初级以上职称
四级资质	≥100	≥1		已竣工的建筑工程		≥5		≥2	财务负责人具有相应专业初级以上职称，配有专业统计人员

另外，各资质等级的房地产开发企业还必须在商品住宅销售中实行了《住宅质量保证书》和《住宅使用说明书》制度，且未发生过重大工程质量事故。其中，一、二、三级资质的房地产开发企业还需具有完善的质量保证体系。

申请暂定资质的条件不得低于四级资质企业的条件。

（四）房地产开发企业资质的管理

1. 资质的管理及审批机关

《房地产开发企业资质管理规定》第4条明确规定：国务院建设行政主管部门负责全国房地产开发企业的资质管理工作；县级以上地方人民政府房地产开发主管部门负责本行政区域内房地产开发企业的资质管理工作。

《房地产开发企业资质管理规定》第11条明确规定：房地产开发企业资质等级实行分级审批。一级资质由省、自治区、直辖市人民政府建设行政主管部门初审，报国务院建设行政主管部门审批。二级资质及二级资质以下企业的审批办法由省、自治区、直辖市人民政府建设行政主管部门制定。经资质审查合格的企业，由资质审批部门发给相应等级的资质证书。

2. 资质年检制度

《房地产开发企业资质管理规定》第17条明确规定：房地产开发企业的资质实行年检制度。对于不符合原定资质条件或者有不良经营行为的企业，由原资质审批部门予以降级或者注销资质证书。一级资质房地产开发企业的资质年检由国务院建设行政主管部门或者其委托的机构负责。二级资质及二级资质以下房地产开发企业的资质年检由省、自治区、直辖市人民政府建设行政主管部门制定办法。

房地产开发企业无正当理由不参加资质年检的,视为年检不合格,由原资质审批部门注销资质证书。房地产开发主管部门应当将房地产开发企业资质年检结果向社会公布。

3. 暂定资质的管理

由于新设立的房地产开发企业不具备从事过房地产开发经营的年限、已竣工面积等申请资质的条件,所以《房地产开发企业资质管理规定》对此作了特殊规定:

(1) 新设立的房地产开发企业应当自领取营业执照之日起30日内,持相关文件到房地产开发主管部门备案。房地产开发主管部门应当在收到备案申请后30日内向符合条件的企业核发《暂定资质证书》。

(2)《暂定资质证书》有效期1年。房地产开发主管部门可以视企业经营情况延长《暂定资质证书》有效期,但延长期限不得超过2年。自领取《暂定资质证书》之日起1年内无开发项目的,《暂定资质证书》有效期不得延长。

(3) 房地产开发企业应当在《暂定资质证书》有效期满前1个月内向房地产开发主管部门申请核定资质等级。房地产开发主管部门应当根据其开发经营业绩核定相应的资质等级。

四、房地产项目公司

(一) 项目公司开发房地产的优势

作为以开发项目为对象从事单项房地产开发经营的企业,房地产项目公司自20世纪90年代产生以来,已经成为我国房地产开发的主要载体。实践中,房地产项目公司一般都采取有限责任公司的形式,其工商注册的经营范围都载明某特定地块的开发经营。因此,当项目公司在某一项目开发完成被整体转让,或楼盘售罄,把物业管理委托给专业的物业管理公司之后,项目公司就随之注销解散。

房地产项目公司之所以能大行其道,主要是由于它在管理、融资、税收方面给投资者提供的便利,也与我国现行的房地产开发用地的供应制度、地方政府的需要有关。

1. 项目公司开发房地产与我国现行的土地出让制度密切相关

由于我国现行法律对于取得建设用地使用权的主体未作特殊规定。根据《城镇国有土地使用权出让和转让暂行条例》第3条的规定:"中华人民共和国境内外的公司、企业、其他组织和个人,除法律另有规定者外,均可依照本条例的规定取得土地使用权,进行土地开发、利用、经营。"

这样,没有开发资质的单位和个人取得房地产开发用地后,往往成立项目公司,申请暂定资质,对取得的土地进行开发。

2. 项目公司为投资者提供了管理、融资,并且降低了投资者自身的风险

(1) 提高对项目的管理效率,降级风险

房地产开发的投资者,尤其是房地产开发企业,同一时间往往投资不止一个开发项

目。采取单个项目设立项目公司的方式开发,投资者只需通过对项目公司的管理层进行监督和管理,就可实现对项目的管理。与母公司直接开发相比,通过项目公司开发,成本利润核算大大简便,项目对母公司的风险也在某种程度上得到了隔离。

(2) 融资上的便利

采取有限责任公司形式的项目公司在融资上的便利主要有二:一是通过项目公司增资扩股融资;二是母公司为项目公司贷款提供保证。

(3) 设立项目公司开发为房地产开发企业在必要时退出项目开发提供了便利

项目公司是房地产开发企业针对特定的项目而设立的,它可以在项目完成或其他原因致使项目不能继续时及时退出。在特定项目上的退出,由于仅仅涉及与项目公司相关问题的处理,股东公司的日常运营和其他项目的运营几乎不受影响。而且,采取转让方式退出该项目时,也只需将股东公司在该项目中的股权转让即可。只要双方签订股权转让协议,并按规定办理股权转让的变更登记手续,收购方就可以实现对整个项目的控制。反之,如果通过转让土地使用权、房地产项目或者在建工程转让等方式退出项目,则涉及土地使用权的过户及建设手续的更名等一系列程序,操作手续繁琐,费用和税收负担较高。

3. 项目公司开发房地产能满足地方政府在众多方面的需要

我国目前的税收、行政机制也是导致房地产项目公司盛行的重要原因之一。税收上,我国实行的体制是地方与中央分成,即地方政府有自己的税收权,地方政府为了增加本地税收,一般都会要求开发商在开发本地区的房地产项目前在本行政区域内成立项目公司,进行独立的公司财务核算,向本地政府缴税,增加政府的财政来源。在本地区成立项目公司的另一个好处就是方便政府监管,因为房屋建成后不仅涉及物业管理、城建管理等行政管理问题,而且产权过户等重要事项也需相关行政部门配合。因此,处于监督管理的目的,为本行政区域内的每一个房地产项目成立一家项目公司,理所当然地成了政府对房地产开发商的要求。当房地产商进行异地开发的时候,当地政府为了增加税收、方便管理,往往会要求投资方在本行政区域内成立房地产项目公司。

(二) 项目公司开发房地产中的特殊问题

1. 开发资质问题及其解决

如前所述,房地产开发企业必须具备一定的资质才能开发房地产项目;而房地产企业的资质除与其资金、人员、技术力量有关外,还与其存续历史、开发业绩密切联系。项目公司属于为特定项目开发而设立的企业,不可能获得一、二、三、四级资质中的任何一级。正因为此,房地产资质管理中设立了暂定资质这一类别。

2. 房地产项目公司终止后购房人利益的保护

项目公司往往在项目开发销售完成后就清算解散。而项目公司开发建设的房屋在项目公司终止后往往还要存在几十年的时间。这样,房屋一旦出现质量问题,由于项目公司已经解散,购房者往往无处获得救济。相关部门正在对此问题进行研究。

五、房地产合作开发

（一）概念和特征

合作开发是房地产开发的一种重要形态。合作开发,是指当事人订立的以提供出让土地使用权、资金等作为共同投资,共享利润、共担风险合作开发房地产为基本内容的协议。最高人民法院2004年《关于审理涉及国有土地使用权合同纠纷案件适用法律问题的解释》(以下简称《解释》)对合作开发作了具体的法律规定。

合作开发具有下面的特征:

(1) 合作开发中负责具体开发的一方必须具有房地产开发资质。合作开发不设立新的房地产开发企业,而是以一方当事人的房地产公司为载体。以一方当事人的房地产公司为载体就使合作开发与新设项目公司的合资开发区分开来了。按最高院《解释》,合作开发当事人双方均不具备房地产开发经营资质的,应当认定合同无效。但起诉前当事人一方已经取得房地产开发经营资质或者已依法合作成立具有房地产开发经营资质的房地产开发企业的,应当认定合同有效。

(2) 合作开发双方当事人共同投资、共享利润、共担风险。实践中一方当事人往往不愿意共担风险而在合同中约定各种形式的固定回报。最高院《解释》区分各种情况作了规范:第一,合作开发房地产合同约定提供土地使用权的当事人不承担经营风险,只收取固定利益的,应当认定为土地使用权转让合同。第二,合作开发房地产合同约定提供资金的当事人不承担经营风险,只分配固定数量房屋的,应当认定为房屋买卖合同。第三,合作开发房地产合同约定提供资金的当事人不承担经营风险,只收取固定数额货币的,应当认定为借款合同。第四,合作开发房地产合同约定提供资金的当事人不承担经营风险,只以租赁或者其他形式使用房屋的,应当认定为房屋租赁合同。

(3) 合作开发的双方当事人在最终分配利润前,开发的项目在法律上属于提供开发载体的一方当事人。该方当事人的债权人有权就该开发项目清偿自己的债权。

（二）主要法律问题

1. 增资

根据最高院《解释》第17条,合作开发的实际投资数额超出合作开发房地产合同的约定,对增加的投资数额的承担比例,当事人协商不成的,按照当事人的过错确定;因不可归责于当事人的事由或者当事人的过错无法确定的,按照约定的投资比例确定;没有约定投资比例的,按照约定的利润分配比例确定。

2. 利润分配和责任承担

根据最高院《解释》:

(1) 房屋实际建筑面积超出规划建筑面积,经有批准权的人民政府主管部门批准后,当事人对超出部分的房屋分配比例协商不成的,按照约定的利润分配比例确定。对增加的投资数额的承担比例,当事人协商不成的,按照约定的投资比例确定;没有约定投资比例的,按照约定的利润分配比例确定。

(2) 当事人违反规划开发建设的房屋,被有批准权的人民政府主管部门认定为违法建筑责令拆除,当事人对损失承担协商不成的,按照当事人过错确定责任;过错无法确定的,按照约定的投资比例确定责任;没有约定投资比例的,按照约定的利润分配比例确定责任。

(3) 合作开发房地产合同约定仅以投资数额确定利润分配比例,当事人未足额交纳出资的,按照当事人的实际投资比例分配利润。

(4) 合作开发房地产合同的当事人要求将房屋预售款充抵投资参与利润分配的,不予支持。

第三节 建设工程施工合同

建设工程施工是一项复杂的生产活动,是房地产开发项目得以顺利实现,即建筑物或构筑物从图纸构思变为现实存在物的决定性环节。从开发项目的报建、开工到竣工,有多个工序,涉及投资方(如房地产开发企业)、建设监理方、设计单位、施工单位、建材及设备供应单位及最终使用者;涉及安全生产、施工质量等重大问题。因此,必须有一套完整规范的法律法规体系及合同体系予以规范。其中,建设工程施工合同是房地产开发建设中的主要合同之一,是工程进度控制、质量控制和投资控制的主要依据。

一、建设工程施工合同概念及特征

在建设领域,习惯将施工合同的当事人称为发包方和承包方。在房地产开发中,发包方就是房地产开发企业(又称建设单位),而承包方就是具有资质的建筑企业。建设工程施工合同是指发包方和承包方为完成商定的施工任务,明确相互权利、义务的协议。依照施工合同,施工单位应完成建设单位交给的施工任务,建设单位应按照约定提供必要条件并支付工程价款。建设工程施工合同是建设工程合同的一种,它与其他建设合同(如《建设工程勘察设计合同》等)一样是一种双务合同,在订立时也应遵守自愿、公平、诚实信用等原则。

建设工程施工合同具有以下的法律特征:

(1) 建设工程施工合同具有严格的计划性

签订建设工程施工合同,必须以建设计划和具体建设设计文件已获得有关部门批准为前提。凡是没有经过计划部门规划部门的批准,不能进行工程设计;建设行政主管部门不予办理报建手续及施工许可证,更不能组织施工。在施工过程中,如需变更原计划项目功能的,必须报经有关部门审核同意。

(2) 承包人主体资格受到严格限制

建设工程施工合同的承包方,除了在经工商行政管理部门核准的经营范围内从事经营活动外,还应当遵守企业资质等级管理的规定,不得越级承揽项目。

(3) 签订及履行施工合同受到国家的严格监督管理

建设工程项目的发包一般依法实行招标投标制度。在施工过程中,各级政府建设工程质量监督管理部门还要对工程建设的质量进行全面的监督。

(4) 实行建设工程施工合同备案制度

原建设部《房屋建筑和市政基础设施工程施工招标投标管理办法》第47条规定:订立书面合同后7日内,中标人应当将合同送工程所在地的县级以上地方人民政府建设行政主管部门备案。

二、建设工程施工合同的组成

目前我国的《建设工程施工合同(示范文本)》借鉴了国际上广泛使用的FIDIC土木工程施工合同条款,由原建设部、国家工商行政管理局于1999年12月24日联合发布,主要由《协议书》、《通用条款》、《专用条款》三部分组成,并附有三个附件,即《承包人承揽工程项目一览表》、《发包人供应材料设备一览表》、《工程质量保修书》。

《协议书》是《建设工程施工合同(示范文本)》中的总纲性文件,规定了合同当事人双方最主要的权利义务,规定了组成合同的文件及合同当事人对履行合同义务的承诺。《协议书》的内容包括工程概况、工程承包范围、合同工期、质量标准、合同价款、组成合同的文件及双方的承诺。

《通用条款》是根据《合同法》、《建筑法》等法律文件对承发包双方的权利义务作出的规定,除双方协商一致对其中的某些条款作出修改、补充或取消外,双方都必须履行。《通用条款》由十一部分共47条组成。《通用条款》具有较强的普适性,基本适用于各类建设工程。

《专用条款》是《通用条款》的修改和补充,是针对不同建筑工程具体情况,由发包方和承包方协商拟定的当事人之间的特殊法律安排,是对具体情况的明确或者对《通用条款》的修改、补充。

在施工实践中,建设工程施工合同不仅仅包括上述几个方面,以下文件也是其组成部分:(1) 中标通知书;(2) 投标书及其附件;(3) 标准、规范及有关技术文件;(4) 图纸;(5) 工程量清单;(6) 工程报价单或预算书,以及双方有关工程的洽商、变更等书面协议或文件等。

三、建设工程施工合同发包人与承包人的一般义务

(一) 发包人的义务

1. 按照合同约定做好施工前准备工作

包括提供资金、原材料、设备、技术资料和施工所需证件及各项施工批准手续、使场地具备施工条件及保证施工道路的畅通等。发包人未按照约定的时间和要求提供的,承包人可以顺延工程日期,并有权要求赔偿停工、窝工的损失。

2. 与承包人相互配合,保证工程建设顺利进行

因发包人原因致使工程中途停建、缓建的,发包人应当及时采取弥补措施以减少损失,并赔偿承包人因此造成的停工、窝工、倒运、机械设备调迁、材料和构件积压等实际损失和费用。

3. 组织工程验收

发包人接到承包人的隐蔽工程验收通知后,应及时对其检查。没有及时检查造成工期拖延的,承包人可以顺延工期,并有权要求赔偿停工、窝工的损失。建设工程竣工后,发包人应当根据施工图纸、施工验收规范和质量检验标准及时进行验收。建设工程竣工经验收合格后,方可交付使用。

4. 接受建设工程并且按照约定支付工程价款

建筑工程完成并经验收合格,发包人应当及时接受并支付工程价款。未支付价款的,经催告后在合理期限内仍未支付的,承包人可以根据《合同法》第286条行使优先权,以工程折价或者拍卖的价款优先受偿。

(二) 承包人的义务

1. 按照设计文件和施工合同严格施工

严格按照工程设计图纸、施工技术标准和施工合同进行施工,不得擅自修改工程设计,不得偷工减料。对建筑材料、建筑构配件、设备和商品混凝土应当进行检验,未经检验或者检验不合格的,不得使用。因承包人原因致使建设工程质量不符合约定的,应当在合理期限内无偿修理或者返工、改建。

2. 接受发包人的必要监督

发包人在不妨碍承包人正常作业的情况下,可以随时对作业进度和工程质量进行检查。承包人应当协助和支持发包人的监督工作,接到整改指令后及时进行修复或返工。

3. 按期完成和交付合格工程

完成和交付合格工程是发包人的缔约目的,也是承包人取得工程款的前提。因承包人原因致使建设工程质量不符合约定的,发包人有权要求施工人在合理期限内无偿修理或者返工、改建。承包人拒绝的,发包人可以要求承包人支付修复费用或请求减少工程价款。经过修理或者返工、改建后,造成逾期交付的,施工人应当承担违约责任。

4. 保修责任和损害赔偿责任

建设工程实行质量保修制度。建筑工程竣工验收后,在保修范围和保修期限内出现质量问题的,承包人应当及时履行保修义务,因保修不及时造成人身或财产损害的,应当承担赔偿责任。因承包人原因致使建设工程在合理使用期限内造成人身和财产损害的,承包人应当承担赔偿责任。

四、建设工程发包与承包

建设工程发包,是指建设单位(或总承包单位)将建设工程任务(勘察、设计、施工等)的全部或部分通过招标或其他方式,交付给具有从事建筑活动资质的单位完成,并按合同

约定支付报酬的行为。建设工程发包方式可分为招标发包和直接发包两种。

为了保障建设工程的质量和安全,法律禁止肢解发包,《建筑法》第24条对此作了明确规定。肢解发包,是指将应当由一个承包单位完成的建筑工程肢解成若干部分分包给几个承包单位的行为。

建设工程承包,是指具有从事建筑活动法定资质的单位,通过投标或其他方式,承揽建筑工程任务,并按约定取得报酬的行为。承包建设工程的单位应当持有依法取得的资质证书,并在其资质等级许可的业务范围内承包工程,否则就可能导致合同无效。

五、建设工程招投标制度

(一) 建设工程招投标的主要法律依据

1983年原城乡建设部发布《建筑安装工程招标投标实行办法》,开始在全国范围内对施工招标投标进行规范。1992年原建设部又发布了《工程建设施工招标投标管理办法》,对工程建设施工招标投标的管理作了规定。上述两个文件现已废止。目前调整建设工程招标投标的法律主要有:1997年11月全国人大常委会制定了《建筑法》,对建设项目的招标和投标作了详细的规定;1999年全国人大常委会制定了《招标投标法》,2011年11月30日国务院通过了《招标投标法实施条例》,同样适用于建筑工程招投标活动;2001年5月1日原建设部发布了《房屋建筑和市政基础设施工程施工招标投标管理办法》;2005年1月1日起实施的最高人民法院《关于审理建设工程施工合同纠纷案件适用法律问题的解释》(以下简称《施工合同解释》),适用于建设工程招投标纠纷的解决。

(二) 建设工程招标

1. 工程招标的性质和范围

招标的法律性质属于要约邀请。建设单位招标的根本目的是希望有施工单位就该建设项目向其投标(要约),然后建设单位在收到的若干要约中依据一定的原则和标准进行评选,对符合要求的投标(要约)进行承诺,签订一份《建设工程施工合同》。

招标的适用范围:施工单项合同估算价在200万人民币以上,或者项目总投资在3000万元人民币以上的项目;同时,法律规定了例外情形,即强制招标的项目有:

(1) 大型基础设施、公用事业等关系社会公共利益、公众安全的项目;

(2) 全部或者部分使用国有资金投资或者国家融资的项目;

(3) 使用国际组织或者外国政府贷款、援助资金的项目。

大多数房地产开发项目,尤其是商品住宅和保障房的开发项目,都属于关系社会公共利益、公众安全的项目,必须招标确定施工单位。

2. 招标的方式

招标的方式有两种:

(1) 公开招标:招标人以招标公告的方式邀请不特定的法人或者其他组织投标。

(2) 邀请招标:招标人以投标邀请书的方式邀请特定的法人或者其他组织投标。

(三) 建设工程投标

投标的法律性质属于要约。

根据《招标投标法》第 29 条的规定,投标人在招标文件要求提交投标文件的截止时间前,可以补充、修改或者撤回已提交的投标文件,并书面通知招标人。补充、修改的内容为投标文件的组成部分。

招标人可以在招标文件中要求投标人提交投标担保。投标担保可以采用投标保函或者投标保证金的方式,一般不得超过投标总价的 2%,最高不得超过 50 万元,招标人不得挪用投标保证金。

投标过程中的禁止性规定:

(1) 投标人不得相互串通投标报价,不得排挤其他投标人的公平竞争,损害招标人或者其他投标人的合法权益。

(2) 投标人不得与招标人串通投标,损害国家利益、社会公共利益或者他人的合法权益。

(3) 禁止投标人以向招标人或者评标委员会成员行贿的手段谋取中标。

(四) 招投标实施程序

1. 招标

在招标阶段,招标人需要完成以下工作:

(1) 招标前的准备工作;

(2) 招标人对投标单位的资格审查;

(3) 招标人编制招标文件(投标要求、规则和程序等);

(4) 招标工程标底的编制与预审;

(5) 招标文件在县级建设行政主管部门备案。

2. 投标

在投标阶段,投标人需要完成以下工作:

(1) 报送投标申请书;

(2) 参加资格预审;

(3) 购买、研究招标文件;

(4) 参加现场考察和标前会;

(5) 编制、报送投标文件。

3. 开标、评标和定标

开标,就是投标人提交投标文件时间截止后,招标人依据文件规定的时间和地点,开启投标人提交的投标文件,公开宣布投标人的名称、投标价格及投标文件中的其他主要内容。

评标,是指评标委员会按照招标文件确定的评标标准和方法,对投标文件进行评审和比较,并对评标结果签字确认的行为。

定标,即招标人根据评标委员会提出的书面评标报告和推荐的招标候选人确定中标人。

4. 签订合同和备案

招标人和中标人应当自中标通知书发出之日起30日内,按照招标文件和中标人的投标文件订立书面合同,并送工程所在地的县级以上建设行政主管部门备案。合同订立后,招标人和中标人不得再行订立背离合同实质性内容的其他协议。

六、分包与转包

(一)分包

分包是指建筑工程的总承包单位,将其总承包的工程项目的某一部分或某几部分,再发包给其他承包人的行为。

1. 现行法对分包的规制

《招标投标法》第48条规定:中标人应当按照合同约定履行义务,完成中标项目。中标人不得向他人转让中标项目,也不得将中标项目肢解后分别向他人转让。中标人按照合同约定或者经招标人同意,可以将中标项目的部分非主体、非关键性工作分包给他人完成。接受分包的人应当具备相应的资格条件,并不得再次分包。中标人应当就分包项目向招标人负责,接受分包的人就分包项目承担连带责任。

《建筑法》第29条规定:建筑工程总承包单位可以将承包工程中的部分工程发包给具有相应资质条件的分包单位;但是,除总承包合同中约定的分包外,必须经建设单位认可。施工总承包的,建筑工程主体结构的施工必须由总承包单位自行完成。建筑工程总承包单位按照总承包合同的约定对建设单位负责;分包单位按照分包合同的约定对总承包单位负责。总承包单位和分包单位就分包工程对建设单位承担连带责任。禁止总承包单位将工程分包给不具备相应资质条件的单位。禁止分包单位将其承包的工程再分包。

最高人民法院《施工合同解释》第4条规定:承包人非法转包、违法分包建设工程或者没有资质的实际施工人借用有资质的建筑施工企业名义与他人签订建设工程施工合同的行为无效。人民法院可以根据《民法通则》第134条的规定,收缴当事人已经取得的非法所得。

2. 违法分包与劳务分包

根据国务院的《建设工程质量管理条例》第78条第2款的规定,违法分包,是指下列行为:

(1)总承包单位将建设工程分包给不具备相应资质条件的单位的;

(2)建设工程总承包合同中未有约定,又未经建设单位认可,承包单位将其承包的部分建设工程交由其他单位完成的;

(3)施工总承包单位将建设工程主体结构的施工分包给其他单位的;

(4)分包单位将其承包的建设工程再分包的。

劳务分包,又称劳务作业分包,是指施工总承包企业或者专业承包企业即劳务作业发包人将其承包工程的劳务作业发包给劳务承包企业即劳务作业承包人完成的活动。通常情形下,劳务分包不为法律所禁止。

劳务作业分包的范围:(1)木工;(2)砌筑;(3)抹灰;(4)石制作;(5)油漆;(6)钢筋;(7)混凝土;(8)脚手架;(9)模板;(10)焊接;(11)水暖电安装;(12)钣金;(13)架线。

劳务分包既不是转包,也不是分包。分包是将建设工程的某一部分施工项目有限制地交由第三人施工建设,劳务分包则是将建设工程中的劳务部分转由第三人完成;专业分包工程除在施工总承包合同中有约定外,必须经建设单位即工程发包人许可,而工程的劳务作业分包则无须经过发包人或者总承包人的同意;专业工程的分包人不能将其分包的工程二次分包,但可以将劳务作业部分交由第三人完成。

3. 违法分包的责任

《建筑法》、《招标投标法》以及《合同法》对违法分包的行为,都有明确具体的禁止规定。此外,根据最高人民法院《施工合同解释》第4条的规定,不仅承包人违法分包签订的建设工程施工合同的行为是无效的,而且人民法院可以根据《民法通则》第134条的规定,收缴当事人已经取得的非法所得。

(二)转包

转包是指承包单位承包建设工程后,不履行合同约定的责任和义务,将其承包的全部建设工程转给他人或将其承包的全部建设工程肢解以后以发包的名义分别转给其他单位承包的行为。

由于工程转包危害极大,世界上大部分国家立法中都禁止转包行为,我国也不例外。《建筑法》第28条规定:禁止承包单位将其承包的全部建筑工程转包给他人,禁止承包单位将其承包的全部建筑工程肢解以后以分包的名义分别转包给他人。

在最高人民法院《施工合同解释》出台之前,在我国司法实践中,对于转包的建设工程合同是否有效,存在不同的认识。针对这种情况,该解释明确规定:合同承包人转包的建设工程合同无效,而且可以收缴当事人已经取得的非法所得。

七、建设工程施工合同纠纷

(一)建筑施工企业资质与施工合同的效力

2007年6月原建设部发布了《建筑业企业资质管理规定》(原建设部令第159号)。我国现行的建筑业企业资质管理制度主要内容为:

建筑业企业应当按照其拥有的注册资本、专业技术人员、技术装备和已完成的建筑工程业绩等条件申请资质,经审查合格,取得建筑业企业资质证书后,方可在资质许可的范围内从事建筑施工活动。建筑业企业资质分为施工总承包、专业承包和劳务分包三个序列。

取得施工总承包资质的企业,可以承接施工总承包工程。施工总承包企业可以对所承接的施工总承包工程内各专业工程全部自行施工,也可以将专业工程或劳务作业依法分包给具有相应资质的专业承包企业或劳务分包企业。取得专业承包资质的企业,可以承接施工总承包企业分包的专业工程和建设单位依法发包的专业工程。专业承包企业可以对所承接的专业工程全部自行施工,也可以将劳务作业依法分包给具有相应资质的劳务分包企业。取得劳务分包资质的企业,可以承接施工总承包企业或专业承包企业分包的劳务作业。

承包建设工程的单位应当持有依法取得的资质证书,并在其资质等级许可的业务范围内承揽工程,禁止建筑施工企业超越本企业资质等级许可的业务范围或者以任何形式用其他建筑施工企业的名义承揽工程。

根据最高人民法院《施工合同解释》第1条的规定,下列违反资质管理规定签订的建设工程施工合同无效:(1)承包人未取得建筑施工企业资质或者超越资质等级的;(2)没有资质的实际施工人借用有资质的建筑施工企业名义的。

需要特别指出的是,如果承包人超越资质等级许可的业务范围签订施工合同,在建设工程竣工前取得相应资质等级,当事人请求按照无效合同处理的,法院将不予支持。也就是说,在这种情况下,合同效力可以补正。

(二)施工合同的无效和解除

1. 施工合同的无效

法律、行政法规和部门规章中调整施工合同的强制性规范非常多,如果违反这些规范都以违反法律强制性规定为由而认定合同无效,不符合《合同法》的立法本意,不利于维护合同的稳定性,也破坏了建筑市场的正常秩序。正是基于此,最高人民法院《施工合同解释》明确了合同无效的范围:

(1)承包人未取得建筑施工企业资质或者超越资质等级的;

(2)没有资质的实际施工人借用有资质的建筑施工企业名义的;

(3)建设工程必须进行招标而未招标或者中标无效的;

(4)非法转包,违法分包的。

施工合同被确认无效后,建设工程经竣工验收合格的,承包人可以请求发包人参照合同预定支付工程价款。这就是通常所说的"合同无效,有效处理"。

2. 施工合同的解除

合同单方解除分为法定解除和约定解除。法定解除的解除权属于形成权,形成权只能由法律明确规定。没有法律的明确规定,当事人一方无权解除合同。而约定解除无须法律明文规定。

《合同法》关于法定解除的规定比较原则,结合施工合同的司法实践,最高人民法院《施工合同解释》进一步明确了解除权行使的具体情形,分别规定了承包方的解除权和发包方的解除权,从而达到限制合同解除的目的。

《施工合同解释》第8条规定:承包人具有下列情形之一,发包人请求解除建设工程施工合同的,应予支持:

(1)明确表示或者以行为表明不履行合同主要义务的;

(2)合同约定的期限内没有完工,且在发包人催告的合理期限内仍未完工的;

(3) 已经完成的建设工程质量不合格,并拒绝修复的;

(4) 将承包的建设工程非法转包、违法分包的。

《施工合同解释》第9条规定:发包人具有下列情形之一,致使承包人无法施工,且在催告的合理期限内仍未履行相应义务,承包人请求解除建设工程施工合同的,应予支持:

(1) 未按约定支付工程价款的;

(2) 提供的主要建筑材料、建筑构配件和设备不符合强制性标准的;

(3) 不履行合同约定的协助义务的。

建设工程施工合同解除后,已经完成的建设工程质量合格的,发包人应当按照约定支付相应的工程价款;已经完成的建设工程质量不合格的,如果经过修复后的建设工程经竣工验收合格,也可以支付工程款。此外,因一方违约导致合同解除的,违约方应当赔偿因此给对方造成的损失。

(三) 工程造价与工程款纠纷及处理

1. 工程造价纠纷

建设工程造价是指有计划地进行某建设工程项目的固定资产再生产建设,形成相应的固定资产、无形资产和铺底流动资金的一次性投资费的总和。

建设工程造价由建筑安装工程费用、设备、工器具费用和工程建设其他费用组成。建设工程造价是根据计价依据、造价的计算规则所计算出来。

对于工程建设的发包方和承包方而言,工程造价问题总是处于矛盾状态。由于双方的利益基点不同,房地产开发企业都必然会对建设项目的工程造价严格控制,而作为建设项目的承包方都必然会尽可能地通过设计变更洽商等手段提高建设过程中的工程造价,达到多收益的目的。

工程造价纠纷的主要原因是:签订承发包合同时没有确定工程造价的设计概算或施工图预算;在施工过程中,原材料价格发生较大变动,双方在工程造价决算时的分歧较大。

针对这种情况,主要的措施是:可以采用分阶段进行预决算的方式强化对建设工程造价的控制,避免房地产开发项目造价纠纷的较大幅度上升,保护双方的合理利益和合法权益。

2. 工程款纠纷

工程款,是指工程建设过程中发生的发包方应当向承包方支付的款项,是工程承包合同的对价。

建设合同工程款确定方式有两种:约定和投标确定。

工程价款主要包括预付款、进度款和结算款签证、索赔款以及保修金、履约保证金五项。原建设部《建设工程施工合同(示范文本)》(GF-1999-1201)在通用条款中对此作了比较详细的规定。

关于工程价款的计算标准,最高人民法院《施工合同解释》第16条规定:当事人对建设工程的计价标准或者计价方法有约定的,按照约定结算工程价款。因设计变更导致建设工程的工程量或者质量标准发生变化,当事人对该部分工程价款不能协商一致的,可以参照签订建设工程施工合同时当地建设行政主管部门发布的计价方法或者计价标准结算工程价款。建设工程施工合同有效,但建设工程经竣工验收不合格的,工程价款结算参照本解释第3条规定处理。①

关于工程价款利息的计算标准,最高人民法院《施工合同解释》第17条规定:当事人对欠付工程价款利息计付标准有约定的,按照约定处理;没有约定的,按照中国人民银行发布的同期同类贷款利率计息。

关于工程价款利息的起算标准,最高人民法院《施工合同解释》第18条规定:利息从应付工程价款之日计付。当事人对付款时间没有约定或者约定不明的,下列时间视为应付款时间:

(1) 建设工程已实际交付的,为交付之日;
(2) 建设工程没有交付的,为提交竣工结算文件之日;
(3) 建设工程未交付,工程价款也未结算的,为当事人起诉之日。

(四) 带资、垫资施工纠纷及处理

带资、垫资施工是指承包方在签订合同后,不要求发包方先支付应支付的部分工程款,而是利用自有资金先进场施工,待施工到一定阶段或者工程全部完工后,再由发包方支付相应工程款项的施工方式。

在我国,带资、垫资施工在相当长的一段时间内,都被定性为企业法人间的违规拆借资金的行为而被严格禁止。但是,在国际工程承包市场,带资、垫资施工方式因具有融资成本低、结算便捷等诸多的优点,早已成为一种惯例,为各方所认可。例如,国际上通行的"交钥匙工程"中,承包商就得垫付所有涉及建设工程的款项等。

因此,我国在司法实践中,也对带资、垫资问题进行了重新的审视和界定。在最高人民法院《施工合同解释》第6条中,就规定了垫资施工纠纷问题的处理办法,即当事人对垫资和垫资利息有约定,承包人请求按照约定返还垫资及其利息的,应予支持,但是约定的利息计算标准高于中国人民银行发布的同期同类贷款利率的部分除外。当事人对垫资没有约定的,按照工程欠款处理。当事人对垫资利息没有约定,承包人请求支付利息的,不予支持。

(五) 工程款优先受偿权

1. 工程款优先受偿权的基本规则

我国《合同法》第286条规定:发包人未按照约定支付价款的,承包人可以催告发包人在合理期限内支付价款。发包人逾期不支付的,除按照建设工程的性质不宜折价、拍卖的以外,承包人可以与发包人协议将该工程折价,也可以申请人民法院将该工程依法拍卖。

---

① 最高人民法院《施工合同解释》第3条规定:建设工程施工合同无效,且建设工程经竣工验收不合格的,按照以下情形分别处理:(一) 修复后的建设工程经竣工验收合格,发包人请求承包人承担修复费用的,应予支持;(二) 修复后的建设工程经竣工验收不合格,承包人请求支付工程价款的,不予支持。因建设工程不合格造成的损失,发包人有过错的,也应承担相应的民事责任。

建设工程的价款就该工程折价或者拍卖的价款优先受偿。2002年6月27日最高人民法院就《合同法》第286条作出了《关于建设工程价款优先受偿权问题的批复》。结合《合同法》第286条及该司法解释,工程款优先受偿权的规则可归纳如下:

(1)工程款优先受偿权的性质。建设工程承包人的优先受偿权是一种法定的优先受偿权,其基础来源于对承揽人或工程承包人劳动的保护,亦有学者称之为法定抵押权。

(2)承包人的工程款清偿不仅优先于普通债权,而且优于以该工程设定的抵押权,但是,工程款优先受偿权不得对抗已交付购买商品房全部或者大部分款项的商品房买受人。

(3)优先受偿的工程款包括工人工资、材料款等在工程建设中实际支出的款项,不包括发包人违约所造成的承包人的利息损失或违约金。

(4)优先权行使的期限为6个月,自工程竣工之日或合同约定的竣工之日起计算。工程进度款可通过其他民事诉请的办法来解决,但只要到了竣工之日或约定竣工之日,进度款就成了结算款,仍可得到优先权的保护。

(5)行使优先受偿权时,承包人需以催告发包人支付工程款并给予发包人合理履行期限为前提。

2. 工程款优先权实现与交易安全的保护

为鼓励房地产开发,我国为房地产开发企业提供了非常宽泛的融资渠道,土地使用权和在建工程可以先后抵押获得贷款,而达到预售条件的在建商品房也可以预售,获得融资。而一旦开发企业挪用资金或因其他原因发生资金链条断裂,就会导致在建工程上的权利冲突。法律为了保护承包人的利益,赋予了其工程款优先受偿权;为了保护消费者的利益,又使支付房价的买受人的权利优先于工程款。这样,只要有预售且买受人都交付房款的情形下,工程款优先受偿权几乎难以实现。

承包人的工程款优先于一般抵押权,这往往使得在房地产开发过程中为开发企业提供融资的银行处于不利地位。但工程款优先受偿权优先于工程抵押权具有充分的法理支撑。首先,是基于法律规定产生,其次,是基于对承包人劳动的特殊保护而产生的,属于费用性担保,因而应当给予工程款优先权优先于一般融资性担保抵押权的特殊待遇。

但是,在现实中,一旦出现烂尾楼,各个权利之间的冲突非常严重,如何既平衡他们之间的利益,又按照法律的规则加以处理,的确是一件非常棘手的事情。

第四节　建设工程监理制度

一、建设工程监理的概念和意义

建设工程监理也称工程建设监理,是指监理单位受项目法人的委托,依据国家批准的工程项目建设文件,有关工程建设的法律、法规和工程建设监理合同及其他工程建设合同,对项目实施或工程建设全过程进行监督和管理。从国际惯例看,监理制度贯穿工程建设项目的始终,包括投资决策阶段、设计阶段、施工招投标阶段、施工阶段等。但目前,我国监理工作一般仅限于工作建设项目的施工阶段。

建设工程监理制度是我国建设管理体制的一项重要改革。我国从20世纪80年代末开始试行和推广建设工程监理制度。通过工程监理,使工程建设者的工作置于代表建设单位的监理单位的监督管理之下,不仅可以解决业主监督技能问题,而且可以促进社会分工和工程监理的专业化,有利于工程质量、工期与成本控制,实现建设速度、质量与效益并举,从而促进工程建设水平和投资效益的提高,保证国家建设计划的顺利实施,为我国建设事业的发展发挥积极的促进作用。因此,除了国家规定必须实行工程监理的工程项目以外,其他许多工程项目的建设单位也选择了进行工程监理。

二、建设工程监理的特点

建设工程监理是任何建设单位对建筑工程实行监督的有力方式。除非建设单位本身就是属于建筑行业,否则没有相应的技术能力进行监督。建设工程监理有以下特点:

1. 服务性

监理单位与建设单位是一种委托关系。监理单位在工程项目的建设过程中,利用自身的工程建设方面的知识、技能及经验为建设单位提供高效的监督管理服务,以满足建设单位对项目管理的需要。

2. 专业性

监理单位必须具备一定的资格才能接受业主的委托从事监理活动。在接受委托后,监理单位还必须委派专业的监理工程师对工程项目进行监督、检查和验收。

3. 独立性

建设单位、监理单位和被监理单位是工程项目的三方当事人。虽然监理单位是受建设单位的委托从事监理活动,但是为了确保建筑工程质量,监理必须保持其独立性。

4. 公正性

公正性是监理单位和监理工程师的基本职业道德准则。公正性也是监理单位进行工程项目监理的基本条件。

三、建设工程监理的基本准则

目前规范建设工程监理的主要法律法规有:《建筑法》、《建设工程质量管理条例》、《工程建设监理规定》及《工程监理企业资质管理规定》等。根据这些法律法规,建设工程监理活动必须遵循下面的准则:

(1) 从事工程监理活动,应当遵循守法、诚信、公正、科学的准则。

(2) 监理单位应按照"公正、独立、自主"的原则,开展工程建设监理工作,公平地维护项目法人和被监理单位的合法权益。

(3) 监理单位不得转让监理业务。

(4) 监理单位不得承包工程、不得经营建筑材料、构配件和建筑机械、设备。监理单位也不得与被监理工程的承包单位以及建筑材料、建筑构配件和设备供应单位有隶属关系或者其他利害关系。

四、建设工程监理的适用范围

监理是基于业主的委托才可实施的建设活动,所以对建设工程实施监理应建立在自愿的基础之上。但是,在一些涉及公共利益的重大工程方面,为确保工程质量和公众的生命财产安全,国家有权要求建设单位必须实施工程监理。《建筑法》第30条明确规定:国家推行建筑工程监理制度。国务院可以规定实行强制监理的建筑工程的范围。根据国务院颁布的《建设工程质量管理条例》第12条,下列建设工程必须实行监理:

1. 国家重点建设工程,即《国家重点建设项目管理办法》所确定的对国民经济和社会发展有重大影响的骨干项目,主要包括:(1)基础设施、基础产业和支柱产业中的大型项目;(2)高科技并能带动行业技术进步的项目;(3)跨地区并对全国经济发展或者区域经济发展有重大影响的项目;(4)对社会发展有重大影响的项目;(5)其他骨干项目。

2. 大中型公用事业工程,即项目总投资额在3000万元以上的下列工程项目,主要包括:(1)供水、供电、供气、供热等市政工程项目;(2)科技、教育、文化等项目;(3)体育、旅游、商业等项目;(4)卫生、社会福利等项目;(5)其他公用事业项目。

3. 成片开发建设的住宅小区工程。建筑面积在5万平方米以上的住宅建设工程必须实行监理;5万平方米以下的住宅建设工程,可以实行监理,具体范围和规模标准,由省、自治区、直辖市人民政府建设行政主管部门规定。同时,为了保证住宅质量,对高层住宅及地基、结构复杂的多层住宅应当实行监理。

4. 利用外国政府或者国际组织贷款、援助资金的工程,主要包括:(1)使用世界银行、亚洲开发银行等国际组织贷款资金的项目;(2)使用国外政府及其机构贷款资金的项目;(3)使用国际组织或者国外政府援助资金的项目。

5. 国家规定必须实行监理的其他工程,主要包括:(1)项目总投资额在3000万元以上关系社会公共利益、公众安全的基础设施项目;(2)学校、影剧院、体育场馆项目。

五、建设工程监理各主体之间的法律关系

建设工程监理主要涉及建设单位、监理单位与被监理单位。

建设单位与监理单位之间是委托与被委托的关系。委托人是建设单位,受托人是监理单位。建设单位与监理单位之间应当签订书面工程建设监理合同,明确双方的权利和义务。监理单位依照工程建设监理合同的规定履行监理义务,建设单位支付报酬。

监理单位与被监理单位之间是监理与被监理的关系。监理单位在建设单位的委托授权范围内,依照国家强制性规定、建设单位和被监理单位签订的工程建设合同,代表建设单位对工程建设实施进行监督管理。被监理单位按照国家强制性规定以及与建设单位签订的工程建设合同的规定接受监理。

建设单位与被监理单位之间是工程建设承包关系。实施监理前,建设单位应该将委

托的监理单位、监理的内容、总监理工程师姓名及所赋予的权限,书面通知被监理单位。建设单位委托监理单位代表其对被监理单位的工程建设进行监督管理,被监理单位接受监理单位的监督管理是全面履行工程建设承包合同义务的表现。

六、建设工程监理单位的任务和权利

《建筑法》第 32 条、第 33 条明确规定:实施建筑工程监理前,建设单位应当将委托的工程监理单位、监理的内容及监理权限,书面通知被监理的建筑施工企业。建筑工程监理应当依照法律、行政法规及有关的技术标准、设计文件和建筑工程承包合同,对承包单位在施工质量、建设工期和建设资金使用等方面,代表建设单位实施监督。

在目前,监理主要集中在施工招投标管理和工程承包合同管理两个方面。概括起来,建设工程监理的主要任务是"三控制、两管理、一协调"。"三控制"即质量控制、工期控制和投资控制;"两管理"是指对工程建设承发包合同和工程建设过程中有关信息的管理;"一协调"是指协调参与工程建设的各方关系,可以通过定期或不定期召开会议的形式来实现。

为了达到监理目的,监理工程师必须享有相应的权利。《建筑法》第 32 条明确规定:工程监理人员认为工程施工不符合工程设计要求、施工技术标准和合同约定的,有权要求建筑施工企业改正。工程监理人员发现工程设计不符合建筑工程质量标准或者合同约定的质量要求的,应当报告建设单位要求设计单位改正。

按照国际惯例,现场监理工程师应当具有以下权利:

(1) 决定权。如在工程承包合同议定的价格范围内,工程款支付的审核、签认;结算工程款的复核权,对索赔事项的审核、确认;对设计、施工总包单位选定的分包单位的批准或否决。

(2) 审批监督权。主要有:审批承包单位的施工组织设计或施工方案;发布工程施工开工令、停工令、复工令;对工程中使用的材料、设备、施工质量的检验;对施工进度进行检查、监督,对工程实际竣工日期提前或延误期限的鉴定。

(3) 建议权。如对工程建设相关事项和工程设计的建议权,对不合格的承包单位向建设单位提出撤换的建议权。

七、建设工程监理责任

在监理活动中,有可能发生的违法行为主要有行政违法、民事违法和刑事违法三个方面。与之相适应的监理法律责任分为行政责任、民事责任和刑事责任。

(一) 监理的行政责任

监理在提供服务时,必须履行遵守国家有关法律、法规的义务。《建设工程质量管理条例》第 5 章详细规定了工程监理单位的质量责任和义务。根据《建筑法》和《建设工程质量管理条例》的相关规定,监理单位不得转让监理业务,也不得超越其资质允许的范围承接工程;监理工程师不得伪造、涂改、出卖执业证等。如果监理单位和监理人员违反这些规定,则不论其行为的后果如何,行政单位都将追究其相应的行政责任。

监理的行政责任由行政机关予以认定,一般由各级建设行政主管部门给予相应的处罚,包括责令改正、罚款、停业整顿、资质降级、吊销资质证书等形式。

(二) 监理的民事责任

由于监理单位与建设单位之间存在委托与被委托的合同关系,因此监理单位承担的民事责任主要是违约责任。

监理的违约责任行为主要表现为:监理单位或监理人员超越了委托合同所授予的权限;监理单位或监理人员由于自己的失职给建设单位造成了经济损失。

监理单位承担赔偿责任的情形有:(1) 工程监理单位与建设单位或者建筑施工企业串通,弄虚作假、减低工程质量,造成损失的,承担连带赔偿责任;(2) 将不合格的建设工程、建筑材料、建筑构配件和设备按照合格签字,造成损失的,承担连带赔偿责任。

监理单位作为独立的法人与建设单位签订合同,因此监理单位是承担民事责任的主体。但是,如果违约责任是由于监理人员的个人行为引起的,监理单位承担民事责任后,有权向相应的责任人追偿。

(三) 监理的刑事责任

刑事责任是监理工程师承担的最为严重的责任。《建筑法》第69条明确规定:工程监理单位与建设单位或者建筑施工企业串通,弄虚作假、降低工程质量的,责令改正,处以罚款,降低资质等级或者吊销资质证书;有违法所得的,予以没收;造成损失的,承担连带赔偿责任;构成犯罪的,依法追究刑事责任。

《刑法》第137条工程重大安全事故罪明确规定:建设单位、设计单位、施工单位、工程监理单位违反国家规定,降低工程质量标准,造成重大安全事故的,对直接责任人员,处五年以下有期徒刑或者拘役,并处罚金;后果特别严重的,处五年以上十年以下有期徒刑,并处罚金。

第五节 建设工程质量责任

本节对房屋质量责任的讨论,只限于开发建设过程中的各主体责任承担问题。房地产开发企业对最终业主(如购房人等)的质量责任,将在房地产交易一章予以讨论。

一、建设工程质量责任的主体、标准和内容

(一) 建设工程质量责任的主体

房屋的建设是一个系统工程,房地产开发企业只是这一工程的组织者,而要完成这一工程需要勘察设计单位、建筑企业、装饰企业、设备安装企业等许多主体的共同参与。而每一个参与者的工作质量都与最终产品的质量有关。法律为了确保工程质量,需划清每一参与人在建设工程中的责任。《建设工程质量管理条例》第3条明确规定:建设单位、勘察单位、设计单位、施工单位、工程监理单位依法对建设工程质量负责。

同时,建设工程质量有关的法律仅调整工程建设单位与各个建设参与人之间的关系。

这些参与者仅与建设单位发生直接的合同关系,因此,各责任主体也仅对房地产开发企业承担质量责任。

(二) 建设工程质量标准

我国对建筑工程质量实行国家统一标准。《建筑法》第52条明确规定:建筑工程勘察、设计、施工的质量必须符合国家有关建筑工程安全标准的要求,具体管理办法由国务院规定。2003年1月,原建设部制定了包括城市规划、城镇建设、房屋建筑三个部分的工程建设标准体系,建筑工程施工安全专业标准包括在房屋建筑部分的体系当中。每部分体系分为三个层次,即基础标准、通用标准和专业标准。

(三) 工程质量责任的内容

法律规定的房屋工程质量的责任人主要有两类,勘察设计单位和施工企业;两者在其承揽的业务范围内各负其责,但施工企业对工程质量负最终责任。只有施工企业完全按照设计书要求进行施工,能够证明设计瑕疵出现质量问题,才可能由勘察设计单位承担责任问题。

1. 勘察、设计单位责任

《建筑法》第56条明确规定了勘察、设计单位的职责:建筑工程的勘察、设计单位必须对其勘察、设计的质量负责。勘察、设计文件应当符合有关法律、行政法规的规定和建筑工程质量、安全标准、建筑工程勘察、设计技术规范以及合同的约定。设计文件选用的建筑材料、建筑构配件和设备,应当注明其规格、型号、性能等技术指标,其质量要求必须符合国家规定的标准。在第57条特别规定了:建筑设计单位对设计文件选用的建筑材料、建筑构配件和设备,不得指定生产厂、供应商。

根据《建筑法》和《建设工程质量管理条例》的规定,勘察、设计单位承担赔偿责任的情形有:(1) 勘察单位未按照工程建设强制性标准进行勘察,造成工程质量事故,并造成损失的;(2) 建筑设计单位不按照建筑工程质量、安全标准进行设计,造成工程质量事故,并造成损失的;(3) 设计单位未根据勘察成果文件进行工程设计、造成工程质量事故,并造成损失的;(4) 设计单位指定建筑材料、建筑构配件的生产厂、供应商,造成工程质量事故,并造成损失的。

2. 建筑施工企业的责任

建筑施工企业应对工程的施工质量负责。依据《建筑法》第58条的规定,建筑施工企业对工程的施工质量负责。建筑施工企业必须按照工程设计图纸和施工技术标准施工,不得偷工减料。工程设计的修改由原设计单位负责,建筑施工企业不得擅自修改工程设计。按照设计图纸施工,对建筑施工企业而言,既是一种义务,同时又是保护自己的方法。严格按照设计图纸施工,可以避免承担因设计缺陷而产生的责任。

对于总承包与分承包建筑施工企业在同一建筑工程中的责任,《建筑法》第55条明确规定:建筑工程实行总承包的,工程质量由工程总承包单位负责,总承包单位将建筑工程分包给其他单位的,应当对分包工程的质量与分包单位承担连带责任。分包单位应当接受总承包单位的质量管理。

根据《建筑法》、《建设工程质量管理条例》的规定,建筑施工企业承担赔偿责任的情形有:(1) 施工企业转让、出借资质证书或者以其他方式允许他人以本企业的名义承揽工程,对因该项承揽工程不符合规定的质量标准造成的损失,施工企业与使用本企业名义的单位或者个人承担连带赔偿责任;(2) 承包单位将承包的工程转包的,或者违反建筑法规定进行分包,对因转包工程或者违法分包的工程不符合规定的质量标准造成的损失,与接受转包或者分包的单位承担连带赔偿责任;(3) 施工企业在施工中偷工减料、使用不合格的建筑材料、建筑构配件和设备,或者有其他不按照工程设计图纸或者施工技术标准施工的行为,造成建筑工程质量不符合规定的质量标准的,负责返工、修理,并赔偿因此造成的损失;(4) 施工企业违反建筑法规定,不履行保修义务或者拖延履行保修义务的,对在保修期内因屋顶、墙面渗漏、开裂等质量缺陷造成的损失,承担赔偿责任;(5) 施工企业未对建筑材料、建筑构配件、设备和外购混凝土进行检验,或者未对涉及机构安全的试块、试件以及有关材料取样检测,造成损失的,依法承担赔偿责任。

3. 建设单位的责任

《建设工程质量管理条例》第 7 条明确规定:建设单位应当将工程发包给具有相应资质等级的单位。同样,建设单位在委托监理、勘察设计等专业单位时均存在这样的义务,如违反该义务应当承担相应的责任。这意味着,建设单位在选择专业单位时应尽一定的注意义务,即选择适当资质的单位完成勘察设计和施工活动。

建设单位是建筑质量对外责任的承担者。如果房屋销售出去,一旦出现质量问题,对外承担责任的是建设单位。如果房屋质量是由于某个环节造成的,比如是设计数据问题,那么,建设单位再向设计单位索赔。因此,建设单位并不是仅仅对选择这些参与人承担注意义务或承担相应的责任,而是对整个产品对外承担全部责任。

《建设工程质量管理条例》第二章详细规定了建设单位的质量责任和义务。建设单位应该承担赔偿责任的情形有:(1) 未组织竣工验收,接收使用,造成损失的;(2) 验收不合格,擅自交付使用,造成损失的;(3) 对不合格的建设工程按照合格工程验收,造成损失的;(4) 涉及建筑主体或者承重结构变动的装修工程,没有设计方案擅自使用,造成损失的。

4. 关于材料供应人的责任问题

建筑材料的好坏与建筑质量有着密切的关系,劣质建材很可能导致质量事故。但是,建筑材料质量引起的建筑质量问题较复杂。因为不同等级的建筑材料适应不同质量要求的建筑,而且选用什么样的建筑材料既与工程设计有关,又与一个建设单位或施工单位是否选用有关,不宜直接规定建筑材料生产或供应单位在建设工程中的责任。因此,《建筑法》及《建设工程质量管理条例》规定了建筑施工企业的检验义务,即施工企业必须按照工程设计要求、施工技术标准和合同约定,对建筑材料、建筑构配件和设备进行检测,不合格的不得使用。这样,就明确了施工企业在材料选用方面的责任,避免施工企业以材料质量问题推卸责任。

二、房屋质量的责任期限

（一）质量保证期

质量保证期是建筑企业或承包人对建设产品承担质量保证责任的最长期限。

《合同法》第282条明确规定：因承包人的原因致使建设工程在合理使用期限内造成人身和财产损害的，承包人应当承担损害赔偿责任。

（二）质量保修期

质量保修期是指建筑企业保障交付的房屋在该期限内符合国家或行业标准，或者符合开发商房屋质量保证书等材料中承诺的质量标准，若在该期限出现质量问题，建筑企业负责免费维修。《建筑法》第62条规定了建筑企业对建筑工程的质量保修期。

法律规定建筑企业对建设单位的在质量保修期内的建筑工程承担免费维修义务，因为这种义务是法律规定的建筑企业对建设单位承担的义务。

质量保修期并不是针对所有项目的。根据《建筑法》第62条，建筑工程的保修范围应当包括地基基础工程、主体结构工程、屋面防水工程和其他土建工程，以及电气管线、上下水管线的安装工程，供热、供冷系统工程等项目；但该条对于保修期限只作了笼统的规定：保修的期限应当按照保证建筑物合理寿命年限内正常使用，维护使用者合法权益的原则确定。具体的保修范围和最低保修期限由国务院规定。

（三）最低保修期

《建设工程质量管理条例》第40条对建设工程的最低保修期作了详细规定。在正常使用条件下，建设工程的最低保修期限为：(1) 基础设施工程、房屋建筑的地基基础工程和主体结构工程，为设计文件规定的该工程的合理使用年限；(2) 屋面防水工程、有防水要求的卫生间、房间和外墙面的防渗漏，为5年；(3) 供热与供冷系统，为2个采暖期、供冷期；(4) 电气管线、给排水管道、设备安装和装修工程，为2年。

其他项目的保修期限由发包方与承包方约定。

建设工程的保修期，自竣工验收合格之日起计算。

（四）质量保证期和保修期的区分意义

依照法律规定，质量保证期和保修期均是施工企业对工程质量承担责任的期限，但是，在这两个不同期限中，施工企业承担的责任不同。最主要的是，在保修期内，施工企业承担的是免费维修的责任；而在质量保证期内施工企业承担的是瑕疵担保责任，即在施工质量符合设计标准和国家质量标准前提下，如发生房屋使用人人身和财产损失的，施工单位应当承担损害赔偿责任。但是，如果在这一期限中（已超过保修期），仅发生质量问题，需要维修的，施工单位不再负责免费维修。如果房地产开发企业委托原施工单位维修的话，那么这是一种依合同而发生的承揽关系，是一种有偿服务。因此，质量保证期期限要比保修期更长，但适用范围又窄于保修期。

从另一个角度讲，质量保证期和保修期质量责任的性质和判断的标准不完全一样。对质量保证期的质量保证责任是法定的，是否承担责任的依据是法律规定；而尽管保修期质量责任也是法定的,但允许当事人作出不低于法定责任的约定,这样,在保修期内是否发生保修责任,还可以依据合同作出判断。

三、质量保修期内责任的承担

在实践中,为明确责任,建设单位和施工单位之间往往签署质量保修书。原建设部在制定《建设工程施工合同(示范文本)》时,也将《工程质量保修书》作为附件之一。原建设部2000年6月30日发布的《房屋建筑工程质量保修办法》第6条规定:建设单位和施工单位应当在工程质量保修书中约定保修范围、保修期限和保修责任等,双方约定的保修范围、保修期限必须符合国家有关规定。

2000年8月22日,原建设部发布了修订后的示范文本,将《工程质量保修书》更名为《房屋建筑工程质量保修书》。

思考题:
1. 房地产开发的基本流程是什么?
2. 各类房地产开发企业资质条件是什么?
3. 项目公司在开发房地产中的优势及可能产生哪些问题?
4. 房地产合作开发中的主要法律问题有哪些?
5. 建设工程施工合同发包人与承包人的一般义务有哪些?
6. 建设工程监理各主体之间是怎样的法律关系?
7. 工程质量各责任主体的责任的内容是什么?
8. 案例分析:甲集团公司诉乙建筑公司、丙设计公司工程质量纠纷案

原告:甲集团公司

被告:乙建筑公司

被告:丙设计公司

1996年4月,甲集团公司与丙设计公司签订了由丙设计公司负责设计某工程的设计合同。1998年6月,甲集团公司与乙建筑公司签订了由乙建筑公司承建某合同的施工合同。该工程于2001年6月经本市质监总站验收后同意交付使用。2008年4月,甲集团公司发现工程存在质量问题,遂委托建设工程质量检测中心下属的检测所(下称质检所)进行检测。2009年6月,质检所出具的检测报告载明:该房屋外墙面砖的空鼓率为11%,其空鼓脱落主要为施工因素所致;房屋顶层内横墙的斜裂缝是由温度变化引起;外纵墙窗洞口上下皮标高出的水泆裂缝因不同材料收缩不一致而造成。同年8月,甲集团公司持质监报告诉至法院,要求二被告赔偿其经济损失500万元。乙建筑公司对检测报告提出异议,认为是由原告于诉讼前单方委托质检部门作出的,因此不能作为认定上述工程存在质量问题的依据。鉴于此,法院曾委托国家建筑工程监督检验中心检测,因甲集团公司拒绝交鉴定费而未能出具检测报告。

问:

原告的诉求是否应该得到满足?

第六章　房地产交易

学习目标：本章介绍了房地产交易的法律制度，重点介绍了商品房销售、存量房交易、房屋租赁等内容。通过本章的学习，要了解地产交易的概念、种类和历史。掌握商品房预售和现售的法律规定。理解商品房的交付、过户与风险转移，商品房的质量保证责任，商品房销售广告。掌握商品房预售和现售的概念和特征。了解存量房网上签约流程、信息公示要求和流程、存量房交易资金监管的必要性。掌握房屋租赁的规定，买卖不破租赁规则，承租人的优先购买权。

第一节　房地产交易概述

一、房地产交易的概念和特征

房地产交易是房地产交易主体之间以房地产这种特殊商品作为交易对象所从事的市场交易活动。根据《城市房地产管理法》第2条，房地产交易包括房地产转让、房地产抵押和房屋租赁。

房地产交易具有下面的特征：

第一，房地产交易是平等主体间的法律关系。

无论是房地产转让、房地产抵押还是房屋租赁，都属于平等主体间的法律关系，受合同法、物权法、担保法等的调整。

土地使用权划拨、土地使用权收回、土地征收（用）等政府行为不属于房地产交易。这一点可以从《城市房地产管理法》的规定中清楚地看出。《城市房地产管理法》总则第6条对征收作了原则性规定；第二章对土地使用权划拨作了规定；第20条规定了土地使用权的提前收回，第26条规定了闲置地土地使用权的无偿收回；交易规定在第4章。

对土地使用权的出让的性质，理论界有不同意见，有认为出让属于民事合同的，也有认为出让属于行政合同关系的。《城市房地产管理法》把出让和划拨并列，规定在第二章中，但土地使用权出让合同适用合同法的规定，这一点是毫无疑问的。

第二，房地产交易中的房地产转让和抵押交易的完成，既要求当事人签订合同，还要求当事人办理权属登记手续。《城市房地产管理法》第36条明确要求房地产转让、抵押的当事人办理权属登记。

第三，房地产交易行为受到政府的管制和调控。

国家对房地产交易的管制主要体现在以下三个方面：（1）禁止特定种类的房地产的交易。这主要体现为《城市房地产管理法》第38条的规定。该条列举了不得转让的房地产的具体种类。(2)规定特定种类的房地产交易的前置条件。如《城市房地产管理法》第39条规定的以出让方式取得建设用地使用权的房地产转让必须符合的条件,以及第45条规定的商品房预售的条件。(3)价格管理。《城市房地产管理法》第33—35条对价格管理作了原则性规定。第33条要求政府定期确定并公布基准地价、标定地价和各类房屋的重置价格;第34条规定房地产价格评估制度;第35条则规定了房地产成交价格申报制度,要求房地产权利人转让房地产时,向县级以上地方人民政府规定的部门如实申报成交价格。

随着房地产交易的全面升温,房地产市场出现了房价过高、上涨过快、居民家庭难以负荷的情况,为了遏制房价过快上涨势头,逐步解决城镇居民住房问题,继续有效遏制投资投机性购房和促进房地产市场平稳健康发展,国家出台宏观调控政策对房地产交易进行限制。2011年央行总共进行3次加息,6次上调存款准备金率。信贷的日益紧缩,致使房地产行业运行整体放缓。2011年全国超过120个城市出台了房价调控目标,46个大中城市出台了"限购令",10个城市出台了针对楼盘的强制"限价令"。"限价"、"限购"和"限贷"等多样限制手段,这些政策使得我国房地产交易市场逐渐回归理性。

二、房地产交易的种类

房地产交易按照不同的标准可以划分为不同种类:

第一,按交易形式的不同,可分为房地产转让、房地产抵押和房屋租赁。

第二,按交易客体中土地权利的不同,可分为国有土地使用权及其地上房产的交易和集体土地使用权及其地上房产的交易。对后者现行法大多禁止或限制其交易,一般而言,我国的房地产交易仅指前者。前者还可进一步按土地使用权的性质,即出让或划拨作不同分类。

第三,按交易客体的受限程度不同,可分为受限交易和非受限交易。受限交易包括划拨土地使用权及其地上房产的交易和带有保障性的住房及其占用土地使用权的交易等,非受限交易指商品房交易等。

第四,按交易客体存在状况的不同,可分为单纯的土地使用权交易、商品房预售和现房销售等。

《城市房地产管理法》在房地产交易一章中逐节规定了房地产转让(商品房销售、建设用地使用权和房地产项目转让)、房地产抵押和房屋租赁。对于建设用地使用权和房地产项目转让,本书已在第四章进行讨论;考虑到房地产抵押与房地产融资的密切关系,本书将在第九章对房地产抵押进行介绍。本章将重点介绍房地产转让中的商品房销售、存量房买卖以及房屋租赁。

第二节 商品房销售

一、商品房销售概述

商品房是指房地产开发企业以出售或出租为目的而进行综合开发建设的住宅、商业用房以及其他建筑物,商品住宅只是商品房的一种。商品房是以销售和出租为目的而开发建设的。下面就从商品房销售的方式、商品房销售计价方式和商品房销售合同几个方面对商品房销售进行介绍。

(一)商品房销售的方式

房地产开发企业可以自行销售商品房,也可以委托房地产中介服务机构销售商品房。商品房销售的方式包括商品房现售和商品房预售,现以预售居多。

(二)商品房销售的计价方式

商品房销售可以采用三种计价方式,即按套(单元)计价、按建筑面积计价或者套内建筑面积计价。其中,建筑面积由套内建筑面积和分摊的共有建筑面积组成,套内建筑面积部分为独立产权,分摊的共有建筑面积部分为共有产权。买受人按照法律、法规的规定对其享有权利,承担责任。按套(单元)计价或者按套内建筑面积计价的,商品房买卖合同中应当注明建筑面积和分摊的共有建筑面积。国家发展和改革委员会2011年3月发布的《商品房销售明码标价规定》,要求中华人民共和国境内的房地产开发企业和中介服务机构在销售新建商品房时,应当实行明码标价。

(三)商品房销售合同

商品房销售时,房地产开发企业和买受人应当订立书面的商品房买卖合同。根据《商品房销售管理办法》第16条,商品房买卖合同的主要内容包括:(1)当事人名称或者姓名和住所;(2)商品房基本状况;(3)商品房的销售方式;(4)商品房价款的确定方式及总价款、付款方式、付款时间;(5)交付使用条件及日期;(6)装饰、设备标准承诺;(7)供水、供电、供热、燃气、通讯、道路、绿化等配套基础设施和公共设施的交付承诺和有关权益、责任;(8)公共配套建筑的产权归属;(9)面积差异的处理方式;(10)办理产权登记有关事宜;(11)解决争议的方法;(12)违约责任;(13)双方约定的其他事项。

为规范房地产销售行为,减少双方当事人为协商买卖合同而花费的时间和精力,并对不具有专业知识、处于弱势地位的购房人进行指导,原建设部和各地的房屋建设主管部门分别制定了全国性的或地方性的商品房买卖合同示范文本。《商品房销售管理办法》第23条明确规定,房地产开发企业应当在订立商品房买卖合同之前向买受人明示《商品房买卖合同示范文本》。当然,这些文本只具有示范作用,并不排除当事人另外签订合同,或排除示范文本中的某些条款,或就示范文本中没有规定的条款进行协商。

二、商品房预售

(一) 商品房预售的概念和特征

商品房预售是指房地产开发经营企业将正在建设中的房屋预先出售给承购人,由承购人支付定金或房价款的行为。商品房预售起源于我国的香港地区[①],我国内地的商品房预售制度是1994年《城市房地产管理法》公布之后,在总结各地经验的基础上正式确立起来的。在我国当前商品房开发过程中,预售是一种最主要的销售方式。国务院制定的《城市房地产开发经营管理条例》和原建设部制定的《城市商品房预售管理办法》对这一制度均做了明确的规定。

商品房预售尽管在性质上还有一些争议,但其本质上仍属于房屋买卖。[②] 商品房预售除具有一般买卖的双务性、有偿性、诺成性的特点外,还具有如下特点:

1. 商品房预售的标的是正在建造中的商品房

在商品房预售中,开发商和预购人在签约之时,买卖合同的标的正在建设尚未完工。这使得预购人处于相对不利的地位。具体地说:(1) 虽然法律规定预购人在交房前可以只交付定金,但实践中预购人都是预先交付整个交房款。这样,预购人就不能再行使合同法中的同时履行抗辩或先履行抗辩等权利。(2) 房屋是一个复杂的标的,对标的的真实性,预购人除相信开发商的陈述外,没有其他的了解方法。这样,开发商和预购人就处于信息严重不对称的地位。

2. 商品房预售具有较强的国家干预性

如前所述,在商品房预售中,开发商与预购人是先天失衡的交易双方。基于保护预购人的角度,国家规定了商品房预售许可制度、预售商品房合同备案登记制度(简称"预售备案登记")、预售商品房预告登记制度(简称"预告登记")和商品房预售款监管制度等。这些规定体现了行政管理机关对商品房预售的监督和管理,同时也是商品房预售健康发展的必要条件。

(二) 商品房预售的条件

根据《城市房地产管理法》第45条和《城市商品房预售管理办法》第5条,商品房预售应当符合下列条件:(1) 已交付全部土地使用权出让金,取得土地使用权证书;(2) 持有建设工程规划许可证和施工许可证;(3) 按提供预售的商品房计算,投入开发建设的资金达到工程建设总投资的25%以上,并已经确定施工进度和竣工交付日期。

在实践中,一般根据"五证"来判断预售是否合法合规。"五证"即:(1) 国有土地使用权证;(2) 建设用地规划许可证;(3) 建设工程规划许可证;(4) 建设工程开工许可证;(5) 预售许可证。

需要说明的是,未取得预售许可证并不必然导致预售合同无效。《最高人民法院关于

---

① 周林彬、张用春主编:《中国大陆、香港与澳门商品房预售法律制度比较研究》,中山大学出版社2007年版,第1页。

② 《房地产业基本术语标准》7.0.2 房屋一级市场:新开发的商品房预(销)售市场,是增量房屋产权交易市场。

审理商品房买卖合同纠纷案件适用法律若干问题的解释》第 2 条规定,出卖人未取得商品房预售许可证明,与买受人订立的商品房预售合同,应当认定无效,但是在起诉前取得商品房预售许可证明的,可以认定为有效。

(三) 预售合同登记备案和预告登记

1. 预售合同登记备案

《城市房地产管理法》第 45 条规定,商品房预售人应当按照国家规定将预售合同报县级以上人民政府房产管理部门和土地管理部门备案。《城市商品房预售管理办法》第 10 条也规定,开发企业应当自签约之日起 30 日内,向房地产管理部门和市、县人民政府土地管理部门办理商品房预售合同登记备案手续。

2. 预告登记

预告登记是《物权法》规定的制度。根据《物权法》第 20 条,当事人签订买卖房屋或者其他不动产物权的协议,为保障将来实现物权,按照约定可以向登记机关申请预告登记。《房屋登记办法》第 67 条也规定对于预购商品房,当事人可以申请预告登记。

3. 两者的区别

两者的性质、功能、强制性、适用范围都明显不同[①]:(1) 性质不同。预售合同登记备案属于行政管理制度。预告登记作为一种不动产登记制度,属于民事制度。(2) 功能不同。预售合同登记备案不仅具有保护预购人的功能,还有助于建设行政管理部门加强对房地产市场的监督管理,维护房地产市场秩序。预告登记制度的主要目的是为了保障购房人的利益。(3) 强制性不同。预售合同登记备案具有强制性,开发商必须办理预售合同登记备案。预告登记是当事人自愿的行为。(4) 适用范围不同。预售合同登记备案只适用于商品房预售。预告登记则适用于不动产的买卖和抵押。

(四) 商品房预售中几个特殊问题的处理

1. 项目规划、设计改变后的处理

根据《商品房销售管理办法》第 24 条,房地产开发企业应当按照批准的规划、设计建设商品房。商品房销售后,房地产开发企业不得擅自变更规划、设计。

经规划部门批准的规划变更、设计单位同意的设计变更导致商品房的结构、户型、空间尺寸、朝向变化,以及出现合同当事人约定的其他影响商品房质量或者使用功能情形的,房地产开发企业应当在变更确立之日起 10 日内,书面通知买受人。

买受人有权在通知到达之日起 15 日内作出是否退房的书面答复。买受人在通知到达之日起 15 日内未作书面答复的,视同接受规划、设计变更以及由此引起的房价款的变更。房地产开发企业未在规定时限内通知买受人的,买受人有权退房;买受人退房的,由房地产开发企业承担违约责任。

2. 面积误差的处理

根据《商品房销售管理办法》第 18 条至第 21 条和相关司法解释,商品房销售可以按

[①] 参见住房和城乡建设部政策法规司等编:《房屋登记办法释义》,人民出版社 2008 年版,第 304—305 页。

套(单元)计价,也可以按套内建筑面积或者建筑面积计价。按套(单元)计价或者按套内建筑面积计价的,商品房买卖合同中应当注明建筑面积和分摊的共有建筑面积。

(1) 按套(单元)计价面积误差的处理

按套(单元)计价的预售房屋,房地产开发企业应当在合同中附所售房屋的平面图。平面图应当标明详细尺寸,并约定误差范围。房屋交付时,套型与设计图纸一致,相关尺寸也在约定的误差范围内,维持总价款不变;套型与设计图纸不一致或者相关尺寸超出约定的误差范围,合同中未约定处理方式的,买受人可以退房或者与房地产开发企业重新约定总价款。买受人退房的,由房地产开发企业承担违约责任。

(2) 按套内建筑面积或者建筑面积计价面积误差的处理

按套内建筑面积计价或者建筑面积计价的,当事人应当在合同中载明合同约定面积与产权登记面积发生误差的处理方式。合同未作约定的,按以下原则处理:

第一,面积误差比绝对值在3%以内(含3%)的,据实结算房价款;

第二,面积误差比绝对值超出3%时,买受人有权退房。买受人退房的,房地产开发企业应当在买受人提出退房之日起30日内将买受人已付房价款退还给买受人,同时支付已付房价款利息。买受人不退房的,产权登记面积大于合同约定面积时,面积误差比在3%以内(含3%)部分的房价款由买受人补足;超出3%部分的房价款由房地产开发企业承担,产权归买受人。产权登记面积小于合同约定面积时,面积误差比绝对值在3%以内(含3%)部分的房价款由房地产开发企业返还买受人;绝对值超出3%部分的房价款由房地产开发企业双倍返还买受人。因规划设计变更造成面积差异,当事人不解除合同的,应当签署补充协议。

$$面积误差比 = \frac{产权登记面积 - 合同约定面积}{合同约定面积} \times 100\%$$

另外,按建筑面积计价的,当事人应当在合同中约定套内建筑面积和分摊的共有建筑面积,并约定建筑面积不变而套内建筑面积发生误差以及建筑面积与套内建筑面积均发生误差时的处理方式。

3. 预售商品房的再行转让

根据《城市房地产管理法》第46条,商品房预售的,商品房预购人将购买的未竣工的预售商品房再行转让的问题,由国务院规定。

原建设部、发展改革委、财政部、国土资源部、人民银行、税务总局、银监会等七部门发出的《关于做好稳定住房价格工作的意见》(国办发[2005]26号)("国八条")中对此做出了说明:根据《城市房地产管理法》的有关规定,国务院决定,禁止商品房预购人将购买的未竣工的预售商品房再行转让。在预售商品房竣工交付、预购人取得房屋所有权证之前,房地产主管部门不得为其办理转让等手续;房屋所有权申请人与登记备案的预售合同载明的预购人不一致的,房屋权属登记机关不得为其办理房屋权属登记手续。实行实名制购房,推行商品房预售合同网上即时备案,防范私下交易行为。

三、商品房现售

（一）商品房现售的概念

根据《商品房销售管理办法》第3条,商品房现售是指房地产开发企业将竣工验收合格的商品房出售给买受人,并由买受人支付房价款的行为。商品房现售与预售的分界点在于"竣工验收合格",即房地产开发企业在商品房竣工验收合格前出售的是预售,在商品房竣工验收合格后出售的是现售。

（二）商品房现售的条件

根据《商品房销售管理办法》第7条,商品房现售,应当符合以下条件:(1) 现售商品房的房地产开发企业应当具有企业法人营业执照和房地产开发企业资质证书;(2) 取得土地使用权证书或者使用土地的批准文件;(3) 持有建设工程规划许可证和施工许可证;(4) 已通过竣工验收;(5) 拆迁安置已经落实;(6) 供水、供电、供热、燃气、通讯等配套基础设施具备交付使用条件,其他配套基础设施和公共设施具备交付使用条件或者已确定施工进度和交付日期;(7) 物业管理方案已经落实。此外,《商品房销售管理办法》第8条还规定,房地产开发企业应当在商品房现售前将房地产开发项目手册及符合商品房现售条件的有关证明文件报送房地产开发主管部门备案。

第三节　商品房的交付、质量保证和风险转移

一、商品房交付的一般要求

商品房交付为房地产开发企业在房地产交易中的主要义务,根据《商品房销售管理办法》第五章,开发企业在履行该义务时要符合以下一般性要求:

1. 交付时间

房地产开发企业应当按照合同约定,将符合交付使用条件的商品房按期交付给买受人。未能按期交付的,房地产开发企业应当承担违约责任。因不可抗力或者当事人在合同中约定的其他原因,需延期交付的,房地产开发企业应当及时告知买受人。

2. 交付时应提供基本资料

交付商品住宅时,房地产开发企业应当根据《商品住宅实行质量保证书和住宅使用说明书制度的规定》,向买受人提供《住宅质量保证书》、《住宅使用说明书》。

3. 配合进行权属登记

房地产开发企业应当在商品房交付使用前按项目委托具有房产测绘资格的单位实施测绘,测绘成果报房地产行政主管部门审核后用于房屋权属登记。房地产开发企业应当在商品房交付使用之日起60日内,将需要由其提供的办理房屋权属登记的资料报送房屋所在地房地产行政主管部门。房地产开发企业应当协助商品房买受人办理土地使用权变更和房屋所有权登记手续。

二、商品房的交付、过户与风险转移

关于商品房交付与风险转移的关系,在《合同法》和《最高人民法院关于审理商品房买卖合同纠纷案件适用法律若干问题的解释》中都有规定。一般而言,按照如下规则处理:

(1) 房屋的转移占有,视为房屋的交付使用,但当事人另有约定的除外。房屋毁损、灭失的风险,在交付使用前由出卖人承担,交付使用后由买受人承担,但法律另有规定或者当事人另有约定的除外。

(2) 出卖人按照约定未交付有关标的物的单证和资料的,不影响标的物毁损、灭失风险的转移。

(3) 买受人接到出卖人的书面交房通知,无正当理由拒绝接收的,房屋毁损、灭失的风险自书面交房通知确定的交付使用之日起由买受人承担,但法律另有规定或者当事人另有约定的除外。

(4) 因房屋不符合质量要求致使不能实现合同目的的,买受人可以拒绝接受房屋或者解除合同。买受人拒绝接受房屋或者解除合同的,标的物毁损、灭失的风险由出卖人承担。

这些规定都是在《物权法》颁布前作出的。《物权法》颁布后,规定不动产物权的设立、变更、转让和消灭,经依法登记,发生效力;未经登记,不发生效力,但法律另有规定的除外。不动产物权的设立、变更、转让和消灭,依照法律应当登记的,自记载于不动产登记簿时发生效力。虽然《物权法》作出了新的规定,但从学理上分析,风险还是应该从交付时转移。通说认为,《物权法》的规定不会对合同法和最高院司法解释的效力产生影响。

三、商品房的质量保证

(一) 商品房质量问题的分类及相应的处理

商品房质量问题可以分为以下三类,各类问题在法律上的处理也各不相同:

1. 主体结构质量不合格及其处理

主体结构质量不合格,即房屋承重系统不满足设计要求,不能实现其功能。具体表现在基础、梁、柱、楼板、屋面等结构性缺陷。

根据1998年《城市房地产开发经营管理条例》第32条、2001年《商品房销售管理办法》第35条,以及2003年《最高人民法院关于审理商品房买卖合同纠纷案件适用法律若干问题的解释》第12条的规定,房屋主体结构经核验确属不合格的,商品房买受人有权退房;给买受人造成损失的,房地产开发企业应当依法承担赔偿责任。

2. 功能缺陷及其处理

商品房功能缺陷,即房屋不具备必要功能,或者存在可能危及买受人人身、财产安全的质量缺陷。具体表现在:卧室、起居、厨卫浴等任何功能空间不能使用;休憩、盥洗、炊事、储藏等任一基本功能不能实现;有严重安全隐患;室内空气质量不合格。

根据《最高人民法院关于审理商品房买卖合同纠纷案件适用法律若干问题的解释》第13条,因房屋质量问题严重影响正常居住使用,买受人请求解除合同和赔偿损失的,应予支持。在实务处理中,功能缺陷如果是可修复的,开发商应该进行修复整改,并赔偿买受人不能使用房屋的损失;对存在不能修复的功能缺陷的商品房,买受人可以请求解除合同(退房),并要求赔偿损失。

3. 表面瑕疵及其处理

表面瑕疵,即表面性的、不影响房屋使用功能与价值的质量问题。具体表现在渗漏、裂缝、空鼓、起砂、尺寸偏差、门窗缺陷等。

对于表面瑕疵,开发商应当进行修复整改,并赔偿商品房买受人因此所受的损失。

(二) 商品房质量保修责任

房地产开发企业应当对所售商品房承担质量保修责任。当事人应当在合同中就保修范围、保修期限、保修责任等内容作出约定。保修期从交付之日起计算。商品住宅的保修期限不得低于建设工程承包单位向建设单位出具的质量保修书约定保修期的存续期;存续期少于《商品住宅实行住宅质量保证书和住宅使用说明书制度的规定》中确定的最低保修期限的,保修期不得低于所确定的最低保修期限。非住宅商品房的保修期限不得低于建设工程承包单位向建设单位出具的质量保修书约定保修期的存续期。

在保修期限内发生的属于保修范围的质量问题,房地产开发企业应当履行保修义务,并对造成的损失承担赔偿责任。因不可抗力或者使用不当造成的损坏,房地产开发企业不承担责任。因房屋主体结构质量不合格不能交付使用,或者房屋交付使用后,房屋主体结构质量经核验确属不合格,买受人请求解除合同和赔偿损失的,应予以支持。因房屋质量问题严重影响正常居住使用,买受人请求解除合同和赔偿损失的,应予支持。

交付使用的房屋存在质量问题,在保修期内,出卖人应当承担修复责任;出卖人拒绝修复或者在合理期限内拖延修复的,买受人可以自行或者委托他人修复。修复费用及修复期间造成的其他损失由出卖人承担。

第四节 商品房销售广告

一、商品房销售广告概述

(一) 商品房销售广告的概念和特征

商品房销售广告是指房地产开发企业、房地产权利人或房地产中介服务机构利用各种有形物质或者无形媒介为载体,发布的房地产项目预售、预租、出售、出租、项目转让以及其他房地产项目介绍的广告。[①] 与普通商业广告相比,商品房销售广告具有以下三点

---

① 参见《最高人民法院关于审理商品房买卖合同纠纷案件司法解释的理解与适用》,人民法院出版社2003年版,第38页;并参见《房地产广告发布暂行规定》(1998年修订)第2条。

特征:

第一,主体限定更为严格。商品房销售广告的主体范围严格限定为房地产开发企业、房地产权利人或房地产中介服务机构,并且广告发布者应该具有或提供营业执照、土地使用权证明、预售许可证、销售许可证等真实、合法、有效的证明材料。

第二,目标特定。商品房销售广告的内容为介绍商品房预售、预租、出售、出租、项目转让以及其他房地产项目。

第三,涉及的法律关系较为复杂。商品房销售广告会在开发商和消费者之间产生民事法律关系,也会在政府和开发商之间产生监督和管理的法律关系,商品房销售广告既受到公法管制,又具有私法效力。

(二) 商品房销售广告的类型

商品房销售广告的类型多种多样,依照不同的标准可以有不同的分类方法。例如按照所使用的发布媒介的不同,可以分为:报纸广告、杂志广告、电视广告、广播广告、网络广告、直邮广告、现场广告等。按照商品房销售广告的内容和特点,可以将商品房销售广告分为商品房品质广告、商品房环境广告、商品房功能广告、商品房优惠广告等。下面我们侧重讨论最后一类广告分类:

1. 商品房品质广告

开发商往往在商品房品质广告中对商品房的建筑和装修标准进行允诺,如聘请外国专家进行建筑和景观设计,使用节能环保的建筑材料,打造典雅高贵的欧洲园林等。

2. 商品房环境广告

商品房环境包括区域内的环境和区域外的环境。商品房区域内的环境,包括自然环境和生活环境。自然环境包括生态状况、采光、朝向、绿化率等;生活环境包括小区内的社区服务机构、幼儿园、学校及商业等配套设施。商品房区域外的环境即小区周边环境,涉及交通、购物、教育、医疗、娱乐休闲等方面的条件。商品房销售广告常会对小区的绿化、会所等配套设施作出承诺,对周边环境,如交通之便利、购物之方便、教育资源之优质进行宣传,以吸引潜在购房人在此置业。

3. 商品房功能广告

商品房最主要的功能是居住功能,此外还可能具有一定的投资功能。商品房销售广告往往为了迎合购房人对上述功能的追求,在广告宣传中突出描述楼盘在居住上的舒适与温馨,在资产增值上的巨大潜力等。

4. 商品房优惠广告

在商品房销售广告中,开发商往往表示给予特定的购房优惠,如价格优惠、商量优惠或者提供赠品等。有些优惠广告对优惠条件的说明不够明确,使用"优惠大礼"、"节日大礼"等词语模糊表述,还有一些会作出保障就业、入学的允诺,甚至允诺为外地购房人办理本地城市户口。

二、商品房销售广告的法律属性

（一）属于要约邀请的商品房销售广告

根据《合同法》第 15 条第 1 款，要约邀请是希望他人向自己发出要约的意思表示。寄送的价目表、拍卖公告、招标公告、招股说明书、商业广告等为要约邀请。商业广告原则上应该认定为一种要约邀请，不能将未写入合同中的宣传广告内容作为合同内容。这是因为根据《合同法》的规定，构成要约必须具备两个条件：一是意思表示内容具体确定；二是表明经受要约人承诺，要约人即受该意思表示约束。而商品房销售广告的内容通常不明确、不具体，只做抽象性或模糊性描述，因此不具备要约的构成要件，对开发商和购买者不具有合同上的约束力。司法实践中，人民法院在审判有关商业广告纠纷时，也通常依据上述规定认定商业广告为要约邀请。

（二）属于要约的商品房销售广告

合同法在对商业广告的性质作出一般性规定的同时，也作出了例外规定，即如符合《合同法》第 14 条规定的商业广告内容意思表示具体确定，并表明经受要约人承诺即受其约束的规定，则把商业广告认定为要约。《关于审理商品房买卖合同纠纷案件适用法律若干问题的解释》（法释[2003]7 号）第 3 条也规定，商品房的销售广告和宣传资料为要约邀请，但是出卖人就商品房开发规划范围内的房屋及相关设施所作的说明和允诺具体确定，并对商品房买卖合同的订立以及房屋价格的确定有重大影响的，应当视为要约。该说明和允诺即使未载入商品房买卖合同，亦应当视为合同内容，当事人违反的，应当承担违约责任。属于要约的商品房销售广告应同时具备以下三个条件：(1) 广告内容是针对商品房开发规划范围内的房屋及相关设施所作的说明和允诺；(2) 广告中的说明和允诺具体确定；(3) 说明和允诺对商品房买卖合同的订立以及房屋价格的确定有重大影响。

三、商品房销售广告的法律规制

商品房销售广告和其他商业广告一样，是一种广义上的广告，受到《广告法》的规制。同时，作为一种特殊的广告类型，受到《房地产广告发布暂行规定》的约束。凡下列情况的房地产，不得发布广告：(1) 在未经依法取得国有土地使用权的土地上开发建设的；(2) 在未经国家征用的集体所有的土地上建设的；(3) 司法机关和行政机关依法裁定、决定查封或者以其他形式限制房地产权利的；(4) 预售房地产，但未取得该项目预售许可证的；(5) 权属有争议的；(6) 违反国家有关规定建设的；(7) 不符合工程质量标准，经验收不合格的；(8) 法律、行政法规规定禁止的其他情形。

商品房销售广告还应符合以下规定：(1) 不得含有风水、占卜等封建迷信内容，对项目情况进行的说明、渲染，不得有悖社会良好风尚；(2) 涉及所有权或者使用权的，所有或者使用的基本单位应当是有实际意义的完整的生产、生活空间；(3) 对价格有表示的，应当清楚表示为实际的销售价格，明示价格的有效期限；(4) 项目位置示意图，应当准确、清楚、比例恰当，表现项目位置应以从该项目到达某一具体参照物的现有交通干道的实际距离表示,不得以所需时间来表示距离;(5)涉及的交通、商业、文化教育设施及其他市政条件等,如在规划或者建设中,应当在广告中注明;(6)涉及面积的,应当表明是建筑面积或者使用面积;涉及内部结构、装修装饰的,应当真实、准确;(7)不得利用其他项目的形象、环境作为本项目的效果;(8)不得出现融资或者变相融资的内容,不得含有升值或者投资回报的承诺;(9)广告中不得含有能够为入住者办理户口、就业、升学等事项的承诺;(10)法律法规规定的其他内容。

商品房销售广告违反《房地产广告发布暂行规定》、《广告法》等规定的,相关当事人应承担通报批评、罚款、停止发布等责任,构成犯罪的,还应依法承担刑事责任。

第五节 存量房交易

一、存量房交易概述

存量房是相对于房地产开发商投资新建造的商品房——增量房而言的,它是指已被购买或自建并取得所有权证书的房屋,即通常所说的二手房。

存量房交易有以下特点:

第一,与商品房的销售相比,存量房买卖的供应和需求相对分散,买卖双方自行成交较为困难。

第二,由于交易双方大部分都是个人,相比商品房买卖中的购房人和开发商而言,存量房买卖双方的信任度较弱。

第三,在交易主体分散的存量房交易中无法通过对任何一方的监管来保证交易安全。

第四,交易标的上可能存在抵押等负担,因而交易内容更复杂,涉及的手续、程序繁多。

第五,由于不动产登记制度,无法采用"一手交钱,一手交房"的即时完成的交易方式。

正是基于存量房交易的上述特点,中介在存量房交易的地位就显得十分重要。另外,网上签约和信息公示、存量房交易资金监管等制度设计的初衷也是为了克服存量房交易上的上述障碍。

二、网上签约和信息公示

我们以北京市为例对存量房网上签约和信息公示制度进行介绍。

(一) 网上签约流程

(1) 草拟阶段:交易双方就合同主要条款协商一致后,房地产经纪机构操作人员在存量房网签系统上填写合同并打印《存量房买卖合同信息核对表》,由交易双方核对合同相关信息录入是否正确。

(2) 打印合同:在双方确认无误后,操作人员将网上填写的合同打印后,交由交易双方签字(或盖章)。

(3) 完成签约:交易双方在合同上签字(或盖章)后,由操作人员在网上签约系统中点击"签约完成"。房地产经纪机构应留存有交易双方当事人签字(或盖章)的合同原件一份。如交易双方未在合同上签字(或盖章),房地产经纪机构擅自将网上信息提交完成的,市或区县建委(房管局)经查实后将对该机构或人员的网上签约行为进行限制,并将其违规行为公示曝光。

合同在系统上进行提交后视为网上签约已完成,在办理转移登记业务之前,合同中的买受人或资金划转方式发生变化的,应办理合同注销手续,并重新进行网上签约,并在信息网公示该退房信息。如存量房买卖双方需对合同其他条款进行变更的,可直接签订补充协议。

(二) 信息公示要求和流程

房地产经纪机构从事存量房买卖居间代理服务的,应到中介协会办理网上用户备案手续,方可进行信息发布和合同网上签约。

凡房地产经纪机构居间或代理买卖的存量房,房地产经纪机构均应将相关房源信息上传至存量房网上签约系统,中介协会对房源部分信息进行公示后,房地产经纪机构方可在其经营场所进行挂牌或通过媒体发布广告。

上传的信息包括:(1) 拟转让房屋所有权证号、房屋所有权人、产权证上注记的抵押信息;(2) 房屋坐落、房屋所在层/总层数、户型、建筑面积、规划设计用途、建成年代、拟售价格及房屋概况。

存量房网上交易信息需要进行公示,公示信息内容包括:(1) 经用户备案的房地产经纪机构及其分支机构、房地产经纪人员信息;(2) 房源信息(包括拟转让房屋的发布编号、房屋坐落的典型区域、房屋所在层/总层数、户型、建筑面积、建成年代、拟售价格、受托房地产经纪机构、联系方式);(3) 每日存量房网上签约的套数、面积;(4) 房地产经纪机构网上签约后的退房信息;(5) 每月各区县存量房成交面积;(6) 按季度公布各典型区域存量房成交价格。

凡房地产经纪机构居间或代理买卖的存量房,房源信息在网上公示满一天后,房地产经纪机构方可为达成交易意向的买卖双方提供网上签约操作服务。

个人需要通过存量房网上签约系统发布房源信息的,可持房屋所有权证及身份证件到中介协会办理信息公示。

三、存量房交易资金监管

(一) 存量房交易资金监管的必要性

存量房交易资金是买房人用来购买存量住房的资金,在交易完成之后即转移至卖方所有。按照目前普遍采用的存量房交易方式,买卖双方从签订合同到办理过户之间会存在一个时间差,在该时间差内许多买方会将资金放在经纪公司的账户上并由其代为保管,过户完成后再由经纪公司将资金转移到卖方账户里。

由于房地产交易过程较为复杂,一旦交易过程中某个环节出现问题,有可能给交易双方造成无法弥补的损失,并由此造成交易市场秩序的混乱。目前,全国上万家房地产经纪机构,存在着管理混乱、经纪行为不规范、缺乏诚信经营意识、从业人员专业水平和素质有待提高等问题。再加上存量房交易市场的信息不对称性等问题,使得存量房交易资金监管十分必要。

(二) 对于资金监管的规定

《建设部、中国人民银行关于加强房地产经纪管理规范交易结算资金账户管理有关问题的通知》(建住房[2006]321号)要求建立存量房交易结算资金管理制度,发展交易保证机构,专门从事交易资金监管。交易当事人可以通过合同约定,由双方自行决定交易资金支付方式,也可以通过房地产经纪机构或交易保证机构在银行开设的客户交易结算资金专用存款账户,根据合同约定条件,划转交易资金。客户交易结算资金专用存款账户中的交易结算资金,独立于房地产经纪机构和交易保证机构的固有财产及其管理的其他财产,也不属于房地产经纪机构和交易保证机构的负债,交易结算资金的所有权属于交易当事人。

各地在这个规定基础上,发展出各自的监管模式,最大的差别是谁来监管,概括起来有政府监管模式、银行监管模式、三方(中介、银行、客户)独立账户共同监管模式和独立第三方监管模式等。

上述无论何种监管模式,除了监管机构不一样外,交易流程大致都是交易开始、房屋信息上网并签订存量房买卖合同、办理交易资金托管、办理过户手续、撤下房屋相关合同和信息、交易结束。

第六节 房屋租赁

一、房屋租赁概述

(一) 房屋租赁的概念及特征

根据《城市房地产管理法》第53条,房屋租赁,是指房屋所有权人作为出租人将其房屋出租给承租人使用,由承租人向出租人支付租金的行为。房屋租赁具有如下法律特征:(1) 房屋租赁的出租人须对房屋享有所有权或处分权;(2) 房屋租赁的标的物须为法律允许出租之房屋,且为特定物;(3) 房屋租赁系双务、有偿、要式的民事法律行为;(4) 房屋租赁一般具有明确的期限。

(二) 房屋租赁的分类

房屋租赁按照不同的标准可以作出不同分类。按租赁房屋的用途不同可分为住宅用房租赁和非住宅用房租赁;按租赁房屋的所有权性质不同可分为公房租赁和私房租赁;按租赁期限确定与否可分为定期房屋租赁和不定期房屋租赁;按租赁期限的长短可分为长期租赁和短期租赁。

(三) 房屋租赁的原则及特殊规定

房屋租赁应当遵循平等、自愿、合法和诚实信用原则。有下列情形之一的房屋不得出租:(1) 属于违法建筑的;(2) 不符合安全、防灾等工程建设强制性标准的;(3) 违反规定改变房屋使用性质的;(4) 法律、法规规定禁止出租的其他情形。

但是,根据《最高人民法院关于审理城镇房屋租赁合同纠纷案件具体应用法律若干问题的解释》(法释[2009]11号)的规定:出租人就未取得建设工程规划许可证或者未按照建设工程规划许可证的规定建设的房屋,与承租人订立的租赁合同无效,但在一审法庭辩论终结前取得建设工程规划许可证或者经主管部门批准建设的,人民法院应当认定有效;出租人就未经批准或者未按照批准内容建设的临时建筑,与承租人订立的租赁合同无效,但在一审法庭辩论终结前经主管部门批准建设的,人民法院应当认定有效;租赁期限超过临时建筑的使用期限,超过部分无效,但在一审法庭辩论终结前经主管部门批准延长使用期限的,人民法院应当认定延长使用期限内的租赁期间有效。

二、房屋租赁合同关系

(一) 房屋租赁合同的订立

房屋租赁当事人应当依法订立租赁合同。房屋租赁合同的内容由当事人双方约定,一般应当包括以下内容:(1) 房屋租赁当事人的姓名(名称)和住所;(2) 房屋的坐落、面积、结构、附属设施,家具和家电等室内设施状况;(3) 租金和押金数额、支付方式;(4) 租赁用途和房屋使用要求;(5) 房屋和室内设施的安全性能;(6) 租赁期限;(7) 房屋维修责任;(8) 物业服务、水、电、燃气等相关费用的缴纳;(9) 争议解决办法和违约责任;(10) 其他约定,如房屋被征收或者拆迁时的处理办法等。建设(房地产)管理部门可以会同工商行政管理部门制定房屋租赁合同示范文本,供当事人选用。

出租人就同一房屋订立数份租赁合同,在合同均有效的情况下,承租人均主张履行合同的,人民法院按照下列顺序确定履行合同的承租人:(1) 已经合法占有租赁房屋的;(2) 已经办理登记备案手续的;(3) 合同成立在先的。不能取得租赁房屋的承租人请求解除合同、赔偿损失的,依照合同法的有关规定处理。

考虑到我国现阶段公民法律意识不强、法律知识水平不高以及现实生活中口头协议大量存在的现状,对口头形式的房屋租赁合同应当予以有条件的承认。

(二) 当事人权利义务

在《合同法》、《商品房屋租赁管理办法》及《最高人民法院关于审理城镇房屋租赁合同纠纷案件具体应用法律若干问题的解释》)中,对租赁双方当事人与其他特定主体的权利义务均有明确规定:

1. 出租人的权利义务

出租人的权利包括:(1) 租金收取权;(2) 用房监督权;(3) 合同解除权;(4) 房屋收回权。

出租人的义务包括:(1) 交付房屋并使之适于使用的义务;(2) 修缮房屋的义务;

(3) 瑕疵担保义务;(4) 负担出租房屋上合法税费的义务。

2. 承租人的权利义务

承租人的权利包括:(1) 房屋使用权;(2) 优先购买权和优先承租权;(3) 合同解除权。

承租人的义务包括:(1) 支付租金的义务;(2) 依约使用房屋的义务;(3) 妥善保管房屋的义务;(4) 合同终止时返还原房的义务。

3. 其他特定人的权利义务

(1) 承租人的同住人对以承租人名义租赁的房屋有共同居住权,承租人在租赁期间死亡的,与其生前共同居住的人可以按照原租赁合同租赁该房屋。

(2) 出租人的继承人因出租人在租赁期限内死亡而继承其出租的房屋的,应当继续履行原租赁合同。

(3) 承租人租赁房屋用于以个体工商户或者个人合伙方式从事经营活动,承租人在租赁期间死亡、宣告失踪或者宣告死亡,其共同经营人或者其他合伙人请求按照原租赁合同租赁该房屋的,人民法院应予支持。

(三) 房屋租赁合同的解除

根据《最高人民法院关于审理城镇房屋租赁合同纠纷案件具体应用法律若干问题的解释》(法释[2009]11号),因下列情形之一,导致租赁房屋无法使用,承租人可以请求解除合同:(1) 租赁房屋被司法机关或者行政机关依法查封的;(2) 租赁房屋权属有争议的;(3) 租赁房屋具有违反法律、行政法规关于房屋使用条件强制性规定情况的。

当事人以房屋租赁合同未按照法律、行政法规规定办理登记备案手续为由,请求确认合同无效的,人民法院不予支持。当事人约定以办理登记备案手续为房屋租赁合同生效条件的,从其约定。但当事人一方已经履行主要义务,对方接受的除外。

三、房屋租赁的特殊效力

(一) 买卖不破租赁规则

随着社会经济的发展,平等市场经济主体活动的复杂化,物权与债权的区别界限却越来越难以划定。在这种趋势下,买卖不破租赁原则作为处理物权与债权关系的一个例外,在调整市场经济秩序和人民的社会生活秩序中发挥了重要作用,其存在有其重要意义和法律价值。

买卖不破租赁是指租赁物在租赁期间发生所有权变动的,不影响租赁合同的效力。具体到房屋租赁,该规则同样适用。根据《商品房屋租赁管理办法》第12条,房屋租赁期间内,因赠与、析产、继承或者买卖转让房屋的,原房屋租赁合同继续有效。

同时,《最高人民法院关于审理城镇房屋租赁合同纠纷案件具体应用法律若干问题的解释》第20条也对该规则作出了限制性规定,即租赁房屋具有下列情形或者当事人另有约定时不适用买卖不破租赁的规则:(1) 房屋在出租前已设立抵押权,因抵押权人实现抵押权发生所有权变动的;(2) 房屋在出租前已被人民法院依法查封的。

(二) 承租人优先购买权的行使

《合同法》第 239 条明确规定,出租人出卖租赁房屋的,应当在出卖之前的合理期限内通知承租人,承租人享有以同等条件优先购买的权利。该规定确立了承租人的优先购买权。

在《最高人民法院关于审理城镇房屋租赁合同纠纷案件具体应用法律若干问题的解释》(以下简称《解释》)中,对承租人的优先购买权作了较为详细的规定。

该《解释》第 21 条明确了优先购买权请求权的性质。根据该条,出租人出卖租赁房屋未在合理期限内通知承租人或者存在其他侵害承租人优先购买权的情形,承租人请求出租人承担赔偿责任的,人民法院应予支持。但请求确认出租人与第三人签订的房屋买卖合同无效的,人民法院不予支持。

《解释》第 22 条对抵押权人行使抵押权时优先购买权的行使作了规定。根据该条,出租人与抵押权人协议折价、变卖租赁房屋偿还债务的,应当在合理期限内通知承租人。承租人请求以同等条件优先购买房屋的,人民法院应予支持。

该《解释》第 23 条对拍卖时优先购买权的行使作了规定。根据该条,出租人委托拍卖人拍卖租赁房屋,应当在拍卖 5 日前通知承租人。承租人未参加拍卖的,人民法院应当认定承租人放弃优先购买权。

《解释》第 24 条规定,优先购买权具有下列情形之一,承租人主张优先购买房屋的,人民法院不予支持:(1) 房屋共有人行使优先购买权的;(2) 出租人将房屋出卖给近亲属,包括配偶、父母、子女、兄弟姐妹、祖父母、外祖父母、孙子女、外孙子女的;(3) 出租人履行通知义务后,承租人在十五日内未明确表示购买的;(4) 第三人善意购买租赁房屋并已经办理登记手续的。

四、房屋转租

(一) 概念

房屋转租,是指在房屋租赁合同生效以后,承租人将承租的房屋再出租给他人的行为。《合同法》第 224 条规定,承租人经出租人同意,可以将租赁物转租给第三人。承租人转租时,承租人与出租人之间的租赁合同继续有效,第三人对租赁物造成损失的,承租人应当赔偿损失。承租人未经出租人同意转租的,出租人可以解除合同。

(二) 房屋转租中的特殊规定

第一,承租人经出租人同意将租赁房屋转租给第三人时,转租期限超过承租人剩余租赁期限的,人民法院应当认定超过部分的约定无效。但出租人与承租人另有约定的除外。

第二,出租人知道或者应当知道承租人转租,但在 6 个月内未提出异议,其以承租人未经同意为由请求解除合同或者认定转租合同无效的,人民法院不予支持。因租赁合同产生的纠纷案件,人民法院可以通知次承租人作为第三人参加诉讼。

第三,因承租人拖欠租金,出租人请求解除合同时,次承租人请求代承租人支付欠付的租金和违约金以抗辩出租人合同解除权的,人民法院应予支持。但转租合同无效的除外。次承租人代为支付的租金和违约金超出其应付的租金数额,可以折抵租金或者向承租人追偿。

第四,房屋租赁合同无效、履行期限届满或者解除,出租人请求负有腾房义务的次承租人支付逾期腾房占有使用费的,人民法院应予支持。

五、房屋租赁登记备案

房屋租赁登记备案制度是房屋租赁制度中重要的组成部分。根据《城市房地产管理法》第54条,房屋租赁,出租人和承租人应当签订书面租赁合同,约定租赁期限、租赁用途、租赁价格、修缮责任等条款,以及双方的其他权利和义务,并向房产管理部门登记备案。《商品房屋租赁管理办法》更是明确规定:房屋租赁合同订立后30日内,房屋租赁当事人应当到租赁房屋所在地直辖市、市、县人民政府建设(房地产)主管部门办理房屋租赁登记备案。

办理房屋租赁登记备案,房屋租赁当事人应当提交下列材料:(1)房屋租赁合同;(2)房屋租赁当事人身份证明;(3)房屋所有权证书或者其他合法权属证明;(4)直辖市、市、县人民政府建设(房地产)主管部门规定的其他材料。房屋租赁当事人提交的材料应当真实、合法、有效,不得隐瞒真实情况或者提供虚假材料。对符合要求的,直辖市、市、县人民政府建设(房地产)主管部门应当在3个工作日内办理房屋租赁登记备案,向租赁当事人开具房屋租赁登记备案证明。

房屋租赁登记备案证明应当载明出租人的姓名或者名称、承租人的姓名或者名称、有效身份证件种类和号码、出租房屋的坐落、租赁用途、租金数额、租赁期限等。房屋租赁登记备案内容发生变化、续租或者租赁终止的,当事人应当在30日内,到原租赁登记备案的部门办理房屋租赁登记备案的变更、延续或者注销手续。

理论上对房屋租赁登记备案的效力认识不一,有认为登记备案是房屋租赁合同成立要件的,有认为登记备案是房屋租赁合同生效要件的,有认为登记备案是房屋租赁合同当事人对抗第三人要件的,但通说和我国的司法实践都认为登记备案不过是一种管理手段,对房屋租赁合同的效力没有任何影响。《最高人民法院关于审理城镇房屋租赁合同纠纷案件具体应用法律若干问题的解释》第4条就明确规定,当事人以房屋租赁合同未按照法律、行政法规规定办理登记备案手续为由,请求确认合同无效的,人民法院不予支持。当然,当事人约定以办理登记备案手续为房屋租赁合同生效条件的,从其约定。但当事人一方已经履行主要义务,对方接受的除外。

第七节 房地产交易中房屋和土地的关系

房屋和土地是房地产的两大基本构成要素,我国在房屋所有权和土地使用权之间的关系上,一方面对于两种权利的设立采取分别主义,另一方面在房地产的交易流通上把二者捆绑在一起,即采取"房地一体"原则,其具体含义如下:

1. 主体一致原则

主体一致原则是指房屋所有权人和土地使用权人是一致的。《物权法》第142条明确规定，建设用地使用权人建造的建筑物、构筑物及其附属设施的所有权属于建设用地使用权人，但有相反证据证明的除外。

这是从静态的角度对房地一体原则进行规定。在我国，房屋所有权人无法成为占用土地的所有权人，但法律要求房屋所有权人和土地使用权人主体一致。除了通过租赁取得土地使用权、在土地上建筑房屋等外，一般情况下，房屋所有权人应当成为土地使用权人或者当然地享有占用土地的使用权。

2. 一同处分原则

房屋所有权和土地的使用权必须一同处分。《物权法》第146条规定，建设用地使用权转让、互换、出资或者赠与的，附着于该土地上的建筑物、构筑物及其附属设施一并处分。

《物权法》第147条规定，建筑物、构筑物及其附属设施转让、互换、出资或者赠与的，该建筑物、构筑物及其附属设施占用范围内的建设用地使用权一并处分。

《物权法》第182条规定，以建筑物抵押的，该建筑物占用范围内的建设用地使用权一并抵押。以建设用地使用权抵押的，该土地上的建筑物一并抵押。抵押人未依照前款规定一并抵押的，未抵押的财产视为一并抵押。

《物权法》第183条规定，乡镇、村企业的建设用地使用权不得单独抵押。以乡镇、村企业的厂房等建筑物抵押的，其占用范围内的建设用地使用权一并抵押。

这是从动态的角度对房地一体原则进行规定，即我们常说的"房随地走，地随房走"。

思考题：

1. 什么是商品房预售？有哪些特点？要满足哪些条件？
2. 预售合同登记备案和预告登记有哪些区别？
3. 请分析商品房销售广告的法律属性。
4. 存量房交易有哪些特点？
5. 何谓承租人的优先购买权？
6. 试述房地产交易中的"房地一体"原则？
7. 案例分析：王某与甲公司商品房预售买卖合同纠纷案

案情

原告：王某

被告：甲房地产开发公司（以下简称甲公司）

2008年3月，因甲房地产开发公司还未取得商品房预售许可证，王某与甲公司签订了《商品房预定协议书》，购买甲公司开发的商品房一套。协议书约定，预定某小区1号楼2单元306号房屋一套，建设面积为150平方米，每平方米单价为6000元，待甲公司取得预售许可证后签订正式合同时本协议书自动失效，若甲公司不交付房屋则应支付违约金

20万元。协议书签订后,王某支付给甲公司购房款90万元。双方并未进行商品房预售备案登记和预告登记。2009年2月,甲公司取得了商品房预售许可证。同年6月,王某要求甲公司根据协议书的约定签订正式买房合同,并交付已竣工验收合格的房屋。但此时甲公司非但不与王某签订合同,还要求其退房,并擅自将房屋以高价卖给善意第三人,且进行了房屋价款交付与过户登记。

问:
(1) 双方签订的《商品房预定协议书》的性质和效力如何?
(2) 王某可否请求甲公司交房?可否请求甲公司支付违约金?

第七章　房地产中介服务

学习目标：房地产中介服务是房地产市场中不可或缺的要素。学习本章，要掌握房地产中介服务的概念、种类和特点；房地产中介机构的设立条件和程序；房地产经纪的概念和主要业务，房地产经纪服务合同的当事人、主要内容及形式，以及国家对房地产经纪人员和经纪机构进行管理和监督的主要手段；房地产估价的种类，房地产估价原则以及房地产估价的意义，房地产估价机构和人员的资质核准与管理，房地产估价合同双方当事人的权利和义务；商品房包销的概念和特征，包销的法律性质。

第一节　房地产中介服务概述

一、房地产中介服务的概念和种类

由于房地产具有价值量大、位置固定、使用长期和办理交易复杂等特点，当事人在房地产交易活动过程中需要专门的知识和可靠信息相助，房地产中介服务行业应运而生。所谓的房地产中介服务，是指房地产中介机构在房地产投资、开发、销售、交易等各个环节中，为当事人提供专业服务的经营活动，是房地产咨询、房地产估价、房地产经纪等活动的总称。

其中房地产咨询是指为房地产活动当事人提供法律法规、政策、信息、技术等方面服务的经营活动；房地产估价是指专业估价人员根据估价目的，遵循估价原则，按照估价程序，选用适宜的估价方法，并在综合分析影响房地产价格因素的基础上，对房地产在估价时点的客观合理价格或价值进行估算和判定的活动；房地产经纪是指房地产经纪机构和房地产经纪人员为促成房地产交易，向委托人提供房地产居间、代理等服务并收取佣金的行为。本章重点对房地产经纪和房地产估价进行介绍。

与提供的中介服务相对应，《城市房地产管理法》第57条规定房地产中介服务机构包括房地产咨询机构、房地产价格评估机构、房地产经纪机构等。上述三类中介机构中，房地产价格评估机构和经纪机构除一般的工商管理外，还受住房城乡建设部门的行业管理。房地产咨询机构的情况比较复杂，除专门的房地产咨询机构外，许多律师事务所、一般性的咨询公司、投资银行、财务公司也从事房地产咨询业务。

二、房地产中介服务的主要特点

房地产中介服务主要有三个特点：

（1）房地产中介服务以房地产中介机构的名义开展，房地产中介人员不得以个人名义承接房地产中介业务或收取费用。

（2）房地产中介服务是一种委托服务。房地产中介服务是受当事人委托进行的，中介服务机构在当事人委托的范围内从事房地产中介服务活动，提供当事人所要求的服务。

（3）房地产中介服务是一种有偿服务。房地产中介服务是一种有偿性、服务性的经营活动，委托人应当按照一定的标准向房地产中介服务机构支付报酬、佣金。

三、房地产中介机构的设立条件和程序

（一）设立条件

设立房地产中介服务机构必须具备法定的条件，根据《城市房地产管理法》的规定，设立房地产中介服务机构应当具备下列条件：

第一，有自己的名称和组织机构。（1）任何房地产中介服务机构都必须有自己的名称，这既是各个房地产中介服务机构间相互区别的重要标志，也是设立房地产中介服务机构的一个必要条件。根据国务院《公司登记管理条例》第11条的规定，公司名称应当符合国家有关规定，公司只能使用一个名称。经公司登记机关核准登记的公司名称受法律保护。（2）房地产中介服务机构的组织机构是对内管理机构事务，对外代表该机构从事民事活动的机构总称，是使其中介服务活动正常运行的重要保证。一般来说，房地产中介服务机构的组织机构主要包括：决策机构、执行机构和监督机构。

第二，有固定的服务场所。房地产中介服务机构是从事房地产中介服务业务活动的机构，因此，必须有固定的服务场所，该条件要求：（1）房地产中介服务机构要有自己的服务场所，包括自有的或租赁的服务场所；（2）这种服务场所是固定的，即在相对长的一段时期内固定在一个地方，从而有利于国家对这种服务机构的监督和管理，同时也便于债务的履行。

第三，有必要的财产和经费。房地产中介服务机构必须具有必要的财产和经费，是指能够满足该机构进行日常服务工作所必需的、能为自己独立支配的财产和经费。这是房地产中介服务机构进行正常业务活动的重要物质基础，也是其能够独立地享受民事权利和承担民事义务的财产保障。

第四，有足够数量的专业人员。房地产中介服务机构必须具备足够数量的专业技术人员，这是由房地产中介服务本身的性质所决定的。房地产业是一个专业性很强的行业，因此，对房地产的经营和交易活动进行咨询、估价或经纪等服务工作就需要有足够数量的各方面专业技术人员。

第五，法律、行政法规规定的其他条件。

（二）设立程序

《城市房地产管理法》第57条第2款规定了设立房地产中介服务机构的程序，即应当向工商行政管理部门申请设立登记，领取营业执照后，方可开业。房地产中介服务机构的设立登记包括以下两个步骤：

（1）房地产中介服务机构的设立人向工商行政管理部门提出申请设立的请求，如实

地报告创办房地产中介服务机构所具备的各项条件,提供各项可行性分析报告和必要的经济技术资料。

(2) 工商行政管理部门接受房地产中介服务机构设立人的申请,经过对该机构所具备的条件等进行审查,对符合本法规定的条件的予以登记并发给营业执照,该机构享有从事房地产中介服务业务的资格;同时,对不符合本法规定的条件的,不予登记,该机构不得从事房地产中介服务业务,否则县级以上人民政府工商行政管理部门有权责令其停止房地产中介服务业务活动,没收违法所得,并处以罚款。

第二节 房地产经纪

一、房地产经纪的概念

房地产经纪有广义和狭义之分。广义的房地产经纪包括在房地产投资、开发、销售、经营等各环节提供信息、咨询、居间、代理等服务。狭义的房地产经纪是指房地产经纪机构和房地产经纪人员为促成房地产交易,向委托人提供房地产居间、代理等服务并收取佣金的行为。2011年的《房地产经纪管理办法》规定的房地产经纪是狭义的房地产经纪。

二、房地产经纪机构的主要业务

(一) 房地产居间

1. 定义和分类

房地产居间是房地产经纪机构向委托人报告订立房地产交易合同的机会或者提供订立房地产交易合同的媒介服务,并向委托人收取佣金的行为。在房地产中介开展居间活动时,中介人并不直接参与合同的订立,仅为促成合同的订立或为合同的签订提供媒介服务,居间人不是房地产交易合同的当事人。

根据房地产居间活动的不同领域,可以将房地产居间分为房地产买卖居间、房屋租赁居间、房地产抵押居间和房地产投资居间等。

2. 作为居间人的房地产经纪机构的权利和义务

根据《合同法》第二十三章对居间合同的规定,居间人促成合同成立后,委托人应当按照约定支付报酬。居间人未促成合同成立的,不得要求支付报酬,但可以要求委托人支付从事居间活动支出的必要费用。居间人还有如实报告的义务,应当就有关订立合同的事项向委托人如实报告,故意隐瞒与订立合同有关的重要事实或者提供虚假情况,损害委托人利益的,不得要求支付报酬并应当承担损害赔偿责任。

3. "反跳单"条款及其效力

在二手房市场上,客户绕开提供信息的中介公司,通过其他途径达成房地产交易的行为,俗称为"跳单"。为避免委托人"跳单",一些房地产经纪公司往往在提供居间服务的经纪服务合同中规定,委托人或其代理人、代表人、承办人等在经纪公司提供信息后的一定期间内(一般为6个月),与第三方达成买卖交易或者利用了房地产经纪公司提供的信息、机会等条件但未通过经纪公司而与第三方达成交易的,委托人应按照与第三方达成的实际成交价的一定比例向经纪公司支付报酬或违约金。

最高人民法院在其2011年12月20日发布的指导案例——上海市中原物业顾问有限公司诉陶德华居间合同纠纷案中,明确房屋居间买卖合同中关于禁止买方利用经纪公司提供的房源信息却绕开该经纪公司与卖方签订房屋买卖合同的约定合法有效。但是,当卖方将同一房屋通过多个中介公司挂牌出售时,买房通过其他公众可以获知的正当途径获得相同房源信息的,买方有权选择报价低、服务好的中介公司促成房屋买卖合同成立。买方的这种行为并没有利用先前与之签约的中介公司的房源信息,故不构成违约。①

(二)房地产代理

1. 定义和分类

房地产代理是指房地产经纪机构在受托权限内,以委托人名义与第三者进行房地产交易,并由委托人直接承担相应的法律责任的经纪行为。

根据不同的标准,可以对房地产代理作出不同的分类。按代理的业务内容,可分为买卖代理、租赁代理、权属登记代理、纳税代理和抵押贷款代理等;按代理的具体形式,可分为一般代理、总代理、独家代理、共同代理和参与代理等。

《房地产经纪管理办法》第17条规定,房地产经纪机构提供代办贷款、代办房地产登记等其他服务的,应当向委托人说明服务内容、收费标准等情况,经委托人同意后,另行签订合同。

2. 代理活动的特点

房地产代理活动具有如下特点:(1)经纪机构必须以被代理人的名义从事代理活动,而不是以自己的名义;(2)经纪机构必须在代理权限范围内从事房地产代理活动;(3)代理行为的法律后果直接归属于被代理人承担。

(三)对房地产经纪机构提供房地产行纪服务的限制

1. 房地产行纪的定义和特征

房地产行纪是指房地产行纪人以自己的名义向房地产所有权人或使用权人承购或承租房屋,并将所购或所租房屋登记在自己名下,此后再出售或出租给第三人的行为。

与房地产居间和房地产代理相比,房地产行纪最主要的特征是行纪人先将房屋登记在自己名下,再以自己的名义将房屋出售或出租给第三人。

2. 现实中的房地产行纪行为

在房地产中介服务中,房地产居间和代理的利润较低,而房地产中介属于劳动密集型行业,繁杂的业务流程和不断提高的人员成本无法满足中介服务机构的生存与发展。房地产行纪行为较居间和代理有更高的利润,成为企业追求高额利润、谋求发展的一条途

---

① 参见:《最高人民法院关于发布第一批指导性案例的通知》(法[2011]354号),指导性案例1号:上海中原物业顾问有限公司诉陶德华居间合同纠纷案。

径。不少房地产中介机构在利益的驱使下,自主收购房产并高价转卖,这已经成为了一种房地产经营行为,完全脱离了房地产经纪的本质。

3.《房地产经纪管理办法》的禁止性规定

我国房地产中介相关法律法规并不保护房地产中介机构进行房地产行纪活动。《房地产经纪管理办法》第25条明确禁止房地产经纪机构和房地产经纪人员低价收进高价卖(租)出房屋赚取差价,或承购、承租自己提供经纪服务的房屋。

三、房地产经纪服务合同

(一) 房地产经纪服务合同的概念、性质和当事人

1. 房地产经纪服务合同的概念和性质

所谓的房地产经纪服务合同,是指房地产经纪机构和委托人订立的,由房地产经纪机构及其经纪人员向委托人提供房地产居间、代理等服务并收取佣金的合同。

上述定义只是描述性的,而非法律上的定义。下面我们从合同性质分析入手,对房地产经纪服务合同做进一步的讨论。房地产经纪服务合同并不是我国合同法规定的有名合同。根据《房地产经纪管理办法》第3条的规定,房地产经纪机构和经纪人员主要向委托人提供居间、代理等服务。因此,房地产经纪服务合同依经纪机构和人员提供的服务的不同,可分别为居间性质的经纪服务合同和委托性质的经纪服务合同。但若因此认为整个经纪活动均属于居间合同或委托合同的调整范围,则是片面的,因为经纪人除报告订约机会、撮合订约,或代理签订房屋买卖或租赁合同外,往往还在合同成立后,承担协助甚至全权代理办理贷款、过户、租金收取等义务。在许多情况下,经纪服务合同甚至可能约定经纪机构获得报酬的条件是协助办理完房屋过户手续。实践中的许多经纪服务合同往往兼有居间合同、委托合同及服务合同的内容。这种合同,在性质上属于复合合同。当然,实践中也存在单纯居间性质或委托性质的经纪服务合同。

2. 房地产经纪服务合同的当事人

房地产经纪服务合同的当事人是委托房地产经纪机构提供经纪服务的委托人和房地产经纪机构。

根据《房地产经纪管理办法》第14条,房地产经纪业务应当由房地产经纪机构统一承接,服务报酬由房地产经纪机构统一收取;分支机构应当以设立分支机构的房地产经纪机构名义承揽业务。换言之,虽然合同中会出现具体从事业务的房地产经纪人员的情况并有其签名,但承接业务的只能是其所在的经纪机构。

(二) 房地产经纪合同的订立

1. 经纪机构订约前义务

经纪机构在订约前,应向委托人说明告知有关事项,并询问核验委托人身份及房屋权属。

根据《房地产经纪管理办法》第21条,房地产经纪机构签订房地产经纪服务合同前,应当向委托人说明房地产经纪服务合同和房屋买卖合同或者房屋租赁合同的相关内容,

并书面告知下列事项:(1)是否与委托房屋有利害关系;(2)应当由委托人协助的事宜、提供的材料;(3)委托房屋的市场参考价格;(4)房屋交易的一般程序及可能存在的风险;(5)房屋交易涉及的税费;(6)经纪服务的内容及完成标准;(7)经纪服务收费标准和支付时间;(8)其他需要告知的事项。

《房地产经纪管理办法》第22条规定:房地产经纪机构与委托人签订房屋出售、出租经纪服务合同,应当查看委托出售、出租的房屋权属证书,委托人的身份证明等有关资料,并应当编制房屋状况说明书。经委托人同意后,方可对外发布相应的房源信息;房地产经纪机构与委托人签订房屋承购、承租经纪服务合同,应当查看委托人的身份证明等有关资料。

必须指出的是,委托人在与房地产经纪机构签订房地产经纪服务合同时,有义务向房地产经纪机构提供有效的身份证明;委托出售、出租房屋的,还应当提供真实有效的房屋权属证书。委托人未提供规定资料或者提供资料与实际不符的,房地产经纪机构应当拒绝接受委托(《房地产经纪管理办法》第23条)。

2. 房地产经纪服务合同的主要内容及形式

房地产经纪服务合同一般包括下面的内容:(1)房地产经纪服务双方当事人的姓名(名称)、住所等情况和从事业务的房地产经纪人员情况。《房地产经纪管理办法》第14条明确规定:"房地产经纪人员不得以个人名义承接房地产经纪业务和收取费用。"(2)房地产经纪服务的项目、内容、要求以及完成的标准。(3)服务费用及其支付方式。(4)合同当事人的权利义务。(5)违约责任和纠纷解决方式。

根据《房地产经纪管理办法》,房地产经纪机构及其分支机构在其经营场所醒目位置公示政府主管部门或者行业组织制定的房地产经纪服务合同示范文本(第15条);并在接受委托提供房地产信息、实地看房、代拟合同等房地产经纪服务时,与委托人签订书面房地产经纪服务合同(第16条);房地产经纪机构签订的房地产经纪服务合同,应当加盖房地产经纪机构印章,并由从事该业务的一名房地产经纪人或者两名房地产经纪人协理签名(第20条)。

四、房地产经纪人员和机构的管理和监督

(一)房地产经纪人员的管理

1. 房地产经纪人员的概念和种类

根据《房地产经纪管理办法》和《房地产经纪人员职业资格制度暂行规定》的规定,房地产经纪人员,是指房地产交易中从事居间、代理等经纪活动的人员,包括房地产经纪人和房地产经纪人协理。

房地产经纪人有权依法发起设立或加入房地产经纪机构,承担房地产经纪机构关键岗位工作,指导房地产经纪人协理进行各种经纪活动,经所在机构授权订立房地产经纪合同等重要业务文件,执行房地产经纪业务并获得合理的佣金。

房地产经纪人协理有权加入房地产经纪机构,协助房地产经纪人处理经纪有关事务并获得合理的报酬。

2. 房地产经纪人员的职业资格制度

（1）基本要求

对从事房地产经纪业务的人员，国家实行职业资格制度，纳入全国专业技术人员职业资格制度统一规划和管理。

房地产经纪人员的职业资格制度要求房地产经纪人员取得相应职业资格证书，包括房地产经纪人执业资格证书和房地产协理从业资格证书，并经注册生效。取得房地产经纪人执业资格是进入房地产经纪活动关键岗位和发起设立房地产经纪机构的必备条件；取得房地产经纪人协理从业资格，是从事房地产经纪活动的基本条件。未取得职业资格证书的人员，一律不得从事房地产经纪活动。

房地产经纪人员在执行业务时应当严格执行《房地产经纪执业规则》，主动向当事人出示房地产经纪人注册证书或者房地产经纪人协理证书。

（2）取得房地产协理从业资格的条件和程序

《房地产经纪管理办法》第10条第2款规定：房地产经纪人协理实行全国统一大纲，由各省、自治区、直辖市人民政府建设（房地产）主管部门、人力资源和社会保障主管部门命题并组织考试的制度，每年的考试次数根据行业发展需要确定。

根据《房地产经纪人员职业资格制度暂行规定》，凡中华人民共和国公民，遵守国家法律、法规，具有高中以上学历，愿意从事房地产经纪活动的人员，均可申请参加房地产经纪人协理从业资格考试（第13条）。考试合格，由各省、自治区、直辖市人事部门颁发人事部、住房和城乡建设部统一格式的《中华人民共和国房地产经纪人协理从业资格证书》。该证书在所在行政区域有效（第14条）。

（3）取得房地产经纪人执业资格的条件和程序

《房地产经纪管理办法》第10条第1款规定：房地产经纪人实行全国统一大纲、统一命题、统一组织的考试制度，由国务院住房和城乡建设主管部门、人力资源和社会保障主管部门共同组织实施，原则上每年举行一次。

根据《房地产经纪人员职业资格制度暂行规定》第9条，凡中华人民共和国公民，遵守国家法律、法规，已取得房地产经纪人协理资格并具备以下条件之一者，可以申请参加房地产经纪人执业资格考试：取得大专学历，工作满6年，其中从事房地产经纪业务工作满3年；取得大学本科学历，工作满4年，其中从事房地产经纪业务工作满2年；取得双学士学位或研究生班毕业，工作满3年，其中从事房地产经纪业务工作满1年；取得硕士学位，工作满2年，从事房地产经纪业务工作满1年；或者，取得博士学位，从事房地产经纪业务满1年。

考试合格，由各省、自治区、直辖市人事部门颁发人事部、住房和城乡建设部用印的《中华人民共和国房地产经纪人执业资格证书》。该证书全国范围有效（《房地产经纪人员职业资格制度暂行规定》第10条）。

3. 房地产经纪人员的注册执业

(1) 注册

取得房地产经纪人资格证书后,房地产经纪人必须经过注册登记才能以注册房地产经纪人名义执业。房地产经纪人执业资格注册,由本人提出申请,经聘用的房地产经纪机构送省、自治区、直辖市房地产管理部门初审合格后,统一报住房和城乡建设部或其授权的部门注册。准予注册的申请人,由住房和城乡建设部或其授权的注册管理机构核发《房地产经纪人注册证》。在注册有效期内,变更执业机构者,应当及时办理变更手续。

房地产经纪人执业资格注册有效期一般为3年,有效期满前3个月,持证者应到原注册管理机构办理再次注册手续。再次注册的,必须提供受继续教育和参加业务培训的证明。

经注册的房地产经纪人有下列情况之一的,由原注册机构注销注册:第一,被宣布为无民事行为能力或限制民事行为;第二,受刑事处罚;第三,脱离房地产经纪工作岗位连续2年(含2年)以上;第四,同时在2个及以上房地产经纪机构进行房地产经纪活动的;第五,严重违反职业道德和经纪行业管理规定的。

房地产经纪人协理的注册由省、自治区、直辖市房地产管理部门或其授权机构负责。每年度房地产经纪人协理从业资格注册情况应报住房和城乡建设部备案。

(2) 执业

房地产经纪人和房地产经纪人协理经注册后,只能受聘于一个经纪机构,并以房地产经纪机构的名义从事经纪活动,不得以房地产经纪人或房地产经纪人协理的身份从事经纪活动或在其他经纪机构兼职。房地产经纪机构和分支机构与其招用的房地产经纪人员,应当按照《中华人民共和国劳动合同法》的规定签订劳动合同。

房地产经纪人和房地产经纪人协理,在经纪活动中,必须严格遵守法律、法规和行业管理的各项规定,坚持公开、公平、公正的原则,信守职业道德;必须利用专业知识和职业经验处理或协助处理房地产交易中的细节问题,向委托人披露相关信息,诚实信用,恪守合同,完成委托业务,并为委托人保守商业秘密,充分保障委托人的权益。

在执行房地产经纪业务时,房地产经纪人员有权要求委托人提供与交易有关的资料,支付因开展房地产经纪活动而发生的成本费用,并有权拒绝执行委托人发出的违法指令。

(二) 房地产经纪机构及其经纪活动的管理

1. 备案和年检

根据《房地产经纪管理办法》,房地产经纪机构及其分支机构应当自领取营业执照之日起30日内,到所在直辖市、市、县人民政府建设(房地产)主管部门备案(第11条)。直辖市、市、县人民政府建设(房地产)主管部门应当将房地产经纪机构及其分支机构的名称、住所、法定代表人(执行合伙人)或者负责人、注册资本、房地产经纪人员等备案信息向社会公示(第12条)。房地产经纪机构及其分支机构变更或终止的,应当自变更终止之日起30日内,办理备案变更或注销手续(第13条)。建设(房地产)主管部门应当定期将备案的房地产经纪机构情况通报同级价格主管部门、人力资源和社会保障主管部门(第

29条)。

国家对房地产经纪机构实行年检制度。建设(房地产)主管部门应当每年对房地产经纪机构的专业人员条件进行一次检查,并于每年年初公布检查合格的房地产经纪机构名单。检查不合格的,不得从事房地产经纪活动。

房地产经纪机构年检时,除填写年检申报表外,一般需提交下列材料:(1)营业执照副本复印件(含分支机构);(2)房地产经纪机构备案证书正副本;(3)房产经纪人注册证原件;(4)房地产经纪机构财务状况表;(5)其他材料(包括投诉处理解决情况和整改的书面报告)。

2. 经营场所信息公示要求

《房地产经纪管理办法》第15条要求房地产经纪机构及其分支机构在其经营场所醒目位置公示下列内容:(1)营业执照和备案证明文件;(2)服务项目、内容、标准;(3)业务流程;(4)收费项目、依据、标准;(5)交易资金监管方式;(6)信用档案查询方式、投诉电话及12356价格举报电话;(7)政府主管部门或者行业组织制定的房地产经纪服务合同、房屋买卖合同、房屋租赁合同示范文本;(8)法律、法规、规章规定的其他事项。

分支机构还应当公示设立该分支机构的房地产经纪机构的经营地址及联系方式。

房地产经纪机构代理销售商品房项目的,还应当在销售县城明显位置明示商品房销售委托书和批准销售商品房的有关证明文件。

3. 价格和收费管理

《房地产经纪管理办法》要求:(1)房地产经纪服务实行明码标价制度。房地产经纪机构应当遵守价格法律、法规和规章规定,在经营场所醒目位置标明房地产经纪服务项目、服务内容、收费标准以及相关房地产价格和信息。房地产经纪机构不得收取任何未予标明的费用;不得利用虚假或者使人误解的标价内容和标价方式进行价格欺诈;一项服务可以分解为多个项目和标准的,应当明确标示每一个项目和标准,不得混合标价、捆绑标价(第18条)。(2)房地产经纪机构未完成房地产经纪服务合同约定事项,或者服务未达到房地产经纪服务合同的约定标准的,不得收取佣金(第19条)。(3)两家或两家以上房地产经纪机构合作开展同一宗房地产经纪业务的,只能按照一宗业务收取佣金,不得向委托人增加收费(第19条)。(4)房地产经纪机构根据交易当事人需要提供房地产经纪服务以外的其他服务的,应当事先经当事人书面同意并告知服务内容及收费标准。书面告知材料应当经委托人签名(盖章)确认(第21条)。

4. 客户交易结算资金专用存款账户

自《建设部、中国人民银行关于加强房地产经纪管理规范交易结算资金账户管理有关问题的通知》(建住房[2006]321号)颁布以来,各地对存量房交易资金监管发展出了多种模式。① 《房地产经纪管理办法》第24条明确规定:房地产交易当事人约定由房地产经纪机构代收代付交易资金的,应当通过房地产经纪机构在银行开设的客户交易结算资金

---

① 详见第六章第五节"三"。

专用存款账户划转交易资金。交易资金的划转应当经房地产交易资金支付方和房地产经纪机构的签字和盖章。

5. 业务记录制度

《房屋经纪管理办法》第26条要求房地产经纪机构建设业务记录制度,如实记录业务情况;并保存房地产经纪服务合同,保存期不少于5年。

(三) 监督

建设(房地产)主管部门、价格主管部门主要通过现场巡查、合同抽查、投诉受理等方式,采取约谈、记入信用档案、媒体曝光等措施,对房地产经纪机构和房地产经纪人员进行监督。下面我们重点介绍房地产经纪网上管理和服务平台及房地产信用档案制度。

1. 房地产经纪网上管理和服务平台

《房屋经纪管理办法》第30条要求直辖市、市、县人民政府建设(房地产)主管部门构建统一的房地产经纪网上交易平台,为备案的房地产经纪机构提供下列服务:(1) 房地产经纪机构备案信息公示;(2) 房地产交易与等级信息查询;(3) 房地产交易合同网上签订[①];(4) 房地产经纪信用档案公示;(5) 法律、法规和规章规定的其他事项。

2. 房地产经纪信用档案

《房屋经纪管理办法》第31条要求县级以上人民政府建设(房地产)主管部门建立房地产经纪信用档案,并向社会公示。县级以上人民政府建设(房地产)主管部门应当将在日常监督检查中发现的房地产经纪机构和房地产经纪人员的违法违规行为、经查证属实的被投诉举报记录等情况,作为不良信用记录记入其信用档案。房地产经纪机构和房地产经纪人员应当按照规定提供真实、完整的信用档案信息(第32条)。

(四) 房地产经纪机构和经纪人员的违法行为及处罚

《房地产经纪管理办法》第25条禁止房地产经纪机构和经纪人员的下列行为:(1) 捏造散布涨价信息,或者与房地产开发经营单位串通捂盘惜售、炒卖房号,操纵市场价格;(2) 对交易当事人隐瞒真实的房屋交易信息,低价收进高价卖(租)出房屋赚取差价;(3) 以隐瞒、欺诈、胁迫、贿赂等不正当手段招揽业务,诱骗消费者交易或者强制交易;(4) 泄露或者不当使用委托人的个人信息或者商业秘密,谋取不正当利益;(5) 为交易当事人规避房屋交易税费等非法目的,就同一房屋签订不同交易价款的合同提供便利;(6) 改变房屋内部结构分割出租;(7) 侵占、挪用房地产交易资金;(8) 承购、承租自己提供经纪服务的房屋;(9) 为不符合交易条件的保障性住房和禁止交易的房屋提供经纪服务;(10) 法律、法规禁止的其他行为。

对违反上述规定第(1)、(2)项的,构成价格违法行为的,由县级以上人民政府价格主管部门按照价格法律、法规和规章的规定,责令改正、没收违法所得、依法处以罚款;情节严重的,依法给予停业整顿等行政处罚(《房屋经纪管理办法》第34条)。违反(3)至

---

① 经备案的房地产经纪机构可以取得网上签约的资格。北京市就发展出了一套比较完备的存量房网上签约和信息公示制度。详见第六章第五节"二"。

(10)项的,由县级以上地方人民政府建设(房地产)主管部门责令限期改正,记入信用档案;对房地产经纪人员处以1万元罚款;对房地产经纪机构,取消网上签约资格,处以3万元罚款(《房屋经纪管理办法》第37条)。

第三节 房地产估价

一、房地产估价的概念和分类

房地产估价是指专业估价人员根据估价目的,遵循估价原则,按照估价程序,选用适宜的估价方法,并在综合分析影响房地产价格因素的基础上,对房地产在估价时点的客观合理价格或价值进行估算和判定的活动。

《房地产估价规范》按估价目的的不同,将房地产估价分为以下类别:土地使用权出让价格评估,房地产转让价格评估,房地产租赁价格评估,房地产抵押价值评估,房地产保险估价,房地产课税估价,征地和房屋拆迁补偿估价,房地产分割、合并估价,房地产纠纷估价,房地产拍卖底价评估,企业各种经济活动中涉及的房地产估价和其他目的的房地产估价。

二、房地产估价的原则和意义

(一) 房地产估价的原则

房地产估价活动的结果常常作为反映房地产市场公正价格的重要依据,关系到房地产估价活动当事人的切身利益。为了维护房地产估价市场秩序,保障房地产估价活动当事人合法权益,房地产估价机构从事房地产估价活动时,应当坚持独立、客观、公正的原则,执行房地产估价规范和标准,不受任何组织或者个人对房地产估价活动和估价结果的非法干预。

除了独立、客观、公正原则外,《房地产估价规范》要求房地产估价还应遵循合法原则、最高最佳使用原则、替代原则和估价时点原则。

遵循合法原则,要求房地产估价应以估价对象的合法使用、合法处分为前提估价。

遵循最高最佳原则,要求房地产估价应以估价对象的最高最佳使用为前提估价。

遵循替代原则,要求估价结果不得明显偏离类似房地产在同等条件下的正常价格。

遵循估价时点原则,要求估价结果应是估价对象在估价时点的客观合理价格或价值。

(二) 房地产估价的意义

实行房地产价格评估制度,具有十分重要的意义和作用:

(1) 有利于规范房地产交易市场秩序,保障国家利益不受损失;同时也有利于维护房地产权利人的合法权益,防止各种欺诈行为的发生。

(2) 通过房地产价格评估,可以确认房地产基准价格,为建设用地使用权的出让和房地产的转让提供基础价格。

(3) 有利于促进房地产抵押业务的发展。对房地产进行价格评估可以确定房地产作为抵押物时的价值,以保障抵押权人和抵押人的利益。

(4) 有利于国家的税收征收。房地产是一个价值量极大的商品,房地产税收是政府的重要财政收入来源。目前我国涉及房地产的税种,如土地增值税、土地使用税等都是以房地产的价值或价格作为课税依据。因此,实行房地产价格评估,有利于政府确定房地产的基础价格,保证税收收入。

(5) 房地产价格评估可以为房屋征收补偿、解决房地产纠纷案件、企业兼并、企业破产清算等提供依据。

三、房地产估价机构和人员的资质核准与管理

(一) 房地产估价机构的资质核准与管理

1. 房地产估价机构的资质等级核准及其业务范围

房地产估价机构从事房地产估价活动,需要依法设立并取得房地产估价机构资质。依据《房地产估价机构管理办法》,房地产估价机构资质等级分为一、二、三级,其中一级房地产估价机构的资质许可由国务院建设行政主管部门负责核准,二、三级房地产估价机构资质许可由省、自治区、直辖市人民政府建设(房地产)行政主管部门负责核准。资质许可机关依据房地产估价机构从事房地产估价活动的持续时间、注册资本、专职注册房地产估价师的数量、在申请核定资质等级之日前3年平均每年完成估价标的物建筑面积或土地面积的总额等因素,来核定房地产估价机构的资质等级。新设立中介服务机构的房地产估价机构资质等级应当核定为三级资质,设1年的暂定期。

房地产估价机构应当在其资质等级许可范围内从事估价业务。其中,一级资质房地产估价机构可以从事各类房地产估价业务;二级资质房地产估价机构可以从事除公司上市、企业清算以外的房地产估价业务;三级资质房地产估价机构可以从事除公司上市、企业清算、司法鉴定以外的房地产估价业务;而暂定期内的三级资质房地产估价机构可以从事除公司上市、企业清算、司法鉴定、城镇拆迁、在建工程抵押以外的房地产估价业务。除此之外,只有一级资质房地产估价机构可以按照《房地产估价机构管理办法》的规定设立分支机构,二三级资质房地产估价机构不得设立分支机构。新设立的分支机构,应当自领取分支机构营业执照之日起30日内,到分支机构工商注册所在地的省、自治区、直辖市人民政府建设(房地产)行政主管部门备案。

房地产估价机构资质有效期为3年。资质有效期届满,房地产估价机构需要继续从事房地产估价活动的,应当在资质有效期届满30日前向资质许可机关提出资质延续申请。资质许可机关应当根据申请作出是否准予延续的决定。准予延续的,有效期延续3年。

2. 违反上述规定的处罚

(1) 申请人隐瞒有关情况或者提供虚假材料申请房地产估价机构资质的,资质许可机关不予受理或者不予行政许可,并给予警告,申请人在1年内不得再次申请房地产估价

（2）以欺骗、贿赂等不正当手段取得房地产估价机构资质的，由资质许可机关给予警告，并处1万元以上3万元以下的罚款，申请人3年内不得再次申请房地产估价机关资质。

（3）未取得房地产估价机构资质从事房地产估价活动或者超越资质等级承揽估价业务的，出具的估价报告无效，由县级以上人民政府房地产行政主管部门给予警告，责令限期改正，并处1万元以上3万元以下的罚款；造成当事人损失的，依法承担赔偿责任。

（4）二、三级资质房地产估价机构设立分支机构，或一级资质房地产估价机构设立的分支机构不符合《房地产估价机构管理办法》规定的条件，或新设立的分支机构不备案的，由县级以上人民政府房地产行政主管部门给予警告，责令限期改正，并可处1万元以上2万元以下的罚款。

（二）房地产估价师的注册管理

房地产估价师，是指通过全国房地产估价师执业资格考试或者资格认定、资格互认，取得中华人民共和国房地产估价师执业资格，并注册取得中华人民共和国房地产估价师注册证书，从事房地产估价活动的人员。房地产估价机构应当有一定数量的注册房地产估价师。

《注册房地产估价师管理办法》对注册为房地产估价师规定了积极条件和消极条件。积极条件有：（1）取得执业资格；（2）达到继续教育合格标准；（3）受聘于具有资质的房地产估价机构。消极条件有：（1）不具有完全民事行为能力的；（2）刑事处罚尚未执行完毕的；（3）因房地产估价及相关业务活动受刑事处罚，自刑事处罚执行完毕之日起至申请注册之日止不满5年的；（4）因前项规定以外原因受刑事处罚，自刑事处罚执行完毕之日起至申请注册之日止不满3年的；（5）被吊销注册证书，自被处罚之日起至申请注册之日止不满3年的；（6）以欺骗、贿赂等不正当手段获准的房地产估价师注册被撤销，自被撤销注册之日起至申请注册之日止不满3年的；（7）申请在2个或者2个以上房地产估价机构执业的；（8）为现职公务员的；（9）年龄超过65周岁的；（10）法律、行政法规规定不予注册的其他情形。申请人有上述情形之一的，将不予注册为房地产估价师。

注册房地产估价师经注册后有效期为3年。注册有效期满需继续执业的，应当在注册有效期满30日前，按照《注册房地产估价师管理办法》规定的程序申请延续注册；延续注册的，注册有效期为3年。

四、房地产估价合同的签订

（一）房地产估价合同的签订及其主要内容

房地产估价业务应当由房地产估价机构统一接受委托，并应当与委托人签订书面估价委托合同。

房地产估价师不得以个人名义承揽估价业务，分支机构应当以设立该分支机构的房地产估价机构名义承揽估价业务，否则由县级以上人民政府房地产行政主管部门给予警告,责令限期改正;逾期未改正的,可处五千元以上两万元以下的罚款;给当事人造成损失的,依法承担赔偿责任。

除此之外,房地产估价机构及执行房地产估价业务的估价人员与委托人或者估价业务相对人有利害关系的,应当回避,否则由县级以上人民政府房地产行政主管部门给予警告,责令限期改正,并可处一万元以下的罚款;给当事人造成损失的,依法承担赔偿责任。

签订的估价委托合同应当包括下列内容:(1)委托人的名称或者姓名和住所;(2)估价机构的名称或住所;(3)估价对象;(4)估价目的;(5)估价时点;(6)委托人的协助义务;(7)估价服务费及其支付方式;(8)估价报告交付的日期和方式;(9)违约责任;(10)解决争议的方法。

(二)房地产估价合同双方当事人的权利义务

在房地产估价合同签订之后,房地产估价机构应当独立、客观、公正地进行房地产评估工作,出具加盖房地产估价机构公章并至少有2名专职注册房地产估价师签字的房地产估价报告,委托人也应当按照合同的约定给付报酬。如果房地产估价机构不按照规定出具估价报告的,由县级以上人民政府房地产行政主管部门给予警告,责令限期改正;逾期未改正的,可处五千元以上两万元以下的罚款;给当事人造成损失的,依法承担赔偿责任。

除了上述主要义务外,合同双方当事人还应履行下列义务:

对于委托人而言,委托人及相关当事人应当协助房地产估价机构进行实地查勘,如实向房地产估价机构提供所必需的资料,并对其所提供资料的真实性负责。

对于房地产估价机构而言,未经委托人书面同意,不得转让受托的估价业务,否则由县级以上人民政府房地产行政主管部门给予警告,责令限期改正;逾期未改正的,可处五千元以上两万元以下的罚款;给当事人造成损失的,依法承担赔偿责任。此外,房地产估价机构应当妥善保管房地产估价报告及相关资料。最后,除法律法规另有规定外,未经委托人书面同意,房地产估价机构不得对外提供估价过程中获知的当事人的商业秘密和业务资料,房地产估价机构擅自对外提供估价过程中获知的当事人的商业秘密和业务资料,给当事人造成损失的,依法承担赔偿责任;构成犯罪的,依法追究刑事责任。

五、房地产估价机构的违法行为及其处罚

除了上文涉及的一些禁止性规定外,《房地产估价机构管理办法》第32条禁止房地产估价机构的下列行为:(1)涂改、倒卖、出租、出借或者以其他形式非法转让资质证书;(2)超越资质等级业务范围承接房地产估价业务;(3)以迎合高估或者低估要求、给予回扣、恶意压低收费等方式进行不正当竞争;(4)违反房地产估价规范和标准;(5)出具有虚假记载、误导性陈述或者重大遗漏的估价报告;(6)擅自设立分支机构;(7)未经委托人书面同意,擅自转让受托的估价业务;(8)法律、法规禁止的其他行为。

房地产估价机构有以上行为之一的,由县级以上人民政府房地产行政主管部门给予警告,责令限期改正,并处一万元以上三万元以下的罚款;给当事人造成损失的,依法承担赔偿责任;构成犯罪的,依法追究刑事责任。

第四节 商品房包销

一、商品房包销概述

(一) 商品房包销的概念

商品房包销是一种新型房地产销售方式,也是房地产中介服务机构的一个新的业务增长点。随着房地产业的蓬勃发展,房地产行业竞争也越来越激烈,充分有效地利用资金成为房地产商占据竞争优势的关键环节之一。房地产商为了尽快筹集建房资金、收回投资成本和利润,采用了商品房包销的销售方式,这种方式也可以使开发商集中精力进行开发建设。

根据《最高人民法院关于审理商品房买卖合同纠纷案件适用法律若干问题的解释》第20条,商品房包销,即出卖人与包销商订立商品房包销合同,约定出卖人将其开发建设的房屋交由包销商以出卖人的名义销售的,包销期满未销售的房屋,由包销商按照合同约定的包销价格购买,但当事人另有约定的除外。

商品房包销的包销商一般都是房地产经纪机构。

(二) 商品房包销的特征

1. 合作性与分工性

商品房包销实际上是开发商对其销售业务的分出,通过这种方式,开发商集中精力进行商品房开发,而不用在销售环节耗费精力。担任包销商的经纪机构作为专门的商品房销售企业,了解商品房市场的固有风险,既有利于房屋销售,又能依靠代理费或销售差价获得利润。商品房包销使开发商和包销商在分工和合作的基础上实现共赢。

2. 风险性

开发商对商品房销售的外包,不仅是业务的分出,更重要的是一种风险的分出。如果开发商能够确认,预定期限内有能力实现商品房的销售目标,并获得良好利润,包销反而意味着自己既得利润的流失。但房地产市场变幻莫测,尤其是市场低迷时,包销可以很大程度地化解开发商销售房屋、回收资金的风险。

3. 排他性

与一般的委托代理不同,商品房包销下,包销商拥有独家销售权,其包销行为具有排他性。也有学者将这种排他性认定为买断性,认为包销商不但向开发商买断了特定范围商品房的销售权,实际上也买断了既定范围的商品房,只不过是约定了分期付款的方式。[①] 包销商的排他性主要表现在两个方面:(1) 开发商不得再自行销售由包销商包销的商品房;(2) 开发商不能将约定范围的商品房再允许第三家销售,否则就构成违约。《最高人民法院关于审理商品房买卖合同纠纷案件适用法律若干问题的解释》第21条明确规

---

① 王建领:《商品房风险性包销的运行特征及应注意的问题》,载《中国房地产》2002年第9期。

定,出卖人自行销售已经约定由包销商包销的房屋,包销商请求出卖人赔偿损失的,应予支持,但当事人另有约定的除外。

4. 包销商权限的广泛性

相对于普通的代理而言,包销商拥有更为广泛的销售权限。包销商对包销的商品房享有销售权,不仅有权获取包销基价与销售价之间的差价,还可以根据商品房市场的供求状况自行决定商品房的销售价格。包销商具有相对独立的销售权限,在一定程度上不受开发商的制约,如包销商可以根据开发商提供的基础资料,根据《广告法》和其他相关法律的规定,组织商品房销售的广告宣传,负责售房广告的策划、发布及宣传,并可以对广告的内容进行必要的加工。

(三) 商品房包销的种类

商品房包销行为,可以根据不同的标准作不同种类的划分。以房屋状况为标准,可以分为现房包销和期房包销;以包销范围为标准,可以分为全部包销和部分包销;以包销基价为标准,可以分为确定基价包销和比例基价包销。确定基价包销是指开发商与包销商只约定包销基价、付款期限、对外销售价格由包销商决定。比例基价包销是指开发商与包销商约定将对外销售价格的一定比例返还给开发商,剩余部分作为包销商的报酬。

(四) 商品房包销的基本流程

商品房包销的基本流程大致如下:

第一,开发商授权包销人全权销售一定范围的商品房;

第二,双方确定商品房包销基价;

第三,不论商品房是否能够售出,包销商必须定期向开发商支付确定数额的商品房价款(或者根据已完成销售的情况,包销人定期按照包销基价向出卖人支付已完成销售的包销款项);

第四,商品房销售后,超过包销基价部分为包销商的经营收入;

第五,如果低于基价售出,其不足基价部分,由包销商向开发商补偿;

第六,包销期限届满,由包销人按照包销基价购入全部未售出的商品房。

二、商品房包销的法律性质

关于商品房包销行为的法律性质,理论界、实务界存在不同认识,归纳起来主要有三种观点:

1. 特殊买卖行为说

此说认为商品房包销是一种买卖行为,开发商与包销商之间的包销合同是买卖合同。因为商品房包销具有以下特点:(1) 包销商对外销售不受开发商意志的限制,有权根据市场行情自由确定销售价格,而无须征得开发商同意;(2) 包销商有权获取全部销售差价;(3) 开发商对包销商销售商品房的行为不承担任何民事责任,其民事责任由包销商直接承担。

2. 特殊代理行为说

此说认为商品房包销人与开发商之间的商品房包销行为是一种代理行为,并且,在大部分情况下,商品房包销是排他的独家代理行为。代理说又包括两种不同观点:(1)附条件的代理行为说。即认为商品房包销实际上是一种附解除条件的代理行为,所附条件为包销期限届满仍未全部售出房屋,则由包销商购入剩余的商品房。(2)附期限的代理行为说。即认为双方约定的包销期限为代理行为终期,在约定的包销期限终期到来时,包销商的代理权终止,并可约定由包销商购买全部剩余商品房。

3. 两合行为说

此说认为商品房包销行为既不是一种简单的买卖行为,也不是一种纯粹的民事代理行为,而是一种兼具代理和买卖特征的两合行为。具体地说,包销行为在包销期限之内是一种委托代理关系,在包销期限届满后则成为一种买卖关系,分别受代理制度与买卖制度的调整。

特殊买卖行为说和特殊代理行为说都不能全面概括商品房包销的性质,而且存在认识上的错误。前者忽略了包销期内包销商以开发商名义销售商品房的事实;更重要的是,虽然包销商对外销售不受开发商意志的限制,而且有权获取全部销售差价,但每套售出商品房的基本价格还是归开发商,而且开发商要对包销商销售的商品房的质量和权利瑕疵负责。特殊代理行为说则不能解释包销期满后包销商购入未能售出的商品房的约定;将包销期满仍未全部售出房屋作为解除条件,或将包销期限作为代理行为的期限,只能解释代理权限的终止,但仍然不能解释包销期满后包销商购入未能售出的商品房的行为。而两合行为说既解释了包销商在包销期间内以开发商名义销售商品房的行为,又解释了包销商在包销期满后购入剩余商品房的行为的性质。本书采两合行为说。

三、商品房包销中的几个法律问题

(一)包销商的主体资格问题

根据《商品房销售管理办法》第25条的规定,房地产开发企业委托中介服务机构销售商品房的,受托机构应当是依法设立并取得工商营业执照的房地产中介服务机构。包销商应是符合这一要求的民事主体。

(二)虚假广告责任的承担问题

根据《商品房销售管理办法》第14条、第15条的规定,房地产开发企业、房地产中介服务机构发布商品房销售宣传广告,应当执行《中华人民共和国广告法》、《房地产广告发布暂行规定》等有关规定,广告内容必须真实、合法、科学、准确。房地产开发企业、房地产中介服务机构发布的商品房销售广告和宣传资料所明示的事项,当事人应当在商品房买卖合同中约定。

在商品房包销中,销售广告通常有两种情况,一是广告内容经开发商认可的,二是广告内容未经开发商认可的。如果产生了虚假广告的问题,根据合同的相对性原则,对外应当由开发商承担违约责任,对内则应根据双方的过错承担责任。

(三) 开发商与包销商诉讼地位的确定问题

根据《最高人民法院关于审理商品房买卖合同纠纷案件适用法律若干问题的解释》第 22 条的规定,对于买受人因商品房买卖合同与出卖人发生的纠纷,人民法院应当通知包销人参加诉讼;出卖人、包销人和买受人对各自的权利义务有明确约定的,按照约定的内容确定各方的诉讼地位。

思考题:
1. 房地产中介服务的概念和房地产中介服务的主要特点?
2. 房地产代理的分类和房地产代理活动的特点?
3. 为什么说实行房地产价格评估制度,具有十分重要的意义?
4. 案例分析:甲公司诉王某居间合同纠纷案

案情
原告:甲物业顾问有限公司,从事房地产居间业务(以下简称"甲公司")
被告:王某

2008 年下半年,某处房屋的原产权人李某到多家房屋中介公司挂牌销售其房屋。2008 年 10 月 22 日,乙房地产经纪公司带王某看了该房屋;11 月 23 日,丙房地产顾问有限公司(以下简称"丙公司")带王某之妻看了该房屋;11 月 27 日,甲公司带王某看了该房屋,并于同日与王某签订了《房地产求购确认书》。该《确认书》第 2.4 条约定,王某在验看过该房地产后 6 个月内,王某或其委托人、代理人、代表人、承办人等与王某有关联的人,利用甲公司提供的信息、机会等条件但未通过甲公司而与第三方达成买卖交易的,王某应按照与出卖方就该房地产买卖达成的实际成交价的 1%,向甲公司支付违约金。当时甲公司对房屋报价 165 万元,甲公司在提供了这一次的看房服务之后,未就房屋买卖事宜与王某进行任何联系。丙公司报价 145 万元,并积极与卖方协商价格。11 月 30 日,在丙公司的居间下,王某与卖方李某签订了房屋买卖合同,成交价 138 万元。后来买卖双方办理了过户手续,王某亦向丙公司支付佣金 1.38 万元。此时,甲公司诉称,王某利用甲公司提供的房屋销售信息,故意跳过中介,私自与卖方直接签订购房合同,违反了《房地产求购确认书》的约定,属于恶意"跳单"行为,请求法院判令王某按约支付甲公司违约金。

问:甲公司的诉求能否应得到支持?

第八章　建筑物区分所有权与物业管理

学习目标:本章阐述建筑物区分所有权与物业管理法律制度。建筑物区分所有权是物业管理的权利基础。物业管理在整个房地产经营管理中占据重要地位,其作用正在日益显现。通过本章的学习,掌握建筑物区分所有权的概念和特征,专有部分所有权和共有部分共有权的内容和特征,物业管理的概念、法律属性,业主、业主大会与业主委员会、前期物业管理、物业服务企业和物业服务合同的有关内容;理解物业的使用和维护中的主要法律问题。

第一节　建筑物区分所有权

一、建筑物区分所有权的概念

建筑物区分所有权,《物权法》称之为业主的建筑物区分所有权,是指业主对建筑物内的住宅、经营性用房等专有部分享有所有权,对共有部分享有共有权和共同管理权的复合所有权(《物权法》第70条)。所谓建筑物,包括住宅和经营性用房;所谓区分,包括纵的区分,如分幢,也包括横的区分,如分层,更多是纵切和横切的混合。所谓业主,即建筑物区分所有权人,按照《物业管理条例》第6条第1款的规定,是指房屋所有权人,即专有部分的所有权人,不包括房屋承租人、占有人等。

建筑物区分所有权将建筑物的特定部分作为所有权的标的,严格而言,与物权客体须为独立物,以及一物一权的原则并不符合。但是依社会观念,一建筑物区分为若干部分,各成为所有权客体,应为常有之事。

二、建筑物区分所有权的特征

(一) 权利构成的复合型

建筑物区分所有权由专有权、共有权和共同管理权组成,表现出复合型。而一般的所有权仅仅是权利人对于所有物占有、使用、收益和处分的单一权利,没有共有权和共同管理权。

(二) 权利客体的特定性与观念性

建筑物区分所有权的客体,包括专有部分,也包括共有部分。其中,专有部分具有特定性,而共有部分相对于全体业主而言是特定的,但是,是以价值额的形式表现出来的,换言之,共有部分作为特定建筑物区分所有权的客体,在许多场合只具有观念性。例如,对于屋顶、电梯、绿地等共有部分,某个特定的业主无权声称对其特定部分享有专有权。

（三）权利存续与处分的整体性

建筑物区分所有权的三要素原则上结为一体，在转让、抵押、继承等场合，应将它们视为一体，不宜保留其一或其二而转让、抵押。因此，建筑物区分所有权具有整体性。不过某些共有部分可以单独转让的，如作为共有部分的停车位、停车库、会所等，只要不损害业主的权益，法律就没必要禁止。《物权法》第72条第2款明确规定："业主转让建筑物内的住宅、经营性用房，其对共有部分享有的共有和共同管理的权利一并转让。"

（四）属人性强

建筑物区分所有权关系并非单纯的财产关系，其中管理关系占相当的比重，共同管理权占据突出的位置，这是一般所有权不具备的。

三、建筑物区分所有权的内容

通说认为，建筑物区分所有权的内容，包括区分所有建筑物专有部分的单独所有权、共有部分的共有权，以及因区分所有权人的共同关系所生的管理权。管理权将在本章第二节物业管理概述中详细介绍，本节主要介绍专有部分所有权和共有部分的共有权。

（一）专有部分单独所有权

1. 专有部分的条件和边界的确定

依据最高人民法院2009年颁布的《关于审理建筑物区分所有权纠纷案件具体应用法律若干问题的解释》（以下简称《建筑物区分所有权司法解释》）第2条规定，需要具备以下条件，才可以作为建筑物区分所有权中专有权的客体：

（1）构造上的独立性，即被区分的部分在建筑物的构造上，可以加以区分并与建筑物的其他部分隔离。至于是否具有足够的独立性，应依一般的社会观念确定，例如被屏风隔成数个部分的住宅单元不具备构造上的独立性。

（2）须具有适用上的独立性，即被区分的各部分，可以为居住、工作或其他目的使用。其主要的界定标准，应该就其有无明确性、间隔性、通行直接性等因素加以判断。另外，专有部分有独立设备，不得存在共用设备，因为存在共用设备的空间若作为专有部分，必须委托专有部分的所有权人支配它们，势必有害于区分所有的建筑物的共有利益。

（3）能够登记成为业主所有权的客体。规划上专属于特定房屋，且建设单位销售时已经根据规划列入该特定房屋买卖合同中的露台等，应当为专有部分的组成部分。

就专有部分范围，在理论上有四种观点。（1）壁心说，专有部分的范围达到墙壁、柱、地板、天花板等境界部分厚度的中心。（2）空间说，认为专有部分的范围仅限于由墙壁、地板、天花板所围成的空间部分，而界限点上的分割部分，如墙壁、地板、天花板等则为全体或部分区分所有权人共有。（3）最后粉刷表层说，认为专有部分包括墙壁、柱等境界部分表层所粉刷的部分，但境界与其他境界的本体属于共有部分。（4）壁心和最后粉刷表层说，认为专有部分的范围应分为内部关系和外部关系而论。在区分所有权人相互间，尤其是有关建筑物的维持、管理关系上，专有部分仅包括至壁、柱、地板、天花板等境界部分表层所粉刷的部分；但在外部关系上，尤其是对第三人关系上，专有部分则包括至壁、柱、地板、天花板等境界部分厚度的中心线。第四种学说能澄清区分所有权人相互间关系及其与第三人间的关系,符合社会的现实情形与未来的发展需求。

2. 专有部分的使用

虽然业主对专有部分有单独所有权,但法律对业主专有部分的使用有一定限制。《物权法》第71条规定:"业主对其建筑物专有部分享有占有、使用、收益和处分的权利。业主行使权利不得危及建筑物的安全,不得损害其他业主的合法权益。"第77条规定:"业主不得违反法律、法规以及管理规约,将住宅改变为经营用房。业主将住宅改变为经营性用房的,除遵守法律、法规以及管理规约外,应当经有利害关系的业主同意。"有利害关系的业主依据《建筑物区分所有权司法解释》第11条,指建筑区划内本栋建筑物之内的其他业主,本栋建筑物之外的业主,主张与自己有利害关系的,应证明其房屋价值、生活质量受到或可能受到不利影响。《建筑物区分所有权司法解释》第10条规定:"业主将住宅改变为经营性用房,未按照物权法第77条的规定经有利害关系的业主同意,有利害关系的业主请求排除妨害、消除危险、恢复原状或者赔偿损失的,人民法院应予支持。将住宅改变为经营性用房的业主以多数有利害关系的业主同意其行为进行抗辩的,人民法院不予支持。"

专有部分的承租人、借用人等物业使用人,根据法律、法规、管理规约、业主大会或者业主委员会依法做出的决定,以及其与业主的约定,享有相应权利,承担相应义务。

(二) 共有部分的共有权

1. 共有部分的共有权的概念和特征

共有权,即区分建筑物的共有部分的所有权,是指业主依照法律的规定或管理规约及业主大会的决定,对建筑物内住房或经营性用房的专有部分以外的部分享有的占有、使用、收益和处分的权利(《物权法》第72条第1款)。

这种共有权与一般共有权存在如下差异:(1) 权利人的身份具有复合性。他同时是共有权人、专有权人和建筑物区分所有权人管理团队一员,而一般的共有权人的身份是单一的。(2) 此类共有权的客体非常广泛,不仅包括法定共有部分,还包括约定共有部分,而一般共有权客体仅限于一项财产。(3) 这种共有权的变动取决于专有权的变动,而一般共有权的变动没有主从关系。一般共有权转让时,其他共有权人有优先购买权,但此种共有权随着专有权的转让而转让时,其他共有权人没有优先购买权。(4) 这种共有权的行使要遵循法律和管理规约,常常采用共有持分(业主对共有部分的潜在的应有份额)的方式。

2. 共有部分构成

共有部分包括三种情形,一是专有部分以外的部分,如建筑物的梁柱、承重墙、地板等构造,以及外墙、电梯、走廊等;二是不属于专有部分的建筑物附属物,如供应建筑物的自来水、电力、天然气、管线设备等与建筑物在效用上不可分或与业主生活不可或缺的部分;三是不属于专有部分的建筑物的从物,如独立的锅炉房、会所、游泳池、贮水池等,依约定成为共有部分。

共有部分可以是同一建筑物的共有部分,例如,同一单元居民对本单元楼梯的共有;也可以是同一建筑区划的共有部分,例如,建筑区划内居民对建筑区划内规划绿地的共有。

3. 共有权分类

共有部分依据不同标准可以分为以下几类:

(1) 法定共有与约定共有

依据法律规定,业主共同拥有建筑物的某些部分乃至整栋建筑物、建设用地使用权,此类共有部分不得作为专有部分使用,也不得由业主约定为专有部分,属于法定共有部分,如走廊、电梯等。除《物权法》第73条规定的法定共有,《建筑物区分所有权司法解释》第3条规定:"除法律、行政法规规定的共有部分外,建筑区划内的以下部分,也应当认定为物权法第六章所称的共有部分:(一) 建筑物的基础、承重结构、外墙、屋顶等基本结构部分,通道、楼梯、大堂等公共通行部分,消防、公共照明等附属设施、设备,避难层、设备层或者设备间等结构部分;(二) 其他不属于业主专有部分,也不属于市政公用部分或者其他权利人所有的场所及设施等。建筑区划内的土地,依法由业主共同享有建设用地使用权,但属于业主专有的整栋建筑物的规划占地或者城镇公共道路、绿地占地除外。"与此有别,业主和开发商就建筑区划内的停车位、停车库、地下室等,约定属于业主共有的场合,此类停车位等为约定共用部分。

不过,建筑物的专有部分可以被约定为供业主共同使用,约定共有部分因此类约定而产生。此处约定,是指按照管理规约或业主大会的决议。因此,这种约定共有又称为规约共有部分。

(2) 全体业主共有部分与部分业主共有

建筑物或其特定部分、绿地、建设用地使用权等属于建筑区划内的全体业主共有,这些共有部分为全体共有。锅炉房、建设用地使用权、绿地等一般都属于全体共有。而某层的配电室、保洁工具存放室、走廊灯,仅仅供一部分业主使用,一般定为部分业主共有部分。究竟为全体业主共有还是部分业主共有,应当依据实际使用和所有情况加以确定。有疑义时,宜解释为全体业主共有。

4. 共有部分使用

共有部分需要共有人合理使用。业主基于对专有部分特定使用功能的合理需要,无偿利用屋顶以及其专有部分相对应的外墙面等共有部分的,不应认定为侵权,但违反法律、法规、管理规约,损害他人合法权益的除外。

依据《物权法》第72条的规定,业主对建筑物专有部分以外的共有部分,享有权利,承担义务;不得以放弃权利不履行义务。业主转让建筑物内的住宅、经营性用房,其对共有部分享有的共有和共同管理的权利一并转让。业主依据法律规范、合同以及管理规约,对共有部分享有使用、收益、处分权,并按照其共有部分的价值,分担共有部分修缮费及其他负担。在没有特别规定或当事人约定的情况下,部分共有人共有部分所需费用由该部分的共有权人负担,产生的收益由该部分业主分享;而全体共有部分所需费用则由所有共有人分担,产生收益由全体共有权人分享。

依据《建筑物区分所有权司法解释》第14条的规定,建设单位或者其他行为人擅自占用、处分业主共有部分、改变其使用功能或者进行经营性活动,权利人请求排除妨害、恢复原状、确认处分行为无效或者赔偿损失的,人民法院应予支持。属于上述擅自进行经营性活动的情形,权利人请求行为人将扣除合理成本之后的收益用于补充专项维修资金或者业主共同决定的其他用途的,人民法院应予支持。行为人对成本的支出及其合理性承担举证责任。

第二节 物业管理概述

一、物业和物业管理的概念

(一) 物业的基本含义

物业特指正在使用中和已经可以投入使用的各类建筑物及附属设备、配套设施、相关场地等组成的单宗房地产实体以及依托于该实体上的权益。这一概念包含以下几层意思:(1)物业是已经投入使用的和已经可以投入使用的单宗房地产实体以及依托于该实体上的权益。尚未竣工验收的,即正在建设尚未竣工投入使用的项目属于在建工程,不是物业。(2)物业是由各类建筑物及附属设备、配套设施、相关场地等组成的可以独立存在或独立享有的单宗房地产。(3)物业不仅指房地产实体,还包括依托于该实体上的权益,如相邻关系的利益、地役权利益等等。

(二) 物业管理的基本含义

依据《物权法》第81条的规定,业主可以自行管理建筑物及其附属设施,也可以委托物业服务企业或者其他管理人管理。《物业管理条例》不对业主自行管理建筑物及其附属设施进行调整。

依《物业管理条例》第2条,所谓的物业管理,是指业主通过选聘物业服务企业,由业主和物业服务企业按照物业服务合同约定,对房屋及配套的设施设备和相关场地进行维修、养护、管理,维护物业管理区域内的环境卫生和相关秩序的活动。

这一概念包含以下几层含义:(1)从物业角度,管理主要是维修、保养、修缮的意思。(2)从社区环境角度,管理主要是保安、清洁、绿化养护意思。(3)从物业的利用秩序角度,管理主要表现为阻止物业使用人对自用部分进行危害整体利益的使用行为和阻止业主对共用部分进行妨害他人利用的行为。其中(1)和(2)基本上是对物的管理,实际上是一种服务行为,(3)是针对人的管理,其目的在于约束物业使用人的行为,建立物业利用秩序。

(三) 物业管理的法律性质

依据《物权法》第82条,物业服务企业或者其他管理人根据业主的委托管理建筑区划内的建筑物及其附属设施,并接受业主的监督。物业管理的内容主要是服务,而不是管理,不同于房地产的行政管理,虽然也称为"管理",实质上并非行政意义上的管理与被管理关系,而是在物业管理服务企业与业主之间形成的平等的、服务性质的法律关系。物业管理关系基于物业服务合同产生,是通过营利性的企业——专业化的物业管理服务公司来实施的。物业管理服务公司实行的管理、提供的服务是有偿的。

二、物业管理与业主的建筑物区分所有权、业主自治的关系

(一) 物业管理与业主的建筑物区分所有权

现代物业管理的产生与建筑物区分所有权密切相关。具体地说:(1) 在建筑物区分所有的安排下,业主不仅独立享有专有空间,而且还存在共有或共用部分。各个业主的专有共有部分相互结合成为一个整体。客观上要求业主们共同对区分所有的物业进行共同的管理。(2) 区分共有的物业一般为少则数人,多则几十人、几百人对众多区分所有建筑物的管理,需要通过一种机制来协调彼此的权利义务,从而实现对物业小区的共治。这种机制即我们后面要讨论的业主自治。

(二) 物业管理与业主自治

物业管理的本质是业主自治,它不同于单个业主的自治,而是多个乃至上百个业主所形成的团体组织的自治机制。具体来说:(1) 对区分所有的物业的管理,不是个人自治,而是业主共同自治,是按全体或法定多数的业主的共识形成的团体组织决议,进行的业主团体自治,全体业主形成的共同意志及其反映的共同利益,是团体自治的核心,是业主自治管理的根本基础。(2) 由于自然的和法律的联结使物业的购买人形成法律上的团体,取得了住宅区物业管理的主体资格,业主团体有权按团体意志对自己的物业实施自治管理。换言之,这种业主自治是通过一定的组织机构实现的。(3) 物业服务企业的受托管理是业主团体自治管理的延伸。建立在业主团体自治基础上的物业管理,必然遵循社会大分工的原则,要求专业化、社会化的物业服务企业的辅助,通过业主自治团体选聘物业服务企业,建立委托法律关系来实现双方对物业管理的分工、合作。

第三节 业主、业主大会与业主委员会

一、业主

(一) 业主概念

《建筑物区分所有权司法解释》第1条规定:"依法登记取得或者根据物权法第二章第三节规定取得建筑物专有部分所有权的人,应当认定为物权法第六章所称的业主。基于与建设单位之间的商品房买卖民事法律行为,已经合法占有建筑物专有部分,但尚未依法办理所有权登记的人,可以认定为物权法第六章所称的业主。"可见,业主是指房屋的所有权人。业主既是物业自治管理的主体,又是物业委托管理服务的对象,成为被管理者。

(二) 业主在物业管理中的权利和义务

1. 权利

依据《物权法》第 76 条和《物业管理条例》第 6 条的规定,业主在物业管理活动中,享有下列权利:(1) 按照物业服务合同的约定,接受物业服务企业提供的服务;(2) 提议召开业主大会会议,并就物业管理的有关事项提出建议;(3) 提出制定和修改管理规约、业主大会议事规则的建议;(4) 参加业主大会会议,行使投票权;(5) 选举业主委员会委员,并享有被选举权;(6) 监督业主委员会的工作;(7) 监督物业服务企业履行物业服务合同;(8) 对物业共用部位、共用设施设备和相关场地使用情况享有知情权和监督权;(9) 监督物业共用部位、共用设施设备专项维修资金(以下简称专项维修资金)的管理和使用;(10) 法律、法规规定的其他权利。

2. 义务

依据《物业管理条例》第 7 条,业主在物业管理活动中,履行下列义务:(1) 遵守管理规约、业主大会议事规则;(2) 遵守物业管理区域内物业共用部位和共用设施设备的使用、公共秩序和环境卫生的维护等方面的规章制度;(3) 执行业主大会的决定和业主大会授权业主委员会作出的决定;(4) 按照国家有关规定缴纳专项维修资金;(5) 按时缴纳物业服务费用;(6) 法律、法规规定的其他义务。

二、业主大会

(一) 概念和性质

业主大会由全体业主组成,是管理建筑区划内建筑物及其附属设施的共有部分和共同事务的自治组织,代表和维护物业管理区域内全体业主在物业管理活动中的合法权益。

对业主大会性质,可以从以下几个方面理解:

(1) 业主大会是自治组织

业主大会是全体业主作为长远的所有权人联合体,不是国家机关,也不是事业单位,更不是营利机构,所以不得被居民委员会所替代,也不等同于企业法人。

(2) 业主大会是独立的社会组织

业主大会在法国、新加坡等国法律上是独立法人,在德国等国法律上则不具有法人人格。我国《物权法》及《物业管理条例》未赋予业主大会法人人格。但这不妨碍它作为独立社会组织,而不仅是业主间的松散联合。业主大会有章程和执行机关,可以以自己名义享有权利承担义务。在对外关系上,它可以以自己名义与物业服务企业签订服务合同,也可以授权业主委员会从事这些行为。

有观点认为《物权法》承认了业主大会为民事主体,但是未承认其有独立的诉讼主体资格,因为业主大会的目的在于便于管理业主的共同事务和共有财产,而非从事经营性活动,业主大会没有独立财产,无法独立承担民事责任。但从便于实践中纠纷解决的角度看,应当赋予业主大会诉讼地位,业主大会可作为独立民事主体及诉讼主体的道理,如同合伙企业、农村承包经营户虽然无独立财产但仍然为独立民事主体和诉讼主体一样。

(二) 业主大会的成立

1. 业主大会成立的原则

《物业管理条例》第 8 条规定:"物业管理区域内全体业主组成业主大会。业主大会应当代表和维护物业管理区域内全体业主在物业管理活动中的合法权益。"第 9 条规定:"一个物业管理区域成立一个业主大会。物业管理区域的划分应当考虑物业的共用设施设备、建筑物规模、社区建设等因素。具体办法由省、自治区、直辖市制定。"

2. 业主大会成立的行政指导

依据《物业管理条例》第 10 条的规定,同一个物业管理区域内的业主,应当在物业所在地的区、县人民政府房地产行政主管部门或者街道办事处、乡镇人民政府的指导下成立业主大会,并选举产生业主委员会。但是,只有一个业主的,或者业主人数较少且经全体业主一致同意,决定不成立业主大会的,由业主共同履行业主大会、业主委员会职责。

(三) 业主大会的职责

依据《物业管理条例》第 11 条,下列事项由业主共同决定:(1) 制定和修改业主大会议事规则;(2) 制定和修改管理规约;(3) 选举业主委员会或者更换业主委员会成员;(4) 选聘和解聘物业服务企业;(5) 筹集和使用专项维修资金;(6) 改建、重建建筑物及其附属设施;(7) 有关共有和共同管理权利的其他重大事项。

(四) 业主大会会议

1. 业主大会会议的有效性

业主大会会议可以采用集体讨论的形式,也可以采用书面征求意见的形式;但是,应当有物业管理区域内专有部分占建筑物总面积过半数的业主且占总人数过半数的业主参加。业主可以委托代理人参加业主大会会议(《物业管理条例》第 12 条)。

2. 业主大会决定的有效通过

依据《物业管理条例》第 11、12 条,业主大会作出以下决定,应当经专有部分占建筑物总面积 2/3 以上的业主并且占总人数 2/3 以上的业主同意:(1) 筹集和使用专项维修资金;(2) 改建、重建建筑物及其附属设施。业主大会作出以下决定,应当经专有部分占建筑物总面积过半数的业主且占总人数过半数的业主同意:(1) 制定和修改业主大会议事规则;(2) 制定和修改管理规约;(3) 选举业主委员会或者更换业主委员会成员;(4) 选聘和解聘物业服务企业;(5) 有关共有和共同管理权利的其他重大事项。业主大会或者业主委员会的决定,对业主具有约束力。业主大会或者业主委员会作出的决定侵害业主合法权益的,受侵害的业主可以请求人民法院予以撤销。

3. 业主大会会议形式

业主大会会议分为定期会议和临时会议。业主大会定期会议应当按照业主大会议事规则的规定召开。经 20% 以上的业主提议,业主委员会应当组织召开业主大会临时会议(《物业管理条例》第 13 条)。

4. 业主大会会议召开前的告知义务

召开业主大会会议,应当于会议召开 15 日以前通知全体业主。住宅小区的业主大会会议,应当同时告知相关的居民委员会。业主委员会应当做好业主大会会议记录(《物业管理条例》第 14 条)。

三、业主委员会

(一) 业主委员会概念

业主委员是业主大会执行机构,是经业主大会选举产生并经房地产行政主管部门或者街道办事处、乡镇人民政府备案,在物业管理活动中代表和维护全体业主合法权益的组织。业主委员会由业主选举组成,统一领导自治权限范围的物业管理各项工作,对业主大会负责并报告工作,不享有自治管理规范订立权。

业主委员会应当自选举产生之日起 30 日内,向物业所在地的区、县人民政府房地产行政主管部门和街道办事处、乡镇人民政府备案。业主委员会委员应由热心公益事业、责任心强、具有一定组织能力的业主担任。业主委员会主任、副主任在业主委员会委员中推选产生(《物业管理条例》第 16 条)。

(二) 业主委员会职责

依据《物业管理条例》第 15 条,业主委员会执行业主大会的决定事项,履行下列职责:(1) 召集业主大会会议,报告物业管理的实施情况;(2) 代表业主与业主大会选聘的物业服务企业签订物业服务合同;(3) 及时了解业主、物业使用人意见和建议,监督和协助物业服务企业履行物业服务合同;(4) 监督管理规约的实施;(5) 业主大会赋予的其他职责。

四、管理规约和业主大会议事规则

(一) 管理规约

所谓管理规约,是指业主大会依照法定程序通过的对业主具有约束力的关于共同事务及共有财产管理的具体规则。它是全体业主之间的共同行为,是业主自我管理、自我约束、自我规范的规则约定。管理规约关系重大,需要全体业主共同制定和修改(《物权法》第 76 条)。

管理规约应当对有关物业的使用、维护、管理,业主的共同利益,业主应当履行的义务,违反管理规约应当承担的责任等事项依法作出约定。管理规约应当尊重社会公德,不得违反法律、法规或者损害社会公共利益(《物业管理条例》第 17 条)。

(二) 业主大会议事规则

业主大会议事规则应当就业主大会的议事方式、表决程序、业主委员会的组成和成员任期等事项作出约定(《物业管理条例》第 18 条)。

五、政府对业主大会、业主委员会的指导和监督

业主大会、业主委员会应当依法履行职责,不得作出与物业管理无关的决定,不得从

事与物业管理无关的活动。业主大会、业主委员会作出的决定违反法律、法规的,物业所在地的区、县人民政府房地产行政主管部门或者街道办事处、乡镇人民政府,应当责令限期改正或者撤销其决定,并通告全体业主(《物业管理条例》第 19 条)。业主大会、业主委员会应当配合公安机关,与居民委员会相互协作,共同做好维护物业管理区域的社会治安等相关工作。在物业管理区域内,业主大会、业主委员会应当积极配合相关居民委员会依法履行自治管理职责,支持居民委员会开展工作,并接受其指导和监督。住宅小区的业主大会、业主委员会作出的决定,应当告知相关的居民委员会,并认真听取居民委员会的建议(《物业管理条例》第 20 条)。

第四节　物业服务企业

一、物业服务企业的概念

物业服务企业是指依法设立接受委托从事物业管理服务的企业法人。从事物业管理活动的企业应具有独立的法人资格,以自己名义独立从事管理服务业务。

物业服务企业在工商登记机关注册领取营业执照后,应及时向所在地的物业行政主管部门备案。物业服务企业设立时一般不需要经过物业行政主管部门的审批。

二、物业服务企业的法律地位

(一) 物业服务企业的管理权来源于物业服务合同授予的权限

业主团体是物业管理的权利主体,业主委员会根据业主大会的决定,来选聘物业服务企业,提供一定质量水平的管理服务。不过业主委员会不能直接替业主大会选聘物业企业,只能是代为签合同。

(二) 物业服务企业与业主大会或业主在法律地位上是平等的

他们之间是受托人和委托人、服务者和被服务者关系,物业服务企业提供的服务水平质量、收费标准,除依法限制外,基本上是一种商业交易的合同关系,两者之间不存在领导与被领导、管理与被管理的关系。

(三) 物业服务企业与业主大会、业主委员会必须依法依约建立合作关系

物业服务企业要和业主委员会进行协调配合,处理好物业服务企业、业主与业主委员会三者的关系。

三、物业服务企业的资质管理制度

(一) 概述

《物业管理条例》第 32 条第 2 款规定:"国家对从事物业管理活动的企业实行资质管理制度。具体办法由国务院建设行政主管部门制定。"住房和城乡建设部 2007 年修订通过的《物业服务企业资质管理办法》(以下简称《资质管理办法》,是现行有效的对物业服

务企业实施资质管理的主要依据。

《资质管理办法》第 3 条把物业服务企业资质等级分为一、二、三级。新设立的物业服务企业,其资质等级按照最低等级核定,并设一年的暂定期(《资质管理办法》第 7 条)。

未经主管部门进行资质等级评定并取得资质证书的物业服务企业不得从事物业管理业务,获得资质证书的物业服务企业只能在其资质等级相应的范围内从事物业管理业务。依据《资质管理办法》第 8 条,一级资质物业服务企业可以承接各种物业管理项目;二级资质物业服务企业可以承接 30 万平方米以下的住宅项目和 8 万平方米以下的非住宅项目的物业管理业务;三级资质物业服务企业可以承接 20 万平方米以下住宅项目和 5 万平方米以下的非住宅项目的物业管理业务。

违反相关规定,未取得资质证书从事物业管理的,由县级以上地方人民政府房地产行政主管部门没收违法所得,并处 5 万元以上 20 万元以下的罚款;给业主造成损失的,依法承担赔偿责任(《物业管理条例》第 60 条第 1 款)。物业服务企业超越资质等级承接物业管理业务的,由县级以上地方人民政府房地产主管部门予以警告,责令限期改正,并处 1 万元以上 3 万元以下的罚款(《资质管理办法》第 19 条)。

根据《资质管理办法》第 4 条的规定,国务院建设主管部门负责一级物业服务企业资质证书的颁发和管理;省、自治区人民政府建设主管部门负责二级物业服务企业资质证书的颁发和管理,直辖市人民政府房地产主管部门负责二级和三级物业服务企业资质证书的颁发和管理,并接受国务院建设主管部门的指导和监督;设区的市的人民政府房地产主管部门负责三级物业服务企业资质证书的颁发和管理,并接受省、自治区人民政府建设主管部门的指导和监督。

(二) 取得资质等级的条件

根据《资质管理办法》第 5 条的规定,各资质等级物业服务企业的条件如下:(1) 注册资本数额。资质等级一级的注册资本为 500 万以上,二级 300 万以上,三级 50 万以上。(2) 专业人员(物业管理专业人员以及工程、管理、经济等相关专业类的专职管理和技术人员)数量。一级要求相关专业类的专职管理和技术人员不少于 30 人,其中具有中级以上职称的人员不少于 20 人,工程、财务等业务负责人具有相应专业中级以上职称;二级要求专职管理和技术人员不少于 20 人,其中具有中级以上职称的人员不少于 10 人,工程、财务等业务负责人具有相应专业中级以上职称;三级要求专职管理和技术人员不少于 10 人,其中具有中级以上职称的人员不少于 5 人,工程、财务等业务负责人具有相应专业中级以上职称。(3) 管理物业的类型和面积。其中一级、二级都要求管理二种以上类型的物业,并且达到一定的面积;三级则只要求有委托的物业管理项目。(4) 制度建设和经营管理业绩。各级资质的物业服务企业都要求建立并严格执行服务质量、服务收费等企业管理制度和标准,建立企业信用档案系统;其中一级资质还要求有优良的经营业绩,二级资质则要求有良好的经营管理业绩。

(三) 资质等级的申请和核定、资质证书的颁发

《资质管理办法》第 6 条要求新设立的物业服务企业自领取营业执照之日起 30 日内,

持下列文件向工商注册所在地直辖市、设区的市的人民政府房地产主管部门申请资质：（1）营业执照；（2）企业章程；（3）验资证明；（4）企业法定代表人的身份证明；（5）物业管理专业人员的职业资格证书和劳动合同，管理和技术人员的职称证书和劳动合同。

新设物业企业只能取得一年期的三级暂定资质。取得暂定资质的物业企业应该在暂定期满前，向主管部门申请核定正式资质等级。已经取得正式资质等级的物业管理企业在资质条件发生变化时也应该及时申请核定新的资质等级。

根据《资质管理办法》第9条的规定，申请核定资质等级的物业服务企业，应当提交下列材料：（1）企业资质等级申报表；（2）营业执照；（3）企业资质证书正、副本；（4）物业管理专业人员的职业资格证书和劳动合同，管理和技术人员的职称证书和劳动合同，工程、财务负责人的职称证书和劳动合同；（5）物业服务合同复印件；（6）物业管理业绩材料。

资质审批部门应当自受理企业申请之日起20个工作日内，对符合相应资质等级条件的企业核发资质证书；一级资质审批前，应当由省、自治区人民政府建设主管部门或者直辖市人民政府房地产主管部门审查，审查期限为20个工作日（《资质管理办法》第10条）。

资质证书分为正本和副本，由国务院建设主管部门统一印制，正、副本具有同等法律效力（《资质管理办法》第12条）。

物业服务企业申请核定资质等级，在申请之日前一年内有下列行为之一的，资质审批部门不予批准：（1）聘用未取得物业管理职业资格证书的人员从事物业管理活动的；（2）将一个物业管理区域内的全部物业管理业务一并委托给他人的；（3）挪用专项维修资金的；（4）擅自改变物业管理用房用途的；（5）擅自改变物业管理区域内按照规划建设的公共建筑和共用设施用途的；（6）擅自占用、挖掘物业管理区域内道路、场地，损害业主共同利益的；（7）擅自利用物业共用部位、共用设施设备进行经营的；（8）物业服务合同终止时，不按照规定移交物业管理用房和有关资料的；（9）与物业管理招标人或者其他物业管理投标人相互串通，以不正当手段谋取中标的；（10）不履行物业服务合同，业主投诉较多，经查证属实的；（11）超越资质等级承接物业管理业务的；（12）出租、出借、转让资质证书的；（13）发生重大责任事故的（《资质管理办法》第11条）。

（四）资质、资质证书的使用和管理

物业服务企业取得资质证书后，不得降低企业的资质条件，并应当接受资质审批部门的监督检查（《资质管理办法》第17条第1款）。资质证书是物业服务企业资质的证明文件。任何单位和个人不得伪造、涂改、出租、出借、转让资质证书（《资质管理办法》第13条第1款）。

《资质管理办法》对资质证书遗失后的补领，资质证书的变更、注销和撤销的情形都作了规定，具体地说：

（1）物业服务企业遗失资质证书，应当在新闻媒体上声明后，方可申请补领（第13条第2款）。

（2）物业服务企业发生分立、合并的,应当在向工商行政管理部门办理变更手续后30日内,到原资质审批部门申请办理资质证书注销手续,并重新核定资质等级(第14条)。

（3）物业服务企业的名称、法定代表人等事项发生变更的,应当在办理变更手续后30日内,到原资质审批部门办理资质证书变更手续(第15条)。物业服务企业不及时办理资质变更手续的,由县级以上地方人民政府房地产主管部门责令限期改正,可处2万元以下的罚款(第21条)。

（4）企业破产、歇业或者因其他原因终止业务活动的,应当在办理营业执照注销手续后15日内,到原资质审批部门办理资质证书注销手续(《资质管理办法》第16条)。

（5）依据《资质管理办法》第18条的规定,有下列情形之一的,资质审批部门或者其上级主管部门,根据利害关系人的请求或者根据职权可以撤销资质证书:第一,审批部门工作人员滥用职权、玩忽职守作出物业服务企业资质审批决定的;第二,超越法定职权作出物业服务企业资质审批决定的;第三,违反法定程序作出物业服务企业资质审批决定的;第四,对不具备申请资格或者不符合法定条件的物业服务企业颁发资质证书的;第五,依法可以撤销审批的其他情形。

根据《物业管理条例》,以欺骗手段取得资质证书或有其他严重违法行为的物业服务企业,除承担相应的法律责任外,还将被吊销资质证书。具体地说:

（1）以欺骗手段取得资质证书的,由颁发资质证书的部门吊销资质证书(第60条第2款)。

（2）物业服务企业将一个物业管理区域内的全部物业管理一并委托给他人,情节严重的,由颁发资质证书的部门吊销资质证书(第62条)。

（3）挪用专项维修资金,情节严重的,由颁发资质证书的部门吊销资质证书(第63条)。

第五节　物业管理服务

一、物业服务合同

（一）物业服务合同概述

1. 概念

物业服务合同指业主委员会代表业主大会,与业主大会选聘的物业管理企业,订立的关于提供物业管理服务的各方权利义务的书面协议。

2. 物业服务合同的主体

受托方只能是具有物业管理服务资质的法人组织,委托方必须为依法成立并备案的业主团体组织。

(二) 物业服务合同性质和特点

1. 法律性质

依据《物权法》第 81 条的规定,业主可以自行管理建筑物及其附属设施,也可以委托物业服务企业或者其他管理人管理。但是物业服务合同不是一般的委托合同,更不是代理合同、承揽合同。原因在于:(1) 物业服务企业实施的行为主要是事实行为而非法律行为。(2) 委托合同是委托人和受托人约定,由受托人处理委托人事务的合同。基于委托合同,可以产生受托人的对外代理委托人的关系,但如委托合同是针对一般事务的处理,并不产生代理关系。

2. 物业服务合同的特点

(1) 综合性的合同

委托事项不仅是某一项,而是多项的概括,包括承揽、保管、服务等多种性质的委托关系。

(2) 有偿、双务性质的合同

物业服务企业接受委托管理服务是要取得对价的,因而是有偿合同,业主(业主团体)的主要义务是支付物业服务费,物业服务企业的主要义务是管理服务义务。

(3) 物业服务合同的标的是行为

物业服务是对不动产及其附属设施的管理服务行为。

(三) 物业服务合同的分类

根据签订合同的主体不同分为:

1. 前期物业服务合同

指物业管理区域内的业主大会成立前由房地方开发商委托物业服务企业所签订的合同。

前期物业管理的服务合同一般期限不长。在业主委员会与业主大会选聘的物业服务企业签订的合同生效时终止,业主大会成立后,应由其决定物业管理区域内的物业管理事项。

2. 普通物业服务合同

即由业主大会或业主委员会代表物业区域内全体业主与物业服务企业所签订的物业服务合同。

(四) 物业服务合同的内容

物业服务合同应当对物业管理事项、服务质量、服务费用、双方的权利义务、专项维修资金的管理与使用、物业管理用房、合同期限、违约责任等内容进行约定(《物业管理条例》第 35 条)。

二、物业服务企业在物业管理服务中的义务和责任

(一) 不得改变物业管理用房的用途

物业管理用房的所有权依法属于业主。未经业主大会同意,物业服务企业不得改变

物业管理用房的用途(《物业管理条例》第38条)。

违反上述规定,未经业主大会同意,物业管理企业擅自改变物业管理用房的用途的,由县级以上地方人民政府房地产行政主管部门责令限期改正,给予警告,并处1万元以上10万元以下的罚款;有收益的,所得收益用于物业管理区域内物业共用部位、共用设施设备的维修、养护,剩余部分按照业主大会的决定使用(《物业管理条例》第65条)。

(二) 做好物业管理的交接、房屋资料移交和物业验收手续

依据《物业管理条例》第29、37、39条,物业服务企业的交接验收义务包括:

1. 物业服务企业承接物业时,应当与业主委员会办理物业验收手续。业主委员会应当向物业服务企业移交下列资料:(1) 竣工总平面图,单体建筑、结构、设备竣工图,配套设施、地下管网工程竣工图等竣工验收资料;(2) 设施设备的安装、使用和维护保养等技术资料;(3) 物业质量保修文件和物业使用说明文件;(4) 物业管理所必需的其他资料。

2. 物业服务合同终止时,物业服务企业应当将物业管理用房和上述资料交还给业主委员会。

3. 物业服务合同终止时,业主大会选聘了新的物业服务企业的,物业服务企业之间应当做好交接工作。

(三) 对物业事项中违法行为的制止

对物业管理区域内违反有关治安、环保、物业装饰装修和使用等方面法律、法规规定的行为,物业服务企业应当制止,并及时向有关行政管理部门报告。有关行政管理部门在接到物业服务企业的报告后,应当依法对违法行为予以制止或者依法处理(《物业管理条例》第46条)。

(四) 安全防范和安全职责

物业服务企业应当协助做好物业管理区域内的安全防范工作。发生安全事故时,物业服务企业在采取应急措施的同时,应当及时向有关行政管理部门报告,协助做好求助工作。

物业服务企业雇请保安人员的,应当遵守国家有关规定。保安人员在维护物业管理区域内的公共秩序时,应当履行职责,不得侵害公民的合法权益(《物业管理条例》第47条)。

(五) 法律责任

物业服务企业未能履行物业服务合同的约定,导致业主人身、财产安全受到损害的,应当依法承担相应的法律责任(《物业管理条例》第36条)。

三、业主和物业使用人在物业管理中的义务和责任

(一) 交纳物业服务费

业主应当根据物业服务合同的约定交纳物业服务费用。业主与物业使用人约定由物业使用人交纳物业服务费用的,从其约定,业主负连带交纳责任(《物业管理条例》第42条)。

违反物业服务合同约定,业主逾期不交纳物业服务费用的,业主委员会应当督促其限期交纳,逾期仍不交纳的,物业服务企业可以向人民法院起诉(《物业管理条例》第67条)。

(二) 装饰装修事先告知义务

业主需要装饰装修房屋的,应当事先告知物业服务企业。物业服务企业应当将房屋装饰装修中的禁止行为和注意事项告知业主(《物业管理条例》第53条)。

(三) 法律责任

物业使用人在物业管理活动中的权利义务由业主和物业使用人约定,但不得违反法律、法规和管理规约的有关规定。物业使用人违反法律法规及管理规约的规定,有关业主应当承担连带责任(《物业管理条例》第48条)。

四、物业管理服务的转委托

物业服务企业可以将物业管理区域内的专项服务业务委托给专业性服务企业,但不得将该区域内的全部物业管理一并委托给他人(《物业管理条例》第40条)。

违反有关规定,物业管理企业将一个物业管理区域内的全部物业管理一并委托给他人的,由县级以上地方人民政府房地产行政主管部门责令限期改正,处委托合同价款30%以上50%以下的罚款;情节严重的,由颁发资质证书的部门吊销资质证书。委托所得收益,用于物业管理区域内物业共用部位、共用设施设备的维修、养护,剩余部分按照业主大会的决定使用;给业主造成损失的,依法承担赔偿责任(《物业管理条例》第62条)。

五、物业服务收费

(一) 收费原则

物业服务收费应当遵循合理、公开以及费用与服务水平相适应的原则,区别不同物业的性质和特点,由业主和物业服务企业按照国务院价格主管部门会同国务院建设行政主管部门制定的物业服务收费办法,在物业服务合同中约定(《物业管理条例》第41条)。

(二) 收费对象

物业服务的一般收费对象是取得房屋所有权的业主;已竣工但尚未出售或者尚未交给物业买受人的物业,物业服务费用由建设单位交纳(《物业管理条例》第42条)。

(三) 服务报酬及公用事业费代收

物业服务企业可以根据业主的委托提供物业服务合同约定以外的服务项目,服务报酬的双方约定。物业管理区域内,供水、供电、供气、供热、通讯、有线电视等单位应当向最终用户收取有关费用。物业服务企业接受委托代收前款费用的,不得向业主收取手续费等额外费用(《物业管理条例》第45条)。

第六节 建设单位的前期物业管理义务

前期物业管理是指在物业管理区域内的业主大会成立之前由建设单位选聘的物业服务企业所实施的物业管理服务。依据《物业管理条例》第21条,在业主、业主大会选聘物业服务企业之前,建设单位选聘物业服务企业的,应当签订书面的前期物业服务合同。

前期物业管理是建设单位应负的义务。建设单位在前期物业管理中的法定义务有以下几个方面:

一、通过招投标方式选聘物业服务企业

(一) 招投标是法定的选聘方式

为了进一步提升物业管理行业的市场化程度,促进物业管理企业提高服务质量,改进内部管理,使广大业主真正获得满意服务,国家提倡建设单位按照房地产开发与物业管理相分离的原则,通过招投标的方式选聘具有相应资质的物业服务企业。住宅物业的建设单位,应当通过招投标的方式选聘具有相应资质的物业服务企业(《物业管理条例》第24条)。

物业管理招标投标的优胜劣汰法则有利于全面提高物业管理服务质量,有利于整个物业管理行业的健康发展。

(二) 经批准在特定情况下采用协议方式

投标人少于3个或者住宅规模较小的,经物业所在地的区、县人民政府房地产行政主管部门批准,可以采用协议方式选聘具有相应资质的物业服务企业(《物业管理条例》第24条)。

违反上述规定,住宅物业的建设单位未通过招投标的方式选聘物业服务企业或者未经批准,擅自采用协议方式选聘物业服务企业的,由县级以上地方人民政府房地产行政主管部门责令限期改正,给予警告,可以并处10万元以下的罚款(《物业管理条例》第57条)。

(三) 选聘应签订书面的前期物业服务合同

在业主、业主大会选聘物业服务企业之前,建设单位选聘物业服务企业的,应当签订书面的前期物业服务合同(《物业管理条例》第21条)。建设单位与物业买受人签订的买卖合同应当包含前期物业服务合同约定的内容(《物业管理条例》第25条)。

(四) 前期物业服务合同的期限

前期物业服务合同可以约定期限;但是,期限未满、业主委员会与物业服务企业签订的物业服务合同生效的,前期物业服务合同终止(《物业管理条例》第26条)。

物业的权利主体从建设单位转移到业主,管理服务合同主体也应转变为业主大会,业主大会有权决定区域内物业管理事项,也可更好地保障物业的正常使用。

二、制定临时管理规约

(一) 临时管理规约的内容和原则

建设单位应当在销售物业之前,制定临时管理规约,对有关物业的使用、维护、管理,业主的共同利益,业主应当履行的义务,违反临时管理规约应当承担的责任等事项依法作出约定。建设单位制定的临时管理规约,不得侵害物业买受人的合法权益(《物业管理条例》第22条)。

(二) 建设单位明示和说明义务

建设单位应当在物业销售前将临时管理规约向物业买受人明示,并予以说明。物业买受人在与建设单位签订物业买卖合同时,应当对遵守临时管理规约予以书面承诺(《物业管理条例》第23条)。

三、其他重要义务

(一) 物业共用部位,共用设施的权利保障和交接查验

业主依法享有的物业共用部位、共用设施设备的所有权或者使用权,建设单位不得擅自处分,物业服务企业承接物业时,应当对物业共用部位、共用设施设备进行查验(《物业管理条例》第27、28条)。违反上述规定,建设单位擅自处分属于业主的物业共用部位、共用设施设备的所有权或者使用权的,由县级以上地方人民政府房地产行政主管部门处5万元以上20万元以下的罚款;给业主造成损失的,依法承担赔偿责任(《物业管理条例》第58条)。

(二) 物业管理资料的移交

在办理物业承接验收手续时,建设单位应当向物业服务企业移交下列资料:(1) 竣工总平面图,单体建筑、结构、设备竣工图,配套设施、地下管网工程竣工图等竣工验收资料;(2) 设施设备的安装、使用和维护保养等技术资料;(3) 物业质量保修文件和物业使用说明文件;(4) 物业管理所必需的其他资料。物业服务企业应当在前期物业服务合同终止时将上述资料移交给业主委员会(《物业管理条例》第58条)。

违反上述规定,不移交有关资料的,由县级以上地方人民政府房地产行政主管部门责令限期改正;逾期仍不移交有关资料的,对建设单位、物业服务企业予以通报,处1万元以上10万元以下的罚款(《物业管理条例》第59条)。

(三) 物业管理用房的配置

建设单位应当按照规定在物业管理区域内配置必要的物业管理用房(《物业管理条例》第30条)。违反上述规定,建设单位在物业管理区域内不按照规定配置必要的物业管理用房的,由县级以上地方人民政府房地产行政主管部门责令限期改正,给予警告,没收违法所得,并处10万元以上50万元以下的罚款(《物业管理条例》第64条)。

(四) 承担物业的保修责任

建设单位应当按照国家规定的保修期限和保修范围,承担物业的保修责任。

第七节　物业的使用和维护中的主要法律问题

一、物业管理区内公共建筑和共用设施的用途改变及利用经营

（一）用途改变

物业管理区域内按照规划建设的公共建筑和共用设施，不得改变用途。业主依法确需变更公共建筑和设施用途的，应当在依法办理有关手续后告知物业服务企业；物业服务企业确需改变公共建筑和共用设施用途的，应当提请业主大会讨论决定同意后，由业主依法办理有关手续(《物业管理条例》第50条)。

（二）利用经营

利用物业共用部位、共用设施设备进行经营的，应当在征得相关业主、业主大会、物业服务企业的同意后，按照规定办理有关手续。业主所得收益应当主要用于补充专项维修资金，也可以按照业主大会的决定使用(《物业管理条例》第55条)。

二、物业管理区内道路、场地的占用、挖掘和管线、设备维修养护

（一）道路、场地的占用、挖掘

业主、物业服务企业不得擅自占用、挖掘物业管理区域内的道路、场地，损害业主的共同利益。因维修物业或者公共利益，业主确需临时占用、挖掘道路、场地的，应当征得业主委员会和物业服务企业的同意；物业服务企业确需临时占用、挖掘道路、场地，应当征得业主委员会的同意。业主、物业服务企业应当将临时占用、挖掘的道路、场地，在约定期限内恢复原状(《物业管理条例》第51条)。

（二）有关管线、设施设备的维修、养护

供水、供电、供气、供热、通讯、有线电视等单位，应当依法承担物业管理区域内相关管线和设施设备维修、养护的责任。上述规定的单位因维修、养护等需要，临时占用、挖掘道路、场地的，应当及时恢复原状(《物业管理条例》第52条)。

（三）违反上述行为的处罚

违反上述规定，有下列行为之一的，由县级以上地方人民政府房地产行政主管部门责令限期改正，给予警告，并按照规定处以罚款；所得收益，用于物业管理区域内物业共用部位、共用设施设备的维修、养护，剩余部分按照业主大会的决定使用：(1) 擅自改变物业管理区域内按照规划建设的公共建筑和共用设施用途的；(2) 擅自占用、挖掘物业管理区域内道路、场地，损害业主共同利益的；(3) 擅自利用物业共用部位、共用设施设备进行经营的。个人有上述行为之一的，处1000元以上1万元以下的罚款；单位有前款规定行为之一的，处5万元以上20万元以下的罚款(《物业管理条例》第62条)。

三、住宅专项维修资金

1998年《国务院关于进一步深化城镇住房制度改革加快住房建设的通知》(国发

[1998] 23 号)明确提出建立住房维修基金制度,维修基金专项用于住房公共部位、共用设施设别的大修、中修及更新改造。为了加强对住宅专项维修基金的管理,保障住宅共用部位、共用设施设备的维修和正常使用,维护住宅专项维修资金所有者的合法权益,根据《物权法》、《物业管理条例》等法律、行政法规,2007年12月4日,原建设部、财政部联合签署《住宅专项维修资金管理办法》(以下简称《专项资金管理办法》),自2008年2月1日起施行。

(一)专项维修资金的概念

住宅专项维修资金,是指专项用于住宅共用部位、共用设施设备保修期满后的维修和更新、改造的资金。住宅共用部位,是指根据法律、法规和房屋买卖合同,由单幢住宅内业主或者单幢住宅内业主及与之结构相连的非住宅业主共有的部位,一般包括:住宅的基础、承重墙体、柱、梁、楼板、屋顶以及户外的墙面、门厅、楼梯间、走廊通道等。共用设施设备,是指根据法律、法规和房屋买卖合同,由住宅业主或者住宅业主及有关非住宅业主共有的附属设施设备,一般包括电梯、天线、照明、消防设施、绿地、道路、路灯、沟渠、池、井、非经营性车场车库、公益性文体设施和共用设施设备使用的房屋等(《专项资金管理办法》第3条)。

(二)专项维修资金的交纳

依据《物业管理条例》第54条,住宅物业、住宅小区内的非住宅物业或者与单幢住宅楼结构相连的非住宅物业的业主,应当按照国家有关规定交纳专项维修资金。

应当交存住宅专项维修资金的范围包括:住宅,但一个业主所有且与其他物业不具有共用部位、共用设施设备的除外;住宅小区内的非住宅或者住宅小区外与单幢住宅结构相连的非住宅。物业属于出售公有住房的,售房单位应当按照本办法的规定交存住宅专项维修资金(《专项资金管理办法》第6条)。

(三)专项维修资金的使用

专项维修资金属业主所有,专项用于物业保修期满后物业共用部位、共用设施设备的维修和更新、改造,不得挪作他用(《物业管理条例》第54条)。住宅共用部位、共用设施设备的维修和更新、改造费用,按照下列规定分摊:(1)商品住宅之间或者商品住宅与非住宅之间共用部位、共用设施设备的维修和更新、改造费用,由相关业主按照各自拥有物业建筑面积的比例分摊。(2)售后公有住房之间共用部位、共用设施设备的维修和更新、改造费用,由相关业主和公有住房售房单位按照所交存住宅专项维修资金的比例分摊;其中,应由业主承担的,再由相关业主按照各自拥有物业建筑面积的比例分摊。(3)售后公有住房与商品住宅或者非住宅之间共用部位、共用设施设备的维修和更新、改造费用,先按照建筑面积比例分摊到各相关物业。其中,售后公有住房应分摊的费用,再由相关业主和公有住房售房单位按照所交存住宅专项维修资金的比例分摊。住宅共用部位、共用设施设备维修和更新、改造,涉及尚未售出的商品住宅、非住宅或者公有住房的,开发建设单位或者公有住房单位应当按照尚未售出商品住宅或者公有住房的建筑面积,分摊维修和更新、改造费用。(《专项资金管理办法》第20、21条)。

依据《专项资金管理办法》第 25 条,下列费用不得从住宅专项维修资金中列支:(1)依法应当由建设单位或者施工单位承担的住宅共用部位、共用设施设备维修、更新和改造费用;(2)依法应当由相关单位承担的供水、供电、供气、供热、通讯、有线电视等管线和设施设备的维修、养护费用;(3)应当由当事人承担的因人为损坏住宅共用部位、共用设施设备所需的修复费用;(4)根据物业服务合同约定,应当由物业服务企业承担的住宅共用部位、共用设施设备的维修和养护费用。

对于专项资金的投资,依据《专项资金管理办法》第 26 条,在保证住宅专项维修资金正常使用的前提下,可以按照国家有关规定将住宅专项维修资金用于购买国债。利用住宅专项维修资金购买国债,应当在银行间债券市场或者商业银行柜台市场购买一级市场新发行的国债,并持有到期。利用业主交存的住宅专项维修资金购买国债的,应当经业主大会同意;未成立业主大会的,应当经专有部分占建筑物总面积 2/3 以上的业主且占总人数 2/3 以上业主同意。利用从公有住房售房款中提取的住宅专项维修资金购买国债的,应当根据售房单位的财政隶属关系,报经同级财政部门同意。禁止利用住宅专项维修资金从事国债回购、委托理财业务或者将购买的国债用于质押、抵押等担保行为。

(四)住宅专项维修资金的管理

业主大会成立前,已售公有住房住宅专项维修资金,由物业所在地直辖市、市、县人民政府财政部门或者建设(房地产)主管部门负责管理。负责管理公有住房住宅专项维修资金的部门应当委托所在地一家商业银行,作为本行政区域内公有住房住宅专项维修资金的专户管理银行,并在专户管理银行开立公有住房住宅专项维修资金专户。开立公有住房住宅专项维修资金专户,应当按照售房单位设账,按幢设分账;其中,业主交存的住宅专项维修资金,按房屋户门号设分户账(《专项资金管理办法》第 10 条)。

依据《专项资金管理办法》第 15 条,业主大会成立后,业主大会应当委托所在地一家商业银行作为本物业管理区域内住宅专项维修资金的专户管理银行,并在专户管理银行开立住宅专项维修资金专户。开立住宅专项维修资金专户,应当以物业管理区域为单位设账,按房屋户门号设分户账;业主委员会应当通知所在地直辖市、市、县人民政府建设(房地产)主管部门,涉及已售公有住房的,应当通知负责管理公有住房住宅专项维修资金的部门;直辖市、市、县人民政府建设(房地产)主管部门或者负责管理公有住房住宅专项维修资金的部门应当在收到通知之日起 30 日内,通知专户管理银行将该物业管理区域内业主交存的住宅专项维修资金账面余额划转至业主大会开立的住宅专项维修资金账户,并将有关账目等移交业主委员会。

住宅专项维修资金划转后的账目管理单位,由业主大会决定。业主大会应当建立住宅专项维修资金管理制度。业主大会开立的住宅专项维修资金账户,应当接受所在地直辖市、市、县人民政府建设(房地产)主管部门的监督(《专项维修资金管理办法》第 16 条)。

(五)法律责任

挪用专项维修资金的,由县级以上地方人民政府房地产行政主管部门追回挪用的专项维修资金,给予警告,没收违法所得,可以并处挪用数额2倍以下的罚款;物业服务企业挪用专项维修资金,情节严重的,并由颁布发资质证书的部门吊销资质证书;构成犯罪的,依法追究直接负责的主管人员和其他直接责任人员的刑事责任(《物业管理条例》第63条)。

四、有安全隐患物业的维修养护

物业存在安全隐患,危及公共利益及他人合法权益时,责任人应当及时维修养护,有关业主应当给予配合。责任人不履行维修养护义务的,经业主大会同意,可以由物业服务企业维修养护,费用由责任人承担(《物业管理条例》第56条)。

思考题:

1. 简述建筑物区分所有权的概念和主要特征。
2. 什么是物业管理?简述物业管理与建筑物区分所有权之间的关系。
3. 简述业主、业主大会和业主委员会之间的法律关系。
4. 简述物业服务合同的主要特点。
5. 试论建设单位在前期物业管理中主要承担哪些义务。
6. 试论业主大会的主要职责及如何才能形成有效决议。
7. 案例分析:小区路面停车费归属纠纷案

案情

原告:乙住宅小区业主委员会

被告:甲物业管理公司(以下简称甲公司)

乙住宅小区于2008年5月与甲公司签订物业管理合同,将整个小区委托给甲物业公司进行物业管理。2008年8月,甲公司在小区内道路两侧划分出若干停车位,白天允许任何进入该小区的车辆停放,按每小时10元收取停车费。车位夜间固定提供给小区的住户停放,按每个停车位每月500元收取停车费。2008年12月,甲公司年终公开账目收支时,小区业主委员会对该笔停车费收入提出异议,认为应当归业主所有。甲公司拒绝,认为停车费收入应当归自己所有。业主委员会向法院起诉。

问:该笔停车费收入应如何分配?

第九章 房地产融资与担保

学习目标：房地产是一个金融依存度很高的行业，房地产融资贯穿于房地产开发、交易流程的各个环节中。本章主要包括房地产抵押、房地产开发融资、房地产消费融资、置业担保公司，并介绍了房地产融资的最新发展情况。通过本章的学习，要了解房地产开发融资、房地产消费融资、置业担保公司的相关制度，掌握房地产抵押的基本法律制度。

第一节 房地产融资与担保概述

一、房地产与金融

房地产业是一个对金融依存度很高的产业。所谓房地产的金融依存度，是指房地产对金融资金、金融政策的依赖程度，具体是指房地产市场供给、需求的资金投入中的金融资金，特别是银行资金的参与程度以及房地产业增长速度对国家宏观金融政策的依赖程度。

在房地产的开发和经营的环节，由于房地产开发项目需要的资金数额巨大、开发周期长、资金回笼慢，开发商必须通过金融获得外部资金支持。房地产的流通和消费也需要资金的支持，因为普通家庭很难依靠自有资金来购买住房。此外，一个有效率的金融体系也有利于一国房地产行业的健康发展，国家可以通过金融政策来达到调控房地产市场的目的。

二、房地产融资的概念与种类

（一）概念

房地产融资即房地产资金的融通，是指借助货币流通，为房地产业的开发、流通和消费等环节进行货币资金的调剂及其他一些相关的金融服务。房地产融资贯穿于房地产开发、流通及消费过程中，通过货币流通和信用渠道进行筹资、融资及相关活动，促进房地产再生产过程中的资金良性循环，保障房地产再生产过程的顺利进行。

（二）开发融资与消费融资

房地产融资可以分为两大类：一类是房地产开发融资，即房地产开发企业获得房地产开发项目的建设资金的各种行为的总称；另一类是房地产消费融资，指银行及其他金融机构为房屋购买者提供资金及相关的信用服务，以满足其"购买"房屋的需要。

具体来讲，房地产开发融资包括股权融资、债权融资和合作开发。其中股权融资可分为上市和项目公司融资两类。上市能够快速聚集大量资金，且不需要支付利息。此外，通过项目公司增资或股权转让进行融资也是现在常用的方式之一。债权融资包括直接融资和间接融资。直接融资就是房地产企业发行债券以获得资金的方式。间接融资即房地产贷款,主要包括土地储备贷款、房地产开发贷款。合作开发是双方当事人约定共同投资、共享利润、共担风险的合作开发土地、建筑房产等项目的房地产开发方式。

房地产消费融资主要是个人住房贷款,是指贷款人向借款人发放的用于购买自用普通住房的贷款。我国的住房抵押贷款分为住房公积金贷款、商业银行贷款以及包含前两种的组合贷款三种。

其中房地产开发贷款和个人住房贷款都是担保贷款,开发企业或购房者往往用他们正在开发的在建工程或购买的房屋作为担保贷款的抵押物。

三、房地产融资担保的概念与种类

(一) 概念

房地产融资担保是指在房地产开发融资或消费融资活动中,对融出资金的债权人提供的人的担保或物的担保,包括保证、质押、抵押等常见的担保方式。如前所述,房地产开发融资采取的主要方式有股权融资、债权融资和合作开发,房地产消费融资则主要是个人住房贷款。房地产融资担保主要出现在房地产开发融资的债权融资及个人住房贷款中。

(二) 种类

按不同的标准,可对房地产融资进行不同的分类:(1) 按担保方式的不同,可以分为人的担保(保证)和物的担保(质押和抵押)。房地产融资中的担保主要采取保证和抵押的方式。(2) 在抵押担保中,按债务人与抵押物的关系,可分为债务人以自己的物设定的抵押担保和以他人所有的物设定的抵押担保。大多数房地产融资的抵押担保都是债务人以自己所有的物设定的担保。(3) 以抵押物是否建造完成,可分为以建造完成的物提供的抵押,和以正在建造中的物提供的抵押。在建工程抵押就是一种典型的在正在建造中的物上设定的抵押。

本章将重点介绍房地产抵押和置业担保公司的保证。

第二节 房地产抵押

一、房地产抵押概述

(一) 房地产抵押和房地产按揭

依《物权法》第 179 条的规定,抵押权是指债权人对债务人或者第三人不转移占有而供担保的财产,在债务人不履行到期债务或者发生当事人约定的情形时,就该财产的价值优先清偿受担保的债权的权利。抵押权可以在房屋和土地用益物权上设立。

房地产抵押是指房地产权利人为担保自己或第三人债务的履行,将其房地产权利抵押给债权人供作债权担保的一种行为。其中房地产权利人为抵押人,接受房地产权利抵押担保的债权人为抵押权人。

值得注意的是,实践中往往把房地产抵押和房地产按揭混为一谈,但二者有很大的不同。按《房地产业基本术语标准》的定义,房地产按揭是购房人以所购房地产作抵押物,采用抵押贷款方式取得购买房地产的资金。与一般意义上的房地产抵押相比,房地产按揭具有下面的特点:(1)房地产按揭实质上包括房屋买卖合同、购房贷款合同和抵押合同三层法律关系。(2)仅从抵押法律关系而言,一般房地产抵押既可担保抵押人自己的债务,也可担保第三人的债务,而且该债务可以是各种类型的债务;房地产按揭担保的只能是抵押人为购买作为抵押物的房地产而借贷发生的债务。

(二) 房地产抵押权的标的

1. 可以设定抵押的房地产

依《物权法》第180条的规定,可以抵押的房地产主要包括:

(1) 房屋及其他土地附着物。房屋作为重要的房地产,其价值较高并且稳定。以房屋作为抵押物,风险较小,容易实现债权人的债权。因此,房屋被广泛采用作抵押物来担保债权的实现。

(2) 建设用地使用权。以出让方式取得的建设用地使用权可以用来设定抵押。《城市房地产管理法》第51条对于划拨建设用地使用权的抵押作了规定。根据该条,设定房地产抵押权的土地使用权是以划拨方式取得的,依法拍卖该房地产后,应当从拍卖所得的价款中缴纳相当于应缴纳的土地使用权出让金的款额后,抵押人方可优先受偿。

依《物权法》第183条规定,乡镇、村企业的建设用地使用权不得单独抵押。以乡镇、村企业的厂房等建筑物抵押的,其占用范围内的建设用地使用权一并抵押。并且实现抵押权后,未经法定程序,不得改变土地所有权的性质和土地用途。

(3) 土地承包经营权。出于对农用地的保护,《物权法》对土地承包经营权的抵押进行了严格的规定。债务人或第三人只能以通过招标、拍卖、公开协商等方式取得的荒地等土地的承包经营权进行抵押。

2. 不得设定抵押的房地产

《物权法》第184条列举了不得抵押的财产。依照该条,下列房地产不得抵押:

(1) 土地所有权;

(2) 耕地、宅基地、自留地、自留山等集体所有的土地使用权,但法律规定可以抵押的除外;

(3) 学校、幼儿园、医院等以公益为目的的事业单位、社会团体的教育设施、医疗卫生设施和其他社会公益设施;

(4) 所有权、使用权不明或者有争议的房地产;

(5) 依法被查封、扣押、监管的房地产;

(6) 法律、行政法规规定不得抵押的其他房地产,例如,《城市房地产抵押管理办法》第8条规定不得抵押的列入文物保护的建筑物和有重要纪念意义的其他建筑物和已依法公告列入拆迁范围的房地产。

3. 对预购商品房抵押和在建工程抵押标的的正确理解

预购商品房贷款抵押和在建工程抵押是《城市房地产抵押管理办法》规定的两种特殊的房地产抵押。

(1) 预购商品房贷款抵押的实质是建成交付的商品房抵押的预约

预购商品房贷款抵押是指购房人在支付首期规定的房价款后,由贷款银行代其支付其余的购房款,将所购商品房抵押给贷款银行作为偿还贷款履行担保的行为。由于预购商品房尚未完成建设,为切实地保障自己的债权,实务中银行往往要求预售商品房的开发企业在房屋建成交付前提供阶段性保证,承担购房人按期还款付息的连带保证责任或者回购其出售的商品房,并以回购款优先偿还银行本息的责任。

理论上对预购商品房能否作为抵押标的物曾有过很多讨论。但是,现行的《房屋登记办法》第三章第二节"抵押权登记"并没有规定对预购商品房抵押进行登记。预购商品房抵押登记规定在第四节"预告登记"中。该节第67条规定以预购商品房设定抵押的,当事人可以申请预告登记。开发企业交付房屋,商品房预购人取得房屋所有权证书后,再根据《房屋登记办法》第43条申请抵押权登记。这样,通过登记技术的处理,预购商品房抵押就成为了在建成交付的商品房上设定抵押的预约,从而避免了预购商品房抵押的理论解释上的难题。

(2) 在建工程抵押的标的物应该是正在建设中的不断增长变化的建设工程

在建工程抵押是指抵押人为取得在建工程继续建造资金的贷款,以其合法方式取得的土地使用权连同在建工程的投入资产,以不转移占有的方式抵押给贷款银行作为偿还贷款履行担保的行为。

关于在建工程抵押的标的物,学界有不同的看法:有的认为在建工程抵押的标的物为抵押关系成立时已经建造完成的那部分工程[1];有的则认为在建工程抵押的标的物为将来建造好的房地产[2];还有的认为在建工程抵押的标的物为在建工程。

从登记上看,《房屋登记管理办法》把在建工程抵押规定在第3章第2节"抵押权登记"中。该节第59条要求以在建工程设定抵押的当事人应当申请在建工程抵押权设立登记;第60条规定的在建工程抵押权设立登记应提交的材料中,包括建设用地使用权证书或者记载土地使用权状况的房地产权证书、建设工程规划许可证;第62条规定在建工程竣工并经房屋所有权初始登记后,当事人应当申请将在建工程抵押权登记转为房屋抵押权登记。

再结合《城市房地产抵押管理办法》第28条的规定[3],我们可以推知在建工程抵押的标的物应当是处于不断增长变化的尚未完成的建筑产品,是一个动态的存在。

---

[1] 孙淑云:《房地产抵押担保若干问题研究》,载《中共山西省委党校学报》2003年第6期。
[2] 姜永华:《在建房屋抵押预告登记制度探析》,资料来源:http://www.law-lib.com/lw/lw_view.asp?no=2574,最后访问日期:2012年11月1日。
[3] 根据该条,以在建工程抵押的,抵押合同应当载明已交纳的土地使用权出让金或需交纳的相当于土地使用权出让金的款额、已投入在建工程的工程款、施工进度及工程竣工日期和已完成的工作量和工程量。

与预购商品房贷款抵押一样,在建工程抵押也具有特定的目的性,即为取得在建工程继续建造资金的贷款而在在建工程上设定抵押。换言之,在建工程并非一般抵押物。发放开发贷款的银行之所以愿意接受不断变化中的在建工程作为抵押物,是因为银行可以通过对贷款使用的监督掌握在建工程的进展情况,并在在建工程进度迟延或有其他不利情形时及时采取措施,从而在某种程度上弥补了在建工程作为抵押物的不确定性。

4. 房地产抵押中房屋和土地的关系

(1) 房地一并抵押的原则

依《物权法》第 182 条,"以建筑物抵押的,该建筑物占用范围内的建设用地使用权一并抵押。以建设用地使用权抵押的,该土地上的建筑物一并抵押"。更重要的是,该条规定"抵押人未依照前款规定一并抵押的,未抵押的财产视为一并抵押"。依学者解释,即使当事人没有约定建筑物与其占用范围内的建设用地使用权一并抵押,只约定了建筑物或建设用地使用权的抵押,并且只办理了约定抵押的建筑物或建设用地使用权的登记,未被约定抵押、未办理抵押登记的建筑物或建设用地使用权也被视为一并抵押,发生抵押的效力。①

(2) 建设用地使用权抵押后,该土地上新增的建筑物不属于抵押财产的原则

《物权法》第 200 条规定了这一原则。但考虑到房地产一体处分的必要性。该条进一步规定:"……该建设用地使用权实现抵押时,应当将该土地上新增的建筑物与建设用地使用权一并处分,但新增建筑物所得的价款,抵押权人无权优先受偿。"

二、房地产抵押权的设立

房地产抵押权的设立必须签订书面合同,并经抵押登记。

(一) 房地产抵押合同

房地产抵押合同是当事人在自愿、平等、意思表示真实的基础上设立房地产抵押的协议。《物权法》第 185 条规定:设立抵押权,当事人应当采取书面形式订立抵押合同。因此,房地产抵押合同为要式合同。不过当事人若未采用书面形式订立合同,但是已经履行合同的,如已经办理了抵押登记,房地产抵押合同依然成立。②

房地产抵押合同应当载明下列主要内容:(1) 抵押人、抵押权人的名称或者个人姓名、住所;(2) 主债权的种类、数额;(3) 抵押房地产的处所、名称、状况、建筑面积、用地面积以及四至等;(4) 抵押房地产的价值;(5) 抵押房地产的占用管理人、占用管理方式、占用管理责任以及意外损毁、灭失的责任;(6) 债务人履行债务的期限;(7) 抵押权灭失的条件;(8) 违约责任;(9) 争议解决方式;(10) 抵押合同订立的时间与地点;(11) 双方约定的其他事项。

(二) 房地产抵押登记及其效力

房地产抵押登记是指将抵押房地产上的抵押权状态登记于不动产登记簿。《物权

---

① 崔建远:《物权法》,中国人民大学出版社 2009 年版,第 49—50 页。
② 郭明瑞、房绍坤、张平华:《担保法》,中国人民大学出版社 2006 年版,第 109 页。

法》第 187 条规定:以本法第 180 条第 1 款第 1 项至第 3 项规定的财产(建筑物和其他土地附着物、建设用地使用权、以招标、拍卖、公开协商等方式取得的荒地等土地承包经营权)或者第 5 项规定的正在建造的建筑物抵押的,应当办理抵押权登记。抵押权自登记时设立。

在重复抵押,即一个物上设立多个抵押权的情况下,抵押登记还决定抵押权的顺序。根据《物权法》第 199 条的规定,同一财产向两个以上债权人抵押的,拍卖、变卖抵押财产所得的价款依照下列规定清偿:(1) 抵押权已登记的,按照登记的先后顺序清偿;顺序相同的,按照债权比例清偿;(2) 抵押权已登记的先于未登记的受偿;(3) 抵押权未登记的,按照债权比例清偿。

三、房地产抵押权当事人的权利和义务

(一) 抵押物的占有和管理

房地产抵押权是不转移房地产占有的担保物权。因此,抵押人在设定抵押权后仍继续对该房地产具有占有、使用、收益的权利,这样就实现了物尽其用的价值。但是,抵押人虽继续占有抵押物,但却对抵押物有保管的义务。《物权法》第 193 条规定:"抵押人的行为足以使抵押财产价值减少的,抵押权人有权要求抵押人停止该行为。抵押财产价值减少的,抵押权人有权要求恢复抵押财产的价值、或者提供与减少的价值相应的担保。抵押人不恢复抵押财产的价值也不提供担保的,抵押权人有权要求债务人提前清偿债务。"

由于抵押权人不占有该房地产,若抵押物灭失或毁损则将给抵押权人带来巨大损失,故在抵押期间,作为抵押物的房地产毁损、灭失或者被征收等,抵押权人可以就获得的保险金、赔偿金或者补偿金等优先受偿。被担保债权的履行期未届满的,也可以提存该保险金、赔偿金或者补偿金等。

(二) 抵押物的保险

根据《城市房地产抵押管理办法》第 23 条,抵押当事人约定对抵押房地产保险的,由抵押人为抵押的房地产投保,保险费由抵押人负担。抵押房地产投保的,抵押人应当将保险单移送抵押权人保管。在抵押期间,抵押权人为保险赔偿的第一受益人。第 29 条规定,抵押权人要求抵押房地产保险的,以及要求在房地产抵押后限制抵押人出租、转让抵押房地产或者改变抵押房地产用途的,抵押当事人应当在抵押合同中载明。

(三) 抵押物的出租和出让

房地产抵押设立后,抵押人并没有丧失对房地产的处分权。因此,抵押权人依然享有对该房地产出租的权利。在这种情况下,同一房地产上就存在着抵押权和租赁权两种权利。

《物权法》第 190 条规定,订立抵押合同前抵押财产已出租的,原租赁关系不受该抵押权的影响。抵押权设立后抵押财产出租的,该租赁关系不得对抗已登记的抵押权。也就是说,在房地产先抵押后租赁的情况下,抵押权实现时该房地产上的租赁权自然终止,抵押物的受让人不承受原有的租赁权;而在先租赁后抵押的情况下,实现抵押权时,受让人

应当承受原有租赁权的负担。

《土地登记办法》第43条和《房屋登记办法》第34条的规定都说明作为抵押物的房地产在抵押期间是可以依法转让的。但是,由于抵押物的出让往往会导致抵押物价值的降低甚至灭失,因此,法律虽然没有禁止抵押人出让抵押物,但对其进行了严格的规定。《物权法》第191条规定:"抵押期间,抵押人经抵押权人同意转让抵押财产的,应当将转让所得的价款向抵押权人提前清偿债务或者提存。转让的价款超过债权数额的部分归抵押人所有,不足部分由债务人清偿。抵押期间,抵押人未经抵押权人同意,不得转让抵押财产,但受让人代为清偿债务消灭抵押权的除外。"可见,只有经过抵押权人的同意,抵押人才能出让作为抵押物的房地产。

(四)抵押权的实现

房地产抵押权的实现是指债务人不履行到期债务或者发生当事人约定的实现抵押权的情形时,抵押权人依照法律程序直接处分抵押的房地产,以抵押的房地产变价并从中优先受偿其债权的法律现象。

1. 房地产抵押权实现的条件

《物权法》第195条规定:"债务人不履行到期债务或者发生当事人约定的实现抵押权的情形,抵押权人可以与抵押人协议以抵押财产折价或者以拍卖、变卖该抵押财产所得的价款优先受偿……"依此,房地产抵押权实现的条件是:(1)债务人不履行到期债务;或者(2)发生当事人约定的实现抵押权的情形。

《城市房地产抵押管理办法》第40条规定:有下列情况之一的,抵押权人有权要求处分抵押的房地产:(1)债务履行期满,抵押权人未受清偿的,债务人又未能与抵押权人达成延期履行协议的;(2)抵押人死亡,或者被宣告死亡而无人代为履行到期债务的;或者抵押人的合法继承人、受遗赠人拒绝履行到期债务的;(3)抵押人被依法宣告解散或者破产的;(4)抵押人违反本办法的有关规定,擅自处分抵押房地产的;(5)抵押合同约定的其他情况。

2. 房地产抵押权实现的方式

房地产抵押权实现的方式一般为折价、拍卖、变卖等。抵押权人可以与抵押人协议以抵押财产折价或者以拍卖、变卖该抵押财产所得的价款优先受偿。未就抵押权实现方式达成协议的,抵押权人可以请求人民法院拍卖、变卖抵押财产。抵押财产折价或者变卖的,应当参照市场价格。

值得注意的是,根据《最高人民法院关于人民法院民事执行中查封、扣押、冻结财产的规定》第6条、第7条的规定,对被执行人及其所扶养家属生活所必需的居住房屋,人民法院可以查封,但不得拍卖、变卖或者抵债。对于超过被执行人及其所扶养家属生活所必需的房屋和生活用品,人民法院根据申请执行人的申请,在保障被执行人及其所扶养家属最低生活标准所必需的居住房屋和普通生活必需品后,可予以执行。

3. 房地产抵押权实现的清偿顺序

抵押财产折价或者拍卖、变卖后,其价款超过债权数额的部分归抵押人所有,不足部分由债务人清偿。抵押房地产处分所得价款的分配原则和分配顺序是:(1)支付处分抵押房地产的费用;(2)扣除抵押房地产应交税费;(3)偿还抵押权人的债权本金、利息以及违约金;(4)赔偿因债务人违反合同而对抵押权人造成的伤害;(5)所剩余部分退还抵押人。

第三节 房地产开发融资

一、房地产开发融资的概念和种类

房地产开发融资,是指房地产开发企业获得房地产开发项目的建设资金的各种行为的总称。房地产开发属于资金密集型行业,开发房地产项目需要巨大的资金投资,包括土地费用、前期工程费用、建筑安装费、基础设施公共配套费等。这些资金无法完全倚靠开发商的自有资金,一般都需要进行融资。

房地产开发融资可分为以下几种:

1. 股权融资

(1)上市

上市能够快速聚集大量资金,且不需要支付利息。通过上市,房地产企业能够扩大知名度,获得更强的融资能力。但是上市发行股票门槛高,手续复杂,时间长。房地产企业上市运作经历了从禁止到松动到严格限制的过程,目前,为了坚决贯彻执行国务院房地产调控政策,证监会暂缓受理房地产开发企业重组申请,并对已受理的房地产类重组申请征求国土资源部意见。总之,在我国房地产宏观调控严厉的情况下,上市并不能成为主导的房地产融资渠道。

(2)设立房地产开发项目公司,通过项目公司增资或股权转让进行融资。

2. 债权融资

(1)直接融资

直接融资就是房地产企业发行债券以获得资金的方式。在资本市场上发行债券,可以在短时间内筹集大量资金,满足商业地产开发的需求。但是债券融资的要求(尤其是信用要求)极为严格。

中国人民银行2005年5月24日发布的《短期融资券管理办法》,允许符合条件的企业在银行间债券市场向合格机构投资者发行短期融资券。融资券的期限最长不超过365天,具体发行期限由发行企业自主决定。融资券的利率或发行价由企业和承销机构协商确定。发行人应当按期兑付融资券本息,不得违反合同约定变更兑付日期。《短期融资券管理办法》在2008年4月9日被《银行间债券市场非金融企业债务融资工具管理办法》(以下简称《管理办法》)终止执行。根据《管理办法》,非金融企业债务融资工具(以下简称债务融资工具),是指具有法人资格的非金融企业(以下简称企业)在银行间债券市场发行的,约定在一定期限内还本付息的有价证券。符合条件的企业可以发行包括短期融资券在内的债务融资工具。企业发行债务融资工具应在中国银行间市场交易商协会注册,债务融资工具在中央国债登记结算有限责任公司登记、托管、结算。债务融资工具发行利率、发行价格和所涉费率以市场化方式确定,任何商业机构不得以欺诈、操纵市场等行为获取不正当利益。

1993年《企业债券管理条例》下的企业债也是房地产开发企业直接融资的一种途径。但1999年,国家暂停了正常的企业债券发行工作。目前只有大型企业才能够通过国务院特批发行企业债。而且企业发行债券余额不得超过其净资产的40%。用于固定资产投资项目的,累计发行额不得超过该项目总投资的20%。

另外,沪深两市的上市公司可以发行证监会2007年《公司债券发行试点办法》下的公司债券融资,公司债券每张面值100元。

(2)间接融资

间接融资即房地产贷款,是指与房产或地产的开发、经营、消费活动有关的贷款。主要包括土地储备贷款、房地产开发贷款。

3. 合作开发

房地产开发企业与一家或几家有经济实力的企业进行合作开发,是分散风险和转移筹集资金负担的较好方法,既缓解了自身资金压力,又能够转嫁风险,同时在合作中往往会实现双赢。

二、房地产项目运作与项目公司融资

(一) 概述

房地产开发项目是指在依法取得土地使用权的国有土地上进行基础设施、房屋建设的项目,是房地产开发内容或要完成的工程内容。房地产开发项目是一项高投入、高风险的投资经营项目,从一个项目立项到完成,需要大量的资金支持。许多房地产开发项目都设立项目公司,以项目本身信用为基础进行融资,这也成为房地产开发及各种工程资本运作的核心。

(二) 项目公司股权式融资

房地产开发项目所有人往往设立房地产开发项目公司吸引投资者进行投资,从而达到融资的目的。项目公司股权式融资将投资者的资产与项目资产独立开来,彼此没有追索权。项目公司股权式融资主要有两种方式:(1)由项目的投资者设立一家专门为一个特定项目而成立的公司,由该公司和其他投资者组成投资机构进行项目融资。(2)由项目的投资者共同出资设立一个项目公司,该项目公司对项目资产拥有所有权,并负责项目的建设、经营和融资。由于追索权被限定在该项目公司内部,因此债权人没有对投资者的追索权。

(三) 项目公司银行贷款融资

项目公司向银行贷款,往往以项目公司本身的现金流和收益作为还款来源,以项目公司的资产作为贷款的担保物。由于这种贷款中银行的风险比较大,因此该融资方式往往应用于现金流稳定的大型基建项目。银行贷款融资主要有两种形式：

(1) 无追索权的项目融资

无追索的项目融资也称为纯粹的项目融资。贷款的还本付息完全依靠项目的经营效益，贷款银行为保障自身的利益，以该项目拥有的资产做担保。如果该项目未能建成或经营失败，其资产或受益不足以清偿全部的贷款时，贷款银行无权向该项目的主办人追索。

由于项目贷款人对项目发起人的其他项目资产没有任何要求权，只能依靠该项目的现金流量偿还。因此项目发起人利用该项目产生现金流的能力是十分重要的，是项目融资的信用基础。

(2) 有限追索权的项目融资

与无追索权贷款的还款来源单纯依靠项目的经营收益和取得物权担保不同，有限追索权项目的融资中贷款银行还要求有项目实体以外的第三方提供担保。贷款银行有权向第三方担保人追索。但担保人承担债务的责任，以他们各自提供的担保金额为限，所以称为有限追索权的项目融资。

(四) 项目公司股权转让

房地产项目公司在运营一段时间后，可以通过股权转让来吸引新的投资者，从而为项目开发注入新的资金。

三、房地产开发贷款

(一) 房地产开发贷款的定义和种类

房地产开发贷款是指向借款人发放的用于开发、建造向市场销售、出租等用途的房地产项目的贷款。

房地产开发贷款分为一般房地产开发贷款和保障性住房开发建设贷款。

一般房地产开发贷款包括住房开发贷款、商业用房开发贷款、其他房地产开发贷款。其中住房开发贷款，是指银行向房地产开发企业发放的用于开发建造向市场销售住房(包括限价商品住房)的贷款[最长不超过3年(含3年)]；商业用房开发贷款，是指银行向房地产开发企业发放的用于开发建造向市场销售或出租，主要用于商业行为而非家庭居住用房的贷款[最长不超过5年(含5年)]；其他房地产开发贷款，是指住房、商业用房开发贷款以外的土地开发和楼宇装饰、修缮等房地产贷款[最长不超过5年(含5年)]。

保障性住房开发建设贷款主要包括经济适用住房开发贷款、廉租住房建设贷款、公共租赁住房建设贷款。其中经济适用住房开发贷款是指贷款人向借款人发放的专项用于经济适用住房项目开发建设的贷款；廉租住房建设贷款是指用于支持廉租住房新建、改建的贷款；公共租赁住房建设贷款是指用于支持公共租赁住房新建、改建的贷款。

(二) 一般房地产开发贷款

1. 贷款条件

房地产开发贷款的条件可以从借款人、开发项目和贷款担保三个方面理解。

房地产开发贷款的借款人必须符合下列条件：(1) 经房地产开发主管部门批准设立，

在工商行政管理部门注册登记,取得企业法人营业执照,且办理营业执照年检手续;(2)取得房地产开发主管部门核发的房地产开发企业资质等级证书,并办理年检手续;(3)建立现代企业制度,产权明晰,经营管理制度健全;资信良好,具有按期还本付息的能力,企业(项目公司除外)信用等级符合贷款银行贷款要求;(4)取得人民银行颁发的贷款证(卡),在贷款银行开立基本账户或一般存款账户,并在贷款银行办理结算业务。

申请房地产开发贷款的项目必须符合下列条件:(1)取得有权部门批准的项目立项批复;(2)项目可行性研究报告规范,取得有权部门的批复;(3)项目开发取得合法、有效批件;(4)项目建设用地为出让性质的,应根据该项目国有土地出让合同约定,缴齐全部土地出让金,并取得项目《国有土地使用证》(出让性质)、《建设用地规划许可证》、《建设工程规划许可证》、《建筑工程施工许可证》;(5)项目建设用地为划拨性质的,应取得该项目《国有土地使用证》(划拨性质)、《建设用地规划许可证》、《建设工程规划许可证》、《建筑工程施工许可证》;(6)对已开始销(预)售的项目,还需提供合法、有效的《销(预)售许可证》;(7)项目符合当地市场需求,有良好的经济和社会效益;(8)项目资本金不低于申请贷款项目总投资的35%,全部到位并先于贷款投入项目开发。

房地产开发贷款担保要合法、有效、足值,并符合贷款银行贷款担保的有关规定。以在建工程作为抵押的,只能用已建成的工程部分设定抵押权,且抵押率不得超过50%。对以土地及在建工程设定抵押权的,在对抵押物价值评估时,应在资产价值中扣除未缴纳的土地出让金、相关税费和施工单位垫资等应付款项。

2. 流程

(1)申请:借款人向银行提交贷款申请书,及企业法人营业执照、贷款卡、项目立项批文、建设用地使用权证、建设用地规划许可证、建设工程施工许可证等各项文件、证明和材料。

(2)审查:贷款银行对贷款申请人的身份及资信状况进行评价,对项目进行核查和评估,对保证人的身份及资信状况评价或对抵押物、质物进行核查和评估。

(3)签约:贷款银行在审查合格并经过批贷程序后,与借款人及保证人签订房地产贷款担保、保证合同、抵押合同,并进行抵押担保登记和公证。

(4)提款条件满足后,贷款银行放款。

3. 担保和保险

用于抵(质)押的财产,需要估价的,必须经过银行认可的资产评估部门进行估价,贷款金额不得超过抵(质)押物品价值的70%;以土地使用权抵押的,抵押期限应以土地使用权出让合同规定的使用年限减去已经使用年限后的剩余年限为限。

借款人须在借款合同签订前按银行指定的保险种类到保险公司办理保险。保险期不得短于借款期限,投保金额不得低于贷款本金,并应明确贷款银行为该保险的第一受益人。保险单不得有任何有损贷款银行权益的限制条件,保险所需一切费用由借款人负担。在保险期间,保险单交贷款银行执管。在保险有效期内,借款人不得以任何理由中断或撤销保险,如保险中断,贷款银行有权代为投保,一切费用由借款人负担。

(三) 经济适用住房开发贷款

根据《经济适用住房开发贷款管理办法》的规定:经济适用住房开发贷款是指贷款人向借款人发放的专项用于经济适用住房项目开发建设的贷款。贷款人是中华人民共和国境内依法设立的商业银行和其他银行业金融机构。借款人是具有法人资格,并取得房地产开发资质的房地产开发企业。各政策性银行未经批准,不得从事经济适用住房开发贷款业务。经济适用住房开发贷款必须专项用于经济适用住房项目建设,不得挪作他用。

根据《经济适用住房开发贷款管理办法》第4条,经济适用住房开发贷款的条件为:(1)借款人已取得贷款证(卡)并在贷款银行开立基本存款账户或一般存款账户;(2)借款人产权清晰,法人治理结构健全,经营管理规范,财务状况良好,核心管理人员素质较高;(3)借款人实收资本不低于人民币1000万元,信用良好,具有按期偿还贷款本息的能力;(4)建设项目已列入当地经济适用住房年度建设投资计划和土地供应计划,能够进行实质性开发建设;(5)借款人已取得建设项目所需的《国有土地使用证》、《建设用地规划许可证》、《建设工程规划许可证》和《建设工程开工许可证》;(6)建设项目资本金(所有者权益)不低于项目总投资的30%,并在贷款使用前已投入项目建设;(7)建设项目规划设计符合国家相关规定;(8)贷款人规定的其他条件。

(四) 廉租住房建设贷款

根据《廉租住房建设贷款管理办法》,廉租住房建设贷款是指用于支持廉租住房新建、改建的贷款。贷款人是中华人民共和国境内依法设立的、经中国银行业监督管理委员会及其派驻机构批准的银行业金融机构。借款人是指依法设立的,具有房地产开发资质的,从事廉租住房建设的房地产开发企业。廉租住房建设贷款期限最长不超过5年,具体由借贷双方协商确定。

《廉租住房建设贷款管理办法》第4条规定了申请廉租住房建设贷款应具备的条件,主要包括:(1)廉租住房项目应已纳入政府年度廉租住房建设计划,并按规定取得政府有关部门的批准文件;(2)已与政府签订廉租住房回购协议;(3)在贷款银行开立专用存款账户;(4)提供贷款人认可的有效担保;(5)新建廉租住房项目已取得所需的《国有土地使用证》、《建设用地规划许可证》、《建设工程规划许可证》和《建设工程施工许可证》,改建廉租住房已取得有关部门颁发的许可文件;(6)新建廉租住房项目资本金不低于项目总投资20%的比例,改建廉租住房项目资本金不低于项目总投资30%的比例;(7)借款人信用状况良好,无不良纪录;(8)贷款人规定的其他条件。

(五) 公共租赁住房建设贷款

《中国人民银行、中国银行业监督管理委员会关于认真做好公共租赁住房等保障性安居工程金融服务工作的通知》(以下简称《通知》)中对银行业金融机构支持公租房等保障房建设提出了明确要求。

1. 公共租赁住房开发建设贷款的借款人

实践中,一些地区政府设立专门的公司建设公共租赁住房,一些地区由政府直接投资建设公共租赁住房,还有一些地区试点由政府以外的其他机构投资建设公共租赁住房。

根据《通知》规定:

(1) 对于政府投资建设的公共租赁住房项目,凡是实行公司化管理、商业化运作、项目资本金足额到位、项目自身现金流能够满足贷款本息偿还要求的,各银行业金融机构应按照信贷风险管理的有关要求,直接发放贷款给予支持。

(2) 对于不符合(1)要求的政府投资建设的公共租赁住房项目,《通知》区分了以下两种情况:第一,直辖市、计划单列市、省会(首府)城市政府投资建设的公共租赁住房项目,各银行业金融机构可在符合《国务院关于加强地方政府融资平台公司管理有关问题的通知》(国发[2010]19号)规定的前提下,向资本金充足、治理结构完善、运作规范、自身经营性收入能够覆盖贷款本息的政府融资平台公司发放贷款。融资平台公司公共租赁住房贷款偿付能力不足的,由本级政府统筹安排还款。在同一个城市只能有一家融资平台公司承贷公共租赁住房贷款。第二,地级市政府投资建设的公共租赁住房项目,各银行业金融机构可向符合上述条件且经银行业金融机构总行评估后认可、自身能够确保偿还公共租赁住房项目贷款的地级市政府融资平台发放贷款。其他市县政府投资建设的公共租赁住房项目,可在省级政府对还款来源作出统筹安排后,由省级政府指定一家省级融资平台公司按规定统一借款。

(3) 政府以外的其他机构投资建设并持有且纳入政府总体规划的公共租赁住房项目,各银行业金融机构可按照商业原则发放贷款。

2. 政府投资建设的公租房项目贷款项目资本金要求、利率和期限

根据《通知》,政府投资建设的公共租赁住房项目须符合国家关于最低资本金比例的政策规定,贷款利率按中国人民银行利率政策执行,利率下浮时其下限为基准利率的0.9倍,贷款期限原则上不超过15年,具体由借贷双方协商确定。项目建成后,贷款一年两次还本,利随本清。鼓励银行业金融机构以银团贷款形式发放贷款。

第四节 房地产消费融资

一、个人住房贷款制度

(一) 个人住房贷款的概念、特征与种类

根据《个人住房贷款管理办法》第2条,个人住房贷款(以下简称贷款)是指贷款人向借款人发放的用于购买自用普通住房的贷款。

个人住房贷款是担保贷款。贷款人发放个人住房贷款时,借款人必须提供担保。借款人到期不能偿还贷款本息的,贷款人有权依法处理其抵押物或质物,或由保证人承担偿还本息的连带责任。实践中大多数借款人以其所购房屋向银行提供抵押担保。

个人住房抵押贷款有以下几个特点:

(1) 风险性。住房抵押贷款的最大问题就是资金安全问题。发放住房贷款,贷款人一般要冒好几种风险:利率风险(包括贷款利率风险和存款利率风险)、购买力风险、市场

风险、信用风险、流动性风险、抵押物风险等。① 这也促使银行在贷款发放前做出种种限制,包括要求购房人购买必要的保险。

(2) 流动性。住房抵押贷款属于一次放贷,分期偿还,偿还期限从10年到30年不等,国外甚至有的长达50年,使银行每月都回本收息,贷款资金形成"银行→住房开发商→个人→银行"的流动。

(3) 效益性。首先,银行通过每月回本收息实现自身资金的保值增值,提高经济效益;其次,居民通过贷款资金提高消费能力,改善了居住条件,创造了精神效益,若其购房是为了投资,则可从今后买房售房的时间差导致的价格差额中获得经济效益。此外,住房贷款还带动了金融存款业务、保险业务量等等的扩大,为社会创造了新的经济效益。②

个人住房抵押贷款的主要类型有:

(1) 商品住宅贷款:个人住房贷款中的商品住宅贷款是指贷款银行向购房人发放的、用于购买商品住宅、购房人以所购住房作为抵押物,开发商提供阶段性保证担保的贷款。商品住宅贷款一般向开发商指定的银行申请。

(2) 存量房贷款:存量房是指已取得完全产权、可以进入房地产三级市场流通交易的住房。个人住房存量房贷款,是指贷款人向借款人发放的用于其购买存量房的贷款。

(3) 个人商业用房贷款:是指经办行向借款人发放的用于其购买自有商业用房的贷款。申请贷款的商业用房应为竣工验收合格的现房。

(4) 个人自建房贷款:是指贷款人向借款人发放的、用于借款人建设自有房屋的贷款,其建设用地必须是在经济发达地区市(县)城区或重点镇范围内,通过有偿出让方式获得,并已取得合法的有关建设批件。

(5) 个人住房转按贷款:是指在个人住房贷款还款期内,因借款人出售作为抵押物的房屋,贷款人向新的购房人发放的、用于其购买作为抵押物的房屋的贷款。经办行在办理转按贷款时,可按剩余的贷款余额和剩余贷款期限将贷款转让给新借款人;也可根据新借款人和所购房屋评估价重新确立新的贷款额度和贷款期限,转按的最高贷款额度为所购房屋评估价格的70%,贷款期限最长为30年减去房屋已使用年限。

(6) 个人住房加按贷款:是指对未达到最高贷款成数或最长贷款期限的借款人增加贷款金额或延长贷款期限的贷款。加按贷款的计算公式为:最高加按金额 = 房屋现值 * 70% – 剩余贷款本金;最长贷款期限 = 30年 – 房屋已使用年限。个人住房加按贷款因经济宏观调控,现在限制较多。

(二) 直贷式个人住房抵押贷款

"直贷式"个人住房抵押贷款,是指商品房购房人不通过开发商指定的银行办理住房按揭贷款,而是自己寻找银行办理相关手续。直贷式个人住房抵押贷款首先在2005年6月由中国建设银行四川省分行推出。现已有多家银行开办此项业务。

---

① 关于住房贷款的风险,可参见曾国安:《住房金融:理论、实务与政策》,中国金融出版社2004年版,第133页。
② 参见蔡德容、潘军:《住房金融创新研究》,东北财经大学出版社2002年版,第242—243页。

与传统的"限制性选择"模式比,购房人无须选择开发商指定的银行而可以自主选择银行申请住房贷款,银行直接与购房人签订贷款合同。传统个人住房抵押贷款要求购房者到银行指定的保险公司购买房屋强制保险。但在直贷式个人住房抵押贷款中购房人可以免交强制房贷保险,或者自行选择交房贷保险的保险公司。传统模式下,在购房人取得房产证并办理抵押登记前,开发商需承担阶段性保证责任,并要向银行缴纳贷款额的10%作为保证金。在直贷式个人住房抵押贷款中则由购房人寻找专业的住房置业担保公司,向其缴纳一定数额的担保费用(贷款额的0.8%左右)后由住房置业担保公司扮演担保人的角色。

直贷式个人住房抵押贷款与传统个人住房抵押贷款相比,有其独特的优势:对购房者而言,降低了资金成本;对开发商而言,免除了阶段性保证责任,提高资金利用率;对银行而言,由于银行直接面对购房客户,可以有效防范假按揭,同时也可以获得零散的优质房贷业务。

(三) 住房抵押贷款保险制度

1. 概述

所谓个人住房抵押贷款保险,是指申请人在申请住房抵押贷款时,根据合同的约定购买相应的保险,保险人对于合同约定的可能发生的事故所造成的财产损失承担赔偿保险金责任,或者当被保险人因下岗、死亡、伤残、疾病等原因不能按期偿还贷款本息时负责替借款人偿还本息的行为。

上述保险的保险期限一般自抵押登记之日起至还清贷款本息止,保险金额不低于贷款的本息总额,保险第一受益人为贷款人,且一般情况下是应贷款人的要求而投保。

2. 住房抵押贷款保险的种类

与住房抵押贷款有关的保险基本上可分为三种:

(1) 财产保险。是指为防止由于意外灾祸造成较重房屋损失而以房屋或其有关利益作为保险对象的保险。

(2) 信用保险。是指借款人因意外事故或疾病等影响家庭收入,失去部分或全部还贷能力时,以保险金抵付贷款余额,使抵押房产不致被收回或拍卖。与借款人贷款本金余额相称,保额逐年递减。

(3) 保证保险。是指由保险公司对购房者提供违约保证,当借款者不能还清本息时由保险公司负责偿还,或当房地产作为抵押物贷款时,由保险公司对抵押物进行保险。[①]

3. 中国目前的住房抵押贷款保险现状

(1) 无统一模式

目前,中国个人住房抵押贷款保险制度并无统一的模式,从各地已出台的该项制度来看,基本上有三种模式:第一,个人购房贷款定期人寿保险(抵押贷款寿险):这是一种在借款人因意外事故或疾病等影响家庭收入,失去部分或全部还贷能力时,以保险金抵付贷

---

① 欧阳国欣:《中国房地产金融制度研究》,北京大学图书馆学位论文全库,第96页。

款余额,使抵押房产不致被收回或拍卖的保险。第二,综合保险模式。这一模式以苏州市为代表,它是一种综合的保险,既有抵押物的财产保险,又有抵押人的生命保险,同时还有借款人保证保险。北京、南宁基本上也是这三种保险的综合。第三,抵押物的财产险模式。这是绝大多数城市开展个人住房抵押贷款的信用保险范畴。当然,抵押物的财产保险能够间接地保证贷款人的利益,因为抵押权的行使须以抵押物的存在为前提。

(2) 强制性、捆绑性

保险业务的强制性体现在三个方面:第一,是否投保,借款人没有选择权。以房产作为抵押的,借款人需在合同签订前办理房屋保险或委托贷款人代办有关保险手续。抵押期内,保险单由贷款人保管。这种保险是强制性的,不容当事人自愿选择。第二,向谁投保,没有选择。在购买保险时,银行和保险公司往往"联姻",在购买贷款保险时通常由银行指定一家保险公司。因此,投保人根本无法自由选择保险公司。第三,抵押期内,借款人不得以任何理由中断或撤销保险。

(3) 信用保险和保证保险相混合。

在我国,除了房屋财产保险外开办的保险其实是保证保险和信用保险的混合物。贷款银行要求购房者办理住房抵押贷款信用保险,银行不缴纳保费也不作为投保人,却得到信用保险才有的保险赔付;而购房者缴纳了属于保证保险的保费,却得不到应有的保障,权利义务在很大程度上失衡。

二、住房公积金贷款

(一) 住房公积金贷款概述

住房公积金贷款是指由住房公积金管理中心运用住房公积金,委托银行向购买、建造、翻建、大修自住住房的住房公积金缴存人和在职期间缴存住房公积金的离退休职工发放的贷款。

根据《住房公积金管理条例》第26、27条,缴存住房公积金的职工,在购买、建造、翻建、大修自住住房时,可以向住房公积金管理中心申请住房公积金贷款。住房公积金管理中心应当自受理申请之日起15日内作出准予贷款或者不准贷款的决定,并通知申请人;准予贷款的,由受委托银行办理贷款手续。住房公积金贷款的风险,由住房公积金管理中心承担。申请人申请住房公积金贷款的,应当提供担保。

住房公积金个人住房贷款只能用于缴存职工购买、建造、翻建、大修普通自住房,以支持基本住房需求。严禁使用住房公积金个人住房贷款进行投机性购房。

(二) 住房公积金贷款的特征

住房公积金贷款属于委托性个人住房贷款,资金来源为单位和职工个人共同缴存的公积金。贷款风险由公积金管理中心承担。

住房公积金的贷款对象仅为住房公积金的缴存主体,单笔最高额度为40万元,信用等级高的个人可以上浮。公积金的贷款期限为30年,且不受年龄限制。与银行商业贷款相比,住房公积金的贷款利率更加优惠。

北京自2005年1月1日以后,住房公积金采用自由还款方式,此前,曾推出过等额本金还款方式和等额本息还额方式。自由还款是指借款人申请住房公积金贷款时,公积金管理中心根据借款人的借款金额和期限,给出一个最低还款额,以后在每月还款额不少于这一最低还款额的前提下,根据自身的经济状况,自由安排每月还款额的还款方式。等额本息还款法是每月以相等的还本付息数额偿还贷款本息,即借款人每月按相等的金额偿还贷款本息,其中每月贷款利息按月初剩余贷款本金计算并逐月结清。等额本金还款方式是在还款期内把贷款数总额等分,每月偿还同等数额的本金和剩余贷款在该月所产生的利息,这样由于每月的还款本金额固定,而利息越来越少,贷款人起初还款压力较大,但是随时间的推移每月还款数也越来越少。

(三) 组合贷款

组合贷款是指贷款人向借款人发放的用于其购买同一个人自住住房的借款组合。当申请住房公积金贷款不足以支付购买住房所需费用时,购房者既申请公积金贷款,同时又向商业银行申请一般个人住房贷款,两部分贷款一起构成组合贷款。

在北京,如果借款人采用北京市住房贷款担保中心连带责任保证担保,各管理部可根据管理部与受托银行对应的有关规定,在工商行、农行、中行、交行办理组合贷款业务。利率分别按住房公积金贷款利率和商业性个人住房贷款利率执行。两种贷款期限相同,起止日期一致。还款时根据原贷款发放时两部分贷款比例同时偿还,不得只提前偿还其中一种。

第五节 置业担保

一、置业担保概述

住房置业担保的出现是和住房贷款的风险性离不开的。对于个人贷款买房,银行虽有贷款的意向,却因为担心贷款的安全,而有重重顾虑。虽然可以设立住房抵押贷款,即购房者以所购住房为抵押物来担保银行对其的债权,但银行仍然担心:当借款人不能如期清偿贷款本息时,因无法将借款人从抵押住房中迁出,而不能实现抵押权,从而使贷款安全得不到保证。

为了解决这个矛盾,上海、成都、沈阳等城市相继开展了住房置业担保试点,即由住房置业担保公司为个人住房贷款提供专业担保,承担连带责任保证义务,并由其负责处分抵押物,最终清偿债务;购房人则以其购买的住房或其他合法房屋,作为抵押标的物,向担保公司作抵押反担保。这样,当购房人无力清偿银行贷款时,则由担保公司向银行清偿,并通过置换等方式,迁出抵押人,依法处分抵押物,从而有效地解决了上述矛盾。

原建设部于2000年出台了《住房置业担保管理试行办法》(以下简称《办法》),其中第2条规定:"本办法所称住房置业担保,是指依照本办法设立的住房置业担保公司(以下简称担保公司),在借款人无法满足贷款人要求提供担保的情况下,为借款人申请个人住房贷款而与贷款人签订保证合同,提供连带责任保证担保的行为。"

二、我国的住房置业担保的特征

(一) 我国的住房置业担保具有垄断性

《办法》第13条规定:"一个城市原则上只设一个担保公司,以行政区内的城镇个人为服务对象;县(区)一般不设立担保公司,个人住房贷款量大的县(区)可以设立担保公司的分支机构。"由此可见,住房置业担保公司在每一个城市都具有独占的垄断地位,是不存在其他的担保公司与之竞争的。置业担保公司的垄断地位是和政府的扶植分不开的,置业担保公司的实有资本往往以政府预算资助、资产划拨以及房地产骨干企业认股为主。

(二) 政府对住房置业担保进行了严格的规制

首先,住房置业担保公司由建设行政部门主管。根据《办法》,国务院建设行政主管部门归口管理全国住房置业担保管理工作。省、自治区建设行政主管部门归口管理本行政区域内住房置业担保管理工作。直辖市、市人民政府房地产行政主管部门负责管理本行政区域内住房置业担保管理工作。

其次,置业担保公司的设立必须经审核批准。《办法》规定:"设立担保公司,应当报经城市房地产行政主管部门审核,并经城市人民政府批准后,方可向工商行政管理部门申请设立登记,领取营业执照。"另外,设立的条件除了满足公司法中对公司设立的一般性要求外,还必须具备以下几个条件:有不少于1000万元人民币的实有资本;有一定数量的周转住房;有适应工作需要的专业管理人员。

再次,置业担保公司的业务活动必须遵循一定的规则。根据《办法》,(1) 担保服务收费标准应报经同级物价部门批准。(2) 担保公司只能从事住房置业担保和房地产经营业务(房地产开发除外),不得经营财政信用业务、金融业务等其他业务,也不得提供其他担保。(3) 担保公司应当从其资产中按照借款人借款余额的一定比例提留担保保证金,并存入借款人的贷款银行。担保公司未按规定或合同约定履行担保义务时,贷款人有权从保证金账户中予以扣收。(4) 担保公司应当建立担保风险基金,用于担保公司清算时对其所担保债务的清偿。(5) 担保公司担保贷款余额的总额,不得超过其实有资本的三十倍;超过三十倍的,应当追加实有资本。

(三) 住房置业担保公司具有较充分的专业优势

担保公司在住房信贷和房地产市场上都具有"专业优势"。主要表现在人才、技术、信息、服务等方面。一则,由于担保公司隶属于房管部门,与公积金管理中心联系紧密,在办理抵押登记、权属证明、公积金业务等方面具有明显优势,既熟悉房地产业务又方便快捷。二则,担保公司通过其对住房价格、市场变化趋势的把握等,有效地避免了低值高贷、重复骗贷和空贷等行为,减轻了银行的贷款风险。三则,担保公司是由当地房管部门牵头组建的,具有一些相应的政府职能部门的优势,在抵押物的处置变现上,如评估、拍卖、交易、过户等方面,与银行相比有很多优势,同时还可通过以大换小、以新换旧、租住廉租房等方式安置违约借款人。

三、置业担保公司的设立

置业担保公司是为借款人办理个人住房贷款提供专业担保、收取服务费用、具有法人地位的房地产中介服务企业。设立担保公司,应当报经城市房地产行政主管部门审核,并经城市人民政府批准后,方可向工商行政管理部门申请设立登记,领取营业执照。其组织形式为有限责任公司或者股份有限公司。

设立担保公司应当具备下列条件:(1) 有自己的名称和组织机构;(2) 有固定的服务场所;(3) 有不少于1000万元人民币的实有资本;(4) 有一定数量的周转住房;(5) 有适应工作需要的专业管理人员;(6) 有符合《公司法》要求的公司章程;(7) 符合《公司法》和相关法律、法规规定的其他条件。

四、置业担保中的保证和抵押反担保

(一)保证

住房置业担保当事人应当签订书面保证合同。保证合同一般应当包括以下内容:(1) 被担保的主债权种类、数额;(2) 债务人履行债务的期限;(3) 保证的方式;(4) 保证担保的范围;(5) 保证期间;(6) 其他约定事项。

住房置业担保的保证期间,由担保公司与贷款人约定,但不得短于借款合同规定的还款期限,且不得超过担保公司的营业期限。设定住房置业担保,借款人未按借款合同约定偿还贷款本息的,贷款人可以依保证合同的约定要求担保公司在其保证范围内承担债务清偿责任。

(二)抵押反担保

借款人向担保公司申请提供住房置业担保的,担保公司有权要求借款人以其自己或者第三人合法所有的房屋向担保公司进行抵押反担保。

房屋抵押应当订立书面合同。抵押合同一般包括以下内容:(1) 抵押当事人的姓名、名称、住所;(2) 债权的种类、数额、履行债务的期限;(3) 房屋的权属和其他基本情况;(4) 抵押担保的范围;(5) 担保公司清算时,抵押权的处置;(6) 其他约定事项。

第六节 房地产信托融资与 REITs

一、房地产信托融资

(一)概述

近年来,随着我国内地房地产市场的蓬勃发展以及种种调控措施的出台,很多信托公司都推出了房地产领域的信托产品,为房地产开发活动提供资金。

从信托角度,房地产投资信托既有采取资金信托的,也有采取财产信托的。

从资金信托的角度,房地产信托是指受托人(信托公司)遵循信托的基本原则,将委

托人委托的资金以贷款或入股的方式投向房地产业以获取收益,并将收益支付给受益人的行为;从财产信托的角度,房地产信托则指房地产物业的所有人作为委托人将其所有的物业委托给专门的信托机构经营管理,由信托机构将信托收益交付给受益人的行为。

(二) 运营模式

在运营模式上,房地产信托融资中,信托公司主要采取贷款信托、股权信托或财产权信托的方式运用信托资金。

1. 贷款信托

贷款信托就是以贷款方式运用信托资金,即信托公司接受委托人的委托,通过发行信托计划取得信托资金,按信托计划中指定的对象、用途、期限、利率与金额等向房地产开发商发放贷款,将信托资金以贷款的形式借给房地产开发商使用并收取利息,再以利息收入向委托人支付信托受益。

根据《中国银监会办公厅关于加强信托公司房地产、证券业务监管有关问题的通知》,信托公司发放贷款的房地产项目必须满足"四证"①齐全,开发商或其控股股东具备二级资质、项目资本金比例不低于35%的条件。

贷款信托的操作流程如下:(1) 信托公司依照与房地产开发商协商确定的方案设计信托产品和信托计划,并起草相关法律文件,主要包括信托计划说明书、信托合同、贷款合同、担保合同等;(2) 信托公司发行信托计划,与投资者签订信托合同,募集信托资金;(3) 信托公司与房地产开发商签订贷款合同,与担保人签订担保合同,向开发商发放贷款;(4) 信托公司对贷款进行日常管理,收回贷款本息并向投资者支付信托收益。

2. 股权投资信托

在股权投资信托中,信托公司通过将信托资金以股权投资的方式加以运用,成为房地产企业股东或房地产项目所有者,直接或委托第三方经营房地产企业或房地产项目,并根据在房地产企业中所占有的股权比例或房地产项目所有权情况,获得经营所得,通过分红实现信托收益。

股权投资信托的操作流程如下:(1) 信托公司与房地产开发商就股权投资的信托融资方案进行协商,内容涉及融资金额、信托公司取得的股权份额、持股期限及条件、股权退出和担保方案等;(2) 信托公司依照与房地产开发商协商确定的方案设计信托产品和信托计划,并起草相关法律文件(主要包括信托计划说明书、信托合同、增资合同、委托管理合同、股权转让合同及担保合同等);(3) 信托公司发行信托计划,与投资者签订信托合同,募集信托资金;(4) 信托公司与房地产开发商的股东签订合作协议,委托管理合同等法律文件,并与担保人签订担保合同,对房地产开发商进行增资扩股,或者信托公司利用募集的信托资金收购房地产公司股权或者直接成立新的房地产开发公司进行项目的开发;(5) 信托公司对其持有的房地产开发商的股权可以自行管理,也可以委托其他方对该股权进行管理;房地产开发商对房地产项目进行开发,信托公司通过分红或者股权转让所

---

① 这里的四证是指:建设用地规划许可证、国有土地使用权证、建设工程规划许可证、建设工程施工许可证。

得款项向投资者支付信托收益。

需要说明的是,实践中一些股权信托采取"股权+回购"的模式退出。根据现行房地产信托相关法律法规的规定,这种股权信托视为贷款。

3. 财产权(特定资产收益权)信托

在财产权信托中,房地产开发商将其拥有的物业转移给信托公司(通常附回购条件),信托公司将物业的预期收益权转让给投资者,信托公司将其处置信托财产的所得支付给投资者从而实现其信托收益。

财产权(特定资产收益权)信托的操作流程如下:(1) 信托公司与房地产开发商就财产权信托方案进行协商,内容涉及信托财产或财产权益、融资额度、处置信托财产的方式如信托收益权转让、收益权项下的收益支付及担保等;(2) 信托公司依照与房地产开发商协商确定的方案设计信托产品和信托计划,并起草相关法律文件:主要包括信托计划说明书、信托合同、信托收益权转让合同、债务确认合同及担保合同等;(3) 信托公司与房地产开发商签订信托合同,并与担保人签订担保合同;(4) 房地产开发商向受让人转让信托受益权并在信托公司办理相应手续,取得资金用于房地产项目的开发,信托受益权的受让人可以再转让信托受益权;(5) 信托公司利用处置信托财产的所得向信托受益权的受让人和房地产开发商支付信托收益。

二、房地产信托融资与 REITs

(一) REITs 概述

房地产投资信托(Real Estate Investment Trusts,以下简称为 REITs)是一种以发行受益凭证的方式汇集多数投资人资金,由专门投资机构进行投资、经营和管理,并将投资收益按比例分配给投资人的一种信托基金制度。[①]

1960 年,世界上第一只 REITs 在美国诞生。REITs 的产生与当时其他金融创新一样,也是为了逃避管制而生。随着美国政府正式允许满足一定条件的 REITs 可免征所得税和资本利得税,REITs 开始成为美国最重要的一种金融方式,并逐渐发展到世界其他国家。

我国理论界和实务界对 REITs 有过很多讨论。2008 年《国务院办公厅关于当前金融促进经济发展的若干意见》(国办发[2008]126 号)和《国务院办公厅关于促进房地产市场健康发展的若干意见》(国办发[2008]131 号)文中,都曾提出要开展房地产信托投资基金试点,拓宽直接融资渠道。但目前我国内地市场还没有出现真正的 REITs 产品。

(二) 房地产信托融资与 REITs 的区别

我国内地市场出现的众多房地产信托融资产品都利用了信托,在原理上与 REITs 有相似之处。但这两个金融产品之间存在着很多区别,主要体现在下面几个方面:

(1) REITs 实质为证券化的产业投资基金,主要通过持有并运营不动产来获得收益,

---

① 参见张文毅:《东京证券交易所不动产投资信托简介》,资料来源:http://w3.tse.com.tw/plan/essay/488/Intro-EstateInvTrustTOKYOSE.pdf (最后访问时间:2011 年 4 月 3 日)。

REITs 的投资者通过持有 REITs 份额而间接投资不动产,是真正意义上的投资行为;国内现有的房地产信托主要以集合资金信托计划的方式发行,资金运用上虽然包括信托贷款,持有企业股份、购买资产收益权凭证等投资方式,但实践中大多是作了债权融资安排,收益主要为贷款利息。

(2) REITs 既可以直接持有运营不动产,也可以间接投资不动产。REITs 对直接持有运营的不动产享有法律上的权属(包括所有权或他物权)。房地产信托融资不转移信托财产的权属。项目财产的登记所有人或权利人还是融入资金的开发商。即便是在股权融资的形式下的信托计划,信托公司虽然实现了对项目的股权控制,但信托公司最关注的仍然是项目现金流所决定的偿债能力。在特定资产收益权信托集合计划的情形下,信托公司获得的是土地或房屋的资产收益权(如租金收益权),该资产收益权仍然属于债权性质。

(3) REITs 的发行方式包括公募、私募,参与主体广泛,包括各种中小投资者;而集合资金信托计划只能通过私募方式发行,对自然人成为投资者设置有收入、人数、投资数额等方面的限制。机构投资者虽然不受数量的限制,但也必须是符合一定条件的"合格"机构投资者。[①]

(4) REITs 通过专业化的经营管理,从事多样化的投资,以实现投资风险分散化。房地产信托资金投向基本由房地产开发商主导,投资以单一项目为主,不具组合效果;信托公司除了受托人身份外,只是一个信用中介,并不强调对资金和项目的自主管理。

(5) 中国的房地产信托计划融资产品周期较短,一般为 1—3 年;而国际上发行的大部分的 REITs 产品周期在 8—10 年,也有无固定期限的。

(6) REITs 的投资份额具有较高的流动性和变现性,投资者可以在资本市场交易、柜台转让或者要求管理公司赎回;而房地产信托中的集合资金信托计划往往以私募方式发行,只能由信托公司提供受益权转让服务,流动性较差。

(7) 在税收待遇上,我国法律尚未给予信托特殊的税收待遇。房地产信托在投资、运营、收益分配等环节都需根据规定纳税。REITs 则往往被赋予特殊的税收地位。只要 REITs 将一定比例的收益都在纳税年度内分配给投资者,就不在 REITs 层面缴纳所得税。

思考题:
1. 房地产融资的概念是什么?大概有哪些种类?
2. 可以设定抵押和不得设定抵押的房地产范围?
3. 对预购商品房抵押和在建工程抵押标的正确理解是什么?
4. 房地产抵押权当事人的权利和义务有哪些?
5. 如何正确理解房地产项目运作与项目公司融资?
6. 个人住房贷款的概念、特征与种类是什么?

[①] 《信托公司集合资金信托计划管理办法》第 5 条、第 6 条。

7. 住房公积金贷款概念和特征是什么?
8. 房地产信托融资与 REITs 的区别有哪些?
9. 案例分析:乙公司诉王某和张某商品房买卖合同纠纷案

案情

原告:乙住房置业担保公司(以下简称乙公司)

被告:王某,张某(王某之妻)

2008年9月10日,王某为购买某商品房与甲房地产公司签订了《商品房买卖合同》。合同签订后,王某与妻子张某向某银行某支行申请银行按揭贷款,用于支付部分房价款。同时,因为张某和王某没有固定的收入来源,所以银行要求提供保证。于是,乙公司作为保证人与银行、张某和王某共同签订了《个人住房贷款借款合同》,其中约定乙公司为购房贷款提供住房置业担保,承担连带保证责任。同时,乙公司与王某和张某签订了《担保协议》,约定王某、张某以其购买之商品房向该公司提供反担保,由于王某、张某违反其与银行的借款合同规定的义务致使乙公司承担担保责任的,该公司因履行担保责任而产生的全部费用及损失,均由王某和张某负责赔偿。

还贷期间,王某和张某未支付2010年9月至2011年6月间的银行贷款本息。因王某和张某未支付上述10期借款,应银行要求,乙公司在2010年12月和2011年6月分别代表王某和张某偿还了借款本息共计273万元。

先乙公司起诉王某和张某偿还其支付的借款本息。被告未出庭答辩。

问:(1) 何为置业担保和反担保?乙公司的诉求能否得到满足?

(2) 若王某和张某拒绝偿还,乙公司如何实现其抵押权?

第十章　住房保障法律制度

学习目标：住房保障制度是市场经济条件下住房制度的重要内容，也是一个国家社会保障制度的重要组成部分。本章系统地介绍了中国住房保障制度，内容主要包括住房保障的概念、住房保障的形式；对住房保障中的保障性住房——经济适用住房和限价商品住房、廉租住房和公共租赁住房——以及住房公积金制度作了介绍。通过本章的学习，要了解住房保障的基本概念，保障性住房在住房保障体系中的地位；掌握经济适用住房、限价商品住房、廉租住房和公租房的基本制度以及住房公积金基本制度。

第一节　住房保障概述

一、住房保障的概念和特征

（一）住房保障制度的概念

住房保障制度是一国政府依据法律规定，通过国民收入再分配，保障其居民基本居住水平的一种制度。具体地说，住房保障是指，在住房主要由市场进行供给的大背景下，针对居住条件达不到基本住房标准而又无力自助的人群，由国家通过国民收入再分配，保障这部分人的基本居住水平。

（二）住房保障的特征

从这个概念中我们不难推出：第一，住房保障的实施主体是国家，区别于商品房和存量房的市场供应。第二，住房保障的保障对象是居住条件达不到基本住房标准且无力改变现状的人群，即住房有困难的中低收入人群。目前，城市中低收入家庭、棚户区居民、旧宅区居民、新入职人群，以及在城镇生活的农民工群体等在某种程度上都可划入住房保障的对象人群。第三，住房保障属于社会保障，与计划经济时期低租金、实物配给式的福利分房制度有很大不同。①

二、住房保障的形式

住房保障的形式从学理上大体可以分为两种：一是直接保障，有货币补贴与实物保障两种渠道；二是间接保障，包括金融和税收等方面的优惠政策。

综合各地的实践，直接保障的两种渠道又可衍生为三种形式，即实物保障、货币补贴、

---

① 其中最大的一个差别是住房保障只覆盖社会中最需要保障的人群，而福利分房至少从理论上说，覆盖绝大多数的城镇家庭。

实物和货币相结合保障。具体介绍如下:(1) 实物保障,由政府直接建设与供应公共住房,向符合住房保障条件的公民出售或出租,国内实践大致可概括为"两租两售"模式,即廉租住房和公共租赁住房供出租,经济适用住房和限价商品住房供出售;(2) 货币补贴,即政府通过购房津贴、租金补贴等方式,向符合住房保障条件的公民提供购房或租房的财政补贴;(3) 实物和货币相结合保障,针对已经享受到实物补贴或是货币补贴的,因收入等各种原因仍未达到基本住房标准的公民,由国家进一步提供综合的保障措施。

除了直接保障外,国家往往还通过金融政策、税收杠杆以及相关住房市场管制政策提供保障,如通过法律法规对住房租金、住房储蓄计划、开发商住房供给结构、户型和房价进行管制。而住房公积金制度、保险制度等也被广泛应用,这些措施在给社会全体公民提供保障的同时,也间接地影响到了住房保障的保障对象群体。

三、保障性住房

(一) 保障性住房的概念

保障性住房是指由政府直接出资或授权、委托其他单位出资建设、管理、经营,向城镇中低收入和住房困难家庭出租或出售的住房。保障性住房属于直接保障中的实物保障。

(二) 保障性住房的特征

保障性住房具有下面的特征:(1) 保障性住房强调的是"房",是实物,因此申请对象通过政府的货币补贴购买或租赁的房子不属于保障性住房。(2) 保障性住房的保障对象是城镇中低收入住房困难家庭。因此,当经济适用房按照规定上市转让或变为完全产权,房屋所有人不再为中低收入住房困难家庭后,就不再属于保障性住房。

现行的保障性住房按照供应方式,可以归纳为租赁型保障房和购置型保障房。租赁型保障房有廉租住房和公共租赁住房;购置型保障房有经济适用住房、限价商品住房和各类棚户区改造住房。[①]

第二节 经济适用住房

一、经济适用住房概述

(一) 概念和特征

经济适用住房,是指政府提供政策优惠,限定套型面积和销售价格,按照合理标准建设,面向城市低收入住房困难家庭供应,具有保障性质的政策性住房。

经济适用住房政策优惠主要体现在土地供应和建设过程中各项税费的优惠上。具体地说:(1) 经济适用住房的建设用地主要采取行政划拨的方式供给。(2) 经济适用住房

---

① 城镇保障性住房种类"五分法"参考《姜伟新向人大常委会报告保障房工作情况(实录)》,链接:http://www.china.com.cn/news/2011-10/25/content_23723312.htm (最后访问日期:2011 年 11 月 7 日)。

建设项目免收城市基础设施配套费等各种行政事业性收费和政府性基金,并执行国家规定的各项税收优惠政策。

经济适用住房的套型面积(建筑面积)目前控制在60平方米以内。确定经济适用住房的价格应当以保本微利为原则;房地产开发企业实施的经济适用住房项目利润率按不高于3%核定;市、县人民政府直接组织建设的经济适用住房只能按成本价销售,不得有利润。

(二) 经济适用住房的有限产权

城市低收入住房困难家庭购买经济适用住房后,取得的只是有限产权。具体地说:(1) 经济适用住房购买后不满5年,不得上市交易,确需转让的,由政府按照原价、考虑折旧等因素回购;购买后满5年,可以转让,但要按规定交纳增值收益,并规定在同等条件下政府优先回购。(2) 已经购买经济适用住房的家庭又购买其他住房的,原经济适用住房由政府按规定及合同约定回购。(3) 在取得完全产权前,经济适用住房只能用于自住,不得出售、出租、闲置、出借,也不得擅自改变住房用途。

二、经济适用住房的准入和退出

(一) 准入

经济适用住房按市、县人民政府限定的价格,向符合购房条件的低收入家庭出售。经济适用住房供应实行申请、审核、公示和轮候制度。

具体地说,申请经济适用住房的家庭必须同时符合下列条件:(1) 具有当地城镇户口;(2) 家庭收入符合市、县人民政府划定的低收入家庭收入标准;(3) 无房或现住房面积低于市、县人民政府规定的住房困难标准。

经济适用住房资格申请采取街道办事处(镇人民政府)、市(区)、县人民政府逐级审核并公示的方式认定。审核单位应当通过入户调查、邻里访问以及信函索证等方式对申请人的家庭收入和住房状况等情况进行核实。申请人及有关单位、组织或者个人应当予以配合,如实提供有关情况。

经审核公示通过的家庭,由市、县人民政府经济适用住房主管部门发放准予购买经济适用住房的核准通知,注明可以购买的面积标准。然后按照收入水平、住房困难程度和申请顺序等因素进行轮候。

(二) 退出

经济适用住房购房人的退出形式包括取得完全产权、政府回购或向市场出售等三种方式。

政府回购主要包括以下几种情况:(1) 已经购买经济适用住房的家庭又购买其他住房的,原经济适用住房由政府按规定及合同约定回购;(2) 购买经济适用住房不满5年的购房人因特殊原因确需转让经济适用住房的,由政府按照原价格并考虑折旧和物价水平等因素进行回购;(3) 购买经济适用住房满5年的购房人上市转让经济适用住房,政府行使优先回购权的回购。

购买经济适用住房满 5 年的经济适用住房购房人可以按照政府所定的标准向政府交纳土地收益等相关价款后,取得完全产权;也可以上市转让其经济适用住房,但应按照届时同地段普通商品住房与经济适用住房差价的一定比例向政府交纳土地收益等相关价款。

第三节 廉租住房保障

一、廉租住房保障的概念和种类

我国的廉租住房保障方式实行货币补贴和实物配租等相结合。货币补贴是指县级以上地方人民政府向申请廉租住房保障的城市低收入住房困难家庭发放租赁住房补贴,由其自行承租住房。实物配租是指县级以上地方人民政府向申请廉租住房保障的城市低收入住房困难家庭提供住房,并按照规定标准收取租金。其中实物配租时提供的住房即为廉租住房。廉租住房由公共财政出资建设,建筑面积控制在 50 平方米以内。廉租住房建设免征行政事业性收费和政府性基金。

二、准入和退出

(一) 准入

廉租住房的准入与经济适用住房大体相同,也要经过申请、审核、公示、轮候几个阶段。

由于廉租住房保障包括货币补贴和实物配租两种方式,建设(住房保障)主管部门在审核后,应综合考虑登记的城市低收入住房困难家庭的收入水平、住房困难程度和申请顺序以及个人申请的保障方式等,确定相应的保障方式及轮候顺序,并向社会公开。对已经登记为廉租住房保障对象的城市居民最低生活保障家庭,凡申请租赁住房货币补贴的,要优先安排发放补贴,基本做到应保尽保。实物配租则应当优先面向已经登记为廉租住房保障对象的孤、老、病、残等特殊困难家庭,城市居民最低生活保障家庭以及其他急需救助的家庭。

对轮候到位的城市低收入住房困难家庭,建设(住房保障)主管部门或者具体实施机构应当按照已确定的保障方式,与其签订租赁住房补贴协议或者廉租住房租赁合同,予以发放租赁住房补贴或者配租廉租住房,并公布发放租赁住房补贴和配租廉租住房的结果。

(二) 年度审核、调整与退出

《廉租住房保障办法》要求已领取租赁住房补贴或者配租廉租住房的城市低收入住房困难家庭按年度向所在地街道办事处或者镇人民政府如实申报家庭人口、收入及住房等变动情况。街道办事处或者镇人民政府在对申报情况进行核实并张榜公布后,将申报情况及核实结果报建设(住房保障)主管部门。

建设(住房保障)主管部门应当根据城市低收入住房困难家庭的人口、收入、住房等变化情况,调整租赁住房补贴额度或实物配租面积、租金等;对不再符合规定条件的,应当停止发放租赁住房补贴,或者由承租人按照合同约定退回廉租住房。

此外,正在享受实物配租廉租住房或领取廉租住房租赁补贴的家庭,再购买其他住房的,应当办理廉租住房保障退出手续。

除上述正常的调整与退出外,在下列情况下,享受实物配租的家庭应当按合同约定退回廉租住房:(1)将所承租的廉租住房转借、转租或者改变用途的;(2)无正当理由连续6个月以上未在所承租的廉租住房居住的;(3)无正当理由累计6个月以上未交纳廉租住房租金的。

享受实物配租的家庭不按照合同约定退回廉租住房的,建设(住房保障)主管部门应当责令其限期退回;逾期未退回的,可以按照合同约定,采取调整租金等方式处理。

城市低收入住房困难家庭拒绝接受前款规定的处理方式的,由建设(住房保障)主管部门或者具体实施机构依照有关法律法规规定处理。

第四节 公共租赁住房

一、概述

(一)公共租赁住房的概念

公共租赁住房是指由公共财政投资或企业和其他机构投资建设,面向城镇中等偏下收入住房困难家庭、新就业无房职工和在城镇稳定就业的外来务工人员出租的保障性住房。

公共租赁住房作为我国保障性住房体系的新成员,直到2010年左右才正式进入我国保障房体系中。[1] 公共租赁住房是全国住房保障的发展重点,是今后保障性住房的主要和重要形式。[2]

(二)公共租赁住房的特征

概括起来,公共租赁住房有以下几个特征:(1)公共租赁住房由公共财政投资或企业和其他机构投资建设。(2)公共租赁住房面向城镇中等偏下收入住房困难家庭、新就业无房职工和在城镇稳定就业的外来务工人员出租。租赁关系稳定,租金略低于市场租金。(3)从户型上看,公共租赁住房可以是成套的公寓,也可以是宿舍型住房;成套建设的,以小户型公寓为主。

---

[1] 国务院办公厅《关于促进房地产市场平稳健康发展的通知》(国办发[2010]4号)和国务院《关于坚决遏制部分城市房价过快上涨的通知》(国发[2010]10号)均明确要求商品住房价格过高、上涨过快的城市,要切实增加限价商品住房、经济适用住房、公共租赁住房供应。此后,住房和城乡建设部、国家发展和改革委员会、财政部、国土资源部、中国人民银行、国家税务总局、中国银行业监督管理委员会发布了《关于加快发展公共租赁住房的指导意见》(建保[2010]87号)。

[2] 《李克强出席全国保障性安居工程工作会议并讲话》,资料来源:http://www.cnr.cn/china/gdgg/201102/t20110224_507720031.html (最后访问日期:2011年7月3日)。

二、公共租赁住房的房源筹集

公共租赁住房房源通过新建、改建、收购、在市场上长期租赁住房等方式多渠道筹集。新建公共租赁住房以配建为主,也可以相对集中建设。要科学规划,合理布局,尽可能安排在交通便利、公共设施较为齐全的区域,同步做好小区内外市政配套设施建设。

在外来务工人员集中的开发区和工业园区,市、县人民政府应当按照集约用地的原则,统筹规划,引导各类投资主体建设公共租赁住房,面向用工单位或园区就业人员出租。

第五节 限价商品住房

一、限价商品住房的概念和特征

(一) 概念

限价商品住房制度是一种在房价较高的城市实行的、面向中低收入无房或住房困难家庭供应价格限定、套型限定的普通商品住房的住房保障政策。在实施这项政策的过程中,政府在以公开方式出让商品住房用地时,事先提出限制销售价格、限制住房套型面积和限制销售对象等要求,由建设单位通过公开竞争方式取得土地,按政府限制性要求开发建设,并定向销售限价商品住房。

2006年5月国务院办公厅发布的《国务院办公厅转发建设部等部门关于调整住房供应结构稳定住房价格意见的通知》提出:"要优先保证中低价位、中小套型普通商品住房(含经济适用住房)和廉租住房的土地供应,其年度供应量不得低于居住用地供应总量的70%;土地的供应应在限套型、限房价的基础上,采取竞地价、竞房价的办法,以招标方式确定开发建设单位。"其中的"限套型、限房价"的普通商品住房,便是限价商品住房。部分房价较高的城市根据该通知制定了各自的限价商品房管理办法。

(二) 特征

限价商品住房是具有保障性质的普通商品住房。由于具有保障性质,限价商品住房又具有一些不同于普通商品房的特征。具体而言,限价商品住房的房价是被政府限定的,其销售价格低于普通商品住房的市场价;限价商品住房的套型面积也都有限制,大多数城市的限价商品房管理办法都规定限价商品住房套型建筑面积原则上控制在90平方米以下;限价商品住房的销售对象也有所限制,申请购买限价商品住房的申请人还需满足一定的条件。由于政府在土地公开出让时已经限定了房屋价格、套型面积和销售对象等,因此政府在出让地块时将对开发商的开发成本和合理利润进行测算后,设定土地出让的价格范围,采取"竞地价、竞房价"的办法选择开发商。除了上述区别外,限价商品住房的上市交易还受到一定的限制,如依据《北京市限价商品住房管理办法(试行)》的规定,购房人取得房屋权属证书后5年内不得转让所购住房,确需转让的,可向户口所在地区县住房保障管理部门申请回购;购房人在取得房屋权属证书5年后转让所购住房的,应按届时同地段普通商品住房和限价商品住房差价的一定比例交纳土地收益等价款。

限价商品住房与经济适用房相比,其特征表现在以下几个方面:获得土地的方式不同,经济适用住房的建设用地主要采取行政划拨的方式供给,免交土地出让金,而限价商品住房的建设用地采取公开出让的方式,须交纳土地出让金;销售价格不同,由于限价商品住房比经济适用住房多一项土地出让金的成本,因此限价商品住房的销售价格比经济适用住房高,主要面向不符合经济适用住房申请条件而又无力购买商品住房的家庭和个人;运作方式不同,经济适用住房销售价格的确定采保本微利原则,而限价商品住房按照"以房价定地价"的思路,采用政府组织监管、市场化运作的模式。

二、限价商品住房的准入和退出

(一) 准入

限价商品住房按当地人民政府限定的价格,向符合购房条件的家庭和个人出售。购买限价商品住房实行申请、审核、公示和备案制度。

实行限价商品住房政策的城市都有各自的申请购买限价商品住房的家庭和个人应符合的条件,各城市规定的条件有所不同,但大致对下列事项做了要求:(1) 申请人须具有完全民事行为能力;(2) 申请人具有本市户籍或申请人具有本市常住户籍并达到一定的年限;(3) 单身家庭、离异家庭提出申请的,需满足年龄、离异时间上的要求;(4) 申请家庭人均住房面积、家庭收入、家庭资产须符合规定标准;(5) 申请家庭成员在一定时限内没有住房交易记录;等等。

购买限价商品住房,大致须经过申请、审核、公示和备案的程序。

以北京市为例,家庭在申请购买限价商品住房时,须持如实填写的《北京市限价商品住房家庭资格核定表》和相关证明材料,向户口所在地街道办事处或乡镇人民政府提出申请。街道办事处或乡镇人民政府通过审核材料、入户调查、组织评议、公示等方式对申请家庭的收入、住房、资产等情况进行初审,提出初审意见,将符合条件的申请家庭材料报区县住房保障管理部门。区县住房保障管理部门再对申请家庭材料进行复审,并将符合条件的申请家庭情况进行公示,无异议的,报市住房保障管理部门备案。市住房保障管理部门对区县住房保障管理部门上报的申请家庭材料予以备案,区县住房保障管理部门为经过备案的申请家庭建立市和区县共享的住房需求档案。

市住房保障管理部门根据各区县需求情况,制定房源分配计划,在房源分配到各区县之后,各区县住房保障管理部门负责组织本地区县符合条件的申请家庭,通过摇号等方式配售限价商品住房。其中对解危排险、旧城改造和风貌保护、环境整治、重点工程等公益性项目涉及的被拆迁或腾退家庭和家庭成员中含有60周岁以上(含60周岁)老人、严重残疾人员、患有大病人员、复转军人、优抚对象的家庭及自愿放弃经济适用住房购买资格的家庭可优先配售;对其他符合条件的家庭,按照住房困难程序,优先配售给无房家庭。对多次参加摇号均未摇中且轮候3年以上(不含3年)的申请家庭,区县住房保障管理部门可直接为其配售。

(二) 退出

限价商品住房购房人的退出形式包括政府回购和向市场出售等方式。

以北京市为例,限价商品住房购房人进行房屋权属登记时,房屋行政主管部门应在房屋权属证书上注明"限价商品住房"字样。购房人取得房屋权属证书后5年内不得转让所购住房。确需转让的,可向户口所在区县住房保障管理部门申请回购,回购价格按购买价格并考虑折旧和物价水平等因素确定,回购的房屋继续作为限价商品住房向符合条件家庭出售。

购房人在取得房屋权属证书5年后转让所购住房的,应按届时同地段普通商品住房和限价商品住房差价的一定比例交纳土地收益等价款。

购房人通过弄虚作假,隐瞒家庭收入、住房和资产状况及伪造相关证明等手段骗购限价商品住房的,由区县住房保障管理部门责令购房人退回已购住房或按同地段普通商品住房价格补足购房款;已构成犯罪的,移交司法机关追究刑事责任。

第六节 住房公积金

一、住房公积金概述

住房公积金制度是我国城镇住房制度改革的产物,1991年上海市借鉴新加坡的中央公积金制度,在全国率先试行,并很快在全国推广。1994年11月23日,财政部、国务院住房制度改革领导小组、中国人民银行联合下发了《建立住房公积金制度的暂行规定》,标志着我国住房公积金制度的建立。1999年4月国务院颁布了《住房公积金管理条例》,2002年3月国务院对该条例进行了修改。

(一) 住房公积金的概念

根据《住房公积金管理条例》,住房公积金,是指国家机关、国有企业、城镇集体企业、外商投资企业、城镇私营企业及其他城镇企业、事业单位、民办非企业单位、社会团体(以下统称单位)及其在职职工缴存的长期住房储金。

住房公积金从性质上看是一种"长期住房储金"。职工个人缴存的住房公积金和职工所在单位为职工缴存的住房公积金,属于职工个人所有。职工所在单位要在受托银行为本单位职工设立专门的住房公积金账户,而且必须为每个职工设立单独的账户,职工住房公积金账户上的存储余额只有职工个人有权提取,职工所在单位无权提取。

(二) 住房公积金的特征

住房公积金具有如下特征:(1)强制性和义务性。凡《住房公积金管理条例》中规定的缴存单位及其在职职工,都须按照规定的缴存基数、比例缴存住房公积金。(2)融资性、互助性。住房公积金制度是一项专门的住房融资制度,缴存住房公积金的职工,在购买、建造、翻修、大修自住住房时,可以向住房公积金管理中心申请住房公积金贷款。住房公积金实行存贷挂钩,只有缴存了住房公积金的职工才能申请贷款。这实质上是动员全社会的力量,包括已经解决住房问题的职工,以及新参加工作尚不存在住房问题的职工,形成长期稳定的住房建设周转资金,帮助有购房、建房、修房需求的职工解决资金上的困难。虽然商业银行也可以提供个人住房商业贷款,但住房公积金贷款的条件要优惠得多。(3) 保障性住房公积金是我国住房保障体系的一项重要制度。住房公积金定向用于职工住房消费,通过专业运作和监督管理实现增值。并且住房公积金的增值收益除了提取贷款风险准备金和中心的管理费用之外作为城市廉租住房建设的补充资金,部分住房公积金闲置资金可补充用于经济适用住房、公共租赁住房等保障性住房的建设,这些都对城市低收入住房困难居民起到了保障作用。

二、住房公积金的管理

(一) 住房公积金的管理原则

住房公积金的管理实行"住房公积金管理委员会决策、住房公积金管理中心运作、银行专户存储、财政监督"的原则。

住房公积金的存、贷利率由中国人民银行提出,经征求国务院建设行政主管部门的意见后,报国务院批准。国务院建设行政主管部门会同国务院财政部门、中国人民银行拟定住房公积金政策,并监督执行。省、自治区人民政府建设行政主管部门会同同级财政部门以及中国人民银行分支机构,负责本行政区域内住房公积金管理法规、政策执行情况的监督。

(二) 住房公积金管理机构及职责

1. 住房公积金管理委员会

直辖市和省、自治区人民政府所在地的市以及其他设区的市(地、州、盟),应当设立住房公积金管理委员会,作为住房公积金管理的决策机构。住房公积金管理委员会的成员中,人民政府负责人和建设、财政、人民银行等有关部门负责人以及有关专家占1/3,工会代表和职工代表占1/3,单位代表占1/3。住房公积金管理委员会主任应当由具有社会公信力的人士担任。

住房公积金管理委员会履行下列职责:(1) 依据有关法律、法规和政策,制定和调整住房公积金的具体管理措施,并监督实施;(2) 根据《住房公积金管理条例》第18条的规定,拟订住房公积金的具体缴存比例;(3) 确定住房公积金的最高贷款额度;(4) 审批住房公积金归集、使用计划;(5) 审议住房公积金增值收益分配方案;(6) 审批住房公积金归集、使用计划执行情况的报告。住房公积金管理委员会应当按照中国人民银行的有关规定,指定受委托办理住房公积金金融业务的商业银行。

2. 住房公积金管理中心

直辖市和省、自治区人民政府所在地的市以及其他设区的市(地、州、盟)应当按照精简、效能的原则,设立一个住房公积金管理中心,负责住房公积金的管理运作。县(市)不设立住房公积金管理中心,有条件的县(市)可以设立分支机构。住房公积金管理中心与其分支机构应当实行统一的规章制度,进行统一核算。

住房公积金管理中心是直属城市人民政府的不以营利为目的的独立的事业单位,履行下列职责:(1)编制、执行住房公积金的归集、使用计划;(2)负责记载职工住房公积金的缴存、提取、使用等情况;(3)负责住房公积金的核算;(4)审批住房公积金的提取、使用;(5)负责住房公积金的保值和归还;(6)编制住房公积金归集、使用计划执行情况的报告;(7)承办住房公积金管理委员会决定的其他事项。住房公积金管理中心应当委托受托银行办理住房公积金贷款、结算等金融业务和住房公积金账户的设立、缴存、归还等手续,并与受委托银行签订委托合同。

三、住房公积金的缴存、提取和使用

(一) 缴存

1. 缴存对象

根据《建设部、财政部、中国人民银行关于住房公积金管理若干具体问题的指导意见》(建金管[2005]5号)的规定,国家机关、国有企业、城镇集体企业、外商投资企业、城镇私营企业及其他城镇企业、事业单位、民办非企业单位、社会团体(以下统称单位)及其在职职工,应当按《住房公积金管理条例》的规定缴存住房公积金。有条件的地方,城镇单位聘用进城务工人员,单位和职工可缴存住房公积金;城镇个体工商户、自由职业人员可申请缴存住房公积金。

2. 账户设立

住房公积金管理中心应当在受委托银行设立住房公积金专户。单位应当到住房公积金管理中心办理住房公积金缴存登记,经住房公积金管理中心审核后,到受委托银行为本单位职工办理住房公积金账户设立手续。每个职工只能有一个住房公积金账户。住房公积金管理中心应当建立职工住房公积金明细账,记载职工个人住房公积金的缴存、提取等情况。

3. 缴存额

职工住房公积金的月缴存额为职工本人上一年度月平均工资乘以职工住房公积金缴存比例;单位为职工缴存的住房公积金的月缴存额为职工本人上一年度月平均工资乘以单位住房公积金缴存比例。职工和单位住房公积金的缴存比例均不得低于职工上一年度月平均工资的5%;有条件的城市,可以适当提高缴存比例。具体缴存比例由住房公积金管理委员会拟订,经本级人民政府审核后,报省、自治区、直辖市人民政府批准。职工个人缴存的住房公积金,由所在单位每月从其工资中代扣代缴。

4. 单位的缴存义务

单位应当于每月发放职工工资之日起5日内将单位缴存的和为职工代缴的住房公积金汇缴到住房公积金专户内,由受委托银行计入职工住房公积金账户。单位应当按时、足额缴存住房公积金,不得逾期缴存或者少缴。对缴存住房公积金确有困难的单位,经本单位职工代表大会或者工会讨论通过,并经住房公积金管理中心审核,报住房公积金管理委员会批准后,可以降低缴存比例或者缓缴;待单位经济效益好转后,再提高缴存比例或者

补缴缓缴。单位不办理住房公积金缴存登记或者不为本单位职工办理住房公积金账户设立手续的,由住房公积金管理中心责令限期办理;逾期不办理的,处1万元以上5万元以下的罚款。单位逾期不缴或者少缴住房公积金的,由住房公积金管理中心责令限期缴存;逾期仍不缴存的,可以申请人民法院强制执行。

(二) 住房公积金的提取和使用

1. 提取条件

根据《住房公积金管理条例》(2002年修订)第24条,职工有下列情形之一的,可以提取职工住房公积金账户内的存储余额:(1)购买、建造、翻建、大修自住住房的;(2)离休、退休的;(3)完全丧失劳动能力,并与单位终止劳动关系的;(4)出境定居的;(5)偿还购房贷款本息的;(6)房租超出家庭工资收入的规定比例的。依照第(2)、(3)、(4)项规定,提取职工住房公积金的,应当同时注销职工住房公积金账户。职工死亡或者被宣告死亡的,职工的继承人、受遗赠人可以提取职工住房公积金账户内的存储余额。

2. 住房公积金的使用

缴存住房公积金的职工,在购买、建造、翻建、大修自住住房时,可以向住房公积金管理中心申请住房公积金贷款。住房公积金管理中心应当自受理申请之日起15日内作出准予贷款或者不准贷款的决定,并通知申请人;准予贷款的,由受委托银行办理贷款手续。住房公积金贷款的风险,由住房公积金管理中心承担。申请人申请住房公积金贷款的,应当提供担保。

住房公积金管理中心在保证住房公积金提取和贷款的前提下,经住房公积金管理委员会批准,可以将住房公积金用于购买国债。住房公积金管理中心不得向他人提供担保。

住房公积金的增值收益应当存入住房公积金管理中心在受委托银行开立的住房公积金增值收益专户,用于建立住房公积金贷款风险准备金、住房公积金管理中心的管理费用和建设城市廉租住房及其他保障性住房的补充资金。

思考题:

1. 简述住房保障的形式。
2. 什么是保障性住房?简述保障性住房的特征。
3. 什么是公共租赁住房?简述公共租赁住房的特征。
4. 什么是限价商品住房?简述限价商品住房的特征。
4. 简述住房公积金提取的条件。

第十一章　房地产税费法律制度

学习目标：房地产税费法律制度对调控房地产经济具有重要作用。本章主要包括房地产税收的概念、作用，房地产费的概念；几种具体的房地产税的主要内容；以及对具体的房地产费的简要介绍。通过本章的学习，要了解地产税收的基本概念和作用。理解具体的房地产税和房地产费的主要内容。

第一节　房地产税费概述

一、房地产税收概述

（一）房地产税收的概念

房地产税收，是指以房地产为纳税依据的税种和以房地产开发、经营、流转过程中特定行为为纳税依据的税种的总称。在我国现行税收体制下，主要是房地产在开发、转让、保有、使用等环节涉及的所有税种的统称。目前，我国的房地产税主要包括城镇土地使用税、耕地占用税、土地增值税、房产税、契税、印花税、销售不动产营业税、转让房地产所得税等。

房地产税收是国家税收中的重要组成部分，随着我国土地资源管理的不断加强、房地产业的迅速发展和与房地产税收相关的法律制度的逐渐完善，房地产税收已经成为我国税收体系中相对独立、具有特色的一部分。房地产税收，不仅成为国家财政收入的一个重要来源，而且也已经成为国家对房地产市场进行宏观调控的有效工具，对保障整个房地产业和房地产市场健康有序的发展发挥着重要的作用。

（二）房地产税收的作用

我国现行房地产税收体系基本涵盖了房地产的取得、保有、转让三个环节，对我国房地产市场的运作起着多层次的调节作用。在我国现阶段，房地产税收的作用主要体现在以下几个方面：

（1）房地产税是国家组织财政收入的重要来源

在社会主义市场经济条件下，税收是我国财政收入的主要形式。由于税收具有强制性、无偿性、固定性的特征，因此税收就把财政收入建立在及时、稳定、可靠的基础之上，成为国家满足公共需要的主要财力保障。房地产业是国民经济的支柱产业和基础产业，房地产既是生产资料，又是生活资料，人们占有和使用房地产是非常普遍的行为，并且与一般财产相比，房地产具有价值大、不易移动的特点。因此，以房地产为课税对象，不但税源充足，而且税收收入也相当稳定。在一些发达国家和地区，来自房地产的税收收入通常占年度财政收入的1/3或1/4。① 近几年来,随着社会生产力的发展、城市化进程的推进和人民生活水平的提高,人们对房地产的需求将不断增加,推动房地产业的持续发展,使得我国的房地产税收所得逐年增长。可以预见,我国的房地产税收将在国家组织财政收入方面发挥越来越重要的作用。

(2) 房地产税是国家对房地产市场宏观调控的有效工具

税收作为经济杠杆是国家实行宏观调控的重要工具。在不同时期和不同的经济条件下,国家为了实现一定的经济目标和社会目标,可以通过制定相关的税收政策来调节纳税人的经济利益,从而影响经济,促进产业结构、产品结构和消费结构的合理化。房地产税收也具有此项功能。国家可以通过房地产税收的征免,来引导房地产市场中资金的流向,调控整个房地产业的发展速度和发展方向,从而保障房地产市场的健康、持续发展。

(3) 房地产税可以有效地调节收入分配

在市场经济条件下,由市场决定的分配机制不可避免地会拉大收入分配上的差距,客观上要求通过税收调节,平衡负担,缩小收入差距。房地产税可以有效地调节收入分配:一方面,房地产作为财产的重要内容,其数量、面积、价值等属性直接体现房地产拥有者经济实力的大小,也反映出其纳税能力的高低,因此对拥有不同房地产的人征收不同的税能够起到缩小个人收入差距的作用;另一方面,房地产税收既有直接税,也有间接税,其中直接税的纳税人是税收的实际负担人,税负一般难以转嫁,例如房产税、城镇土地使用税均为直接税,房产所有人须以房产的价值缴纳房产税,城镇土地使用人须以实际占用的土地面积为依据缴纳城镇土地使用税,在这种情况下纳税人很难将税负转嫁给他人承担,占有的房地产越多负担越重,占有的房地产越少负担越轻,从而体现出房地产税收调节纳税人的财产量、缩小收入差距的作用。

(4) 房地产税收可以抑制房地产投机行为

随着社会生产力的发展,城市化进程的推进和人民生活水平的提高,人们对房地产的需求将会不断增长。但是由于土地具有稀缺性和不可再生性等特征,这就意味着在一定时期内房地产的供应是有限的。房地产需求的不断增长与房地产供给的有限性可能会使房地产市场呈现为卖方市场,从而为投机行为创造条件。投机者占有房地产的目的不在于使用,而是通过囤积等手段待价而沽,获取暴利。房地产税收可以在一定程度上抑制这种投机行为,例如,通过对购买的第二套及以上的住房征收房产税,对买进房地产短期内再卖出的行为征收较高的营业税等手段,抑制房地产投机行为,维护房地产市场正常的经营秩序。

(5) 房地产税收可以促进土地资源的合理利用

通过对不同的土地利用方向制定不同的税率,即对需要限制的土地利用课以重税,对需要鼓励的土地利用课以轻税或者适当减税免税,可以引导土地的利用方向,促进土地资源的合理有效利用。例如,我国房地产税中与土地相关的税目,大多采用以实际占用面积

---

① 李延荣、周珂:《房地产法》(第三版),中国人民大学出版社2008年版,第181—182页。

为计税依据,从而可以限制土地的过多占用,减少土地资源的浪费。此外,对占用基本农田或者在耕地资源稀缺的地区占用耕地的情形收取较高的耕地占用税,体现出国家对耕地资源的保护,有利于我国土地利用结构的优化。

二、房地产费概述

房地产费是指在房地产开发、经营活动中有关行政机关、事业单位向房地产开发企业、房地产交易各方和房地产产权人等收取的税以外的其他各种费用,是上述机关实行管理和提供服务而向被管理者或被服务人收取的成本。[①] 房地产费的种类很多,根据有关规定,可大体将房地产费分为土地使用权出让金和土地闲置费、房地产行政性收费和房地产事业性收费。本章仅就主要的房地产费作了介绍。

第二节 房地产税

一、城镇土地使用税

城镇土地使用税(以下简称"土地使用税")是对在城市、县城、建制镇、工矿区范围内使用土地的单位和个人,以其实际占用的土地面积为计税依据而征收的一种房地产税。征收土地使用税的法律依据是1988年9月27日国务院发布的《中华人民共和国城镇土地使用税暂行条例》(以下简称"《条例》")。《条例》于2006年12月31日作了修订。征收土地使用税的目的和意义在于,合理利用城镇土地,调节土地级差收入,提高土地使用效益,加强土地管理。

(一)纳税人

土地使用税的纳税人是在城市、县城、建制镇、工矿区范围内使用土地的单位和个人。上面所称的单位,包括国有企业、集体企业、私营企业、股份制企业、外商投资企业、外国企业以及其他企业和事业单位、社会团体、国家机关、军队以及其他单位;所称的个人,包括个体工商户以及其他个人。

(二)征税范围

土地使用税的征税范围是在城市、县城、建制镇、工矿区范围内的土地。城市的征税范围为市区和郊区;县城的征税范围为县人民政府所在的城镇;建制镇的征税范围为镇人民政府所在地。城市、县城、建制镇、工矿区的具体征税范围,由各省、自治区、直辖市人民政府划定。

(三)计税依据

土地使用税以纳税人实际占用的土地面积为计税依据,依照规定税额计算征收。土地占用面积的组织测量工作,由省、自治区、直辖市人民政府根据实际情况确定。

---

① 李凤章主编:《房地产法教程》,对外经济贸易大学出版社2010年版,第270页。

(四) 税额

土地使用税每平方米年税额如下:(1) 大城市1.5元至30元;(2) 中等城市1.2元至24元;(3) 小城市0.9元至18元;(4) 县城、建制镇、工矿区0.6元至12元。

省、自治区、直辖市人民政府应当在上述规定的税额幅度内,根据市政建设状况、经济繁荣程度等条件,确定所辖地区的适用税额幅度。市、县人民政府应当根据实际情况,将本地区土地划分为若干等级,在省、自治区、直辖市人民政府确定的税额幅度内,制定相应的适用税额标准,并报省、自治区、直辖市人民政府批准执行。经省、自治区、直辖市人民政府批准,经济落后地区土地使用税的适用税额标准可以适当降低,但降低额不得超过上述规定最低税额的30%。经济发达地区土地使用税的适用税额标准可以适当提高,但须报经财政部批准。

(五) 土地使用税的减免

下列土地免缴土地使用税:(1) 国家机关、人民团体、军队自用的土地;(2) 由国家财政部门拨付事业经费的单位自用的土地;(3) 宗教寺庙、公园、名胜古迹自用的土地;(4) 市政街道、广场、绿化地带等公共用地;(5) 直接用于农、林、牧、渔业的生产用地;(6) 经批准开山填海整治的土地和改造的废弃土地,从使用的月份起免缴土地使用税5年至10年;(7) 由财政部另行规定免税的能源、交通、水利设施用地和其他用地。

除了以上免缴情形外,纳税人缴纳土地使用税确有困难需要定期减免的,由省、自治区、直辖市税务机关审核后,报国家税务局批准。

(六) 土地使用税的缴纳和征收

土地使用税按年计算、分期缴纳。缴纳期限由省、自治区、直辖市人民政府确定。对新征收的土地,如果征收的是耕地,则自批准征收之日起满1年时开始缴纳土地使用税;如果是非耕地,则自批准征收次月起缴纳土地使用税。

土地使用税由土地所在地的税务机关征收。土地管理机关应当向土地所在地的税务机关提供土地使用权属资料。

(七) 关于地下建筑用地的土地使用税问题

2009年11月22日,财政部、国家税务总局联合下发了《关于房产税城镇土地使用税有关问题的通知》(财税[2009]128号),《通知》第4条规定了"关于地下建筑用地的城镇土地使用税问题"。具体内容为:对在城镇土地使用税征税范围内单独建造的地下建筑用地,按规定征收城镇土地使用税。其中,已取得地下土地使用权证的,按土地使用权证确认的土地面积计算应征税款;未取得地下土地使用权证或地下土地使用权证上未标明土地面积的,按地下建筑垂直投影面积计算应征税款。对上述地下建筑用地暂按应征税款的50%征收城镇土地使用税。

二、耕地占用税

耕地占用税是指对占用耕地建房或者从事非农业建设的单位和个人征收的一种房地产税。国务院于1987年制定了《中华人民共和国耕地占用税暂行条例》,规定自1987年起征收耕地占用税。2007年12月1日国务院制定了新的《中华人民共和国耕地占用税暂行条例》,自2008年1月1日起实施。2008年2月26日财政部、国家税务总局审议通过了《中华人民共和国耕地占用税暂行条例实施细则》(以下简称《细则》)。征收耕地占用税的目的和意义在于合理利用土地资源,加强土地管理,保护耕地。

(一) 纳税人

耕地占用税的纳税人为占用耕地建房或者从事非农业建设的单位或者个人。这里所称的单位,包括国有企业、集体企业、私营企业、股份制企业、外商投资企业、外国企业以及其他企业和事业单位、社会团体、国家机关、部队以及其他单位;所称个人,包括个体工商户以及其他个人。根据占用耕地的不同情形,《细则》中规定:经申请批准占用耕地的,纳税人为农用地转用审批文件中标明的建设用地人;农用地转用审批文件中未标明建设用地人的,纳税人为用地申请人。未经批准占用耕地的,纳税人为实际用地人。

(二) 征税范围

耕地占用税的征税范围,包括进行建房或者其他非农业建设而占用的耕地。这里的耕地,是指用于种植农作物的土地。

纳税人临时占用耕地,应当依照规定缴纳耕地占用税。纳税人在批准临时占用耕地的期限内恢复所占用耕地原状的,全额退还已经缴纳的耕地占用税。因污染、取土、采矿塌陷等毁损耕地的,比照临时占用耕地的情况,由造成毁损的单位或者个人缴纳耕地占用税。超过2年未恢复耕地原状的,已征税款不予退还。

占用园地、林地、牧草地、农田水利地、养殖水面以及渔业水域滩涂等其他农用地建房或者从事非农业建设的,比照占用耕地征收耕地占用税。但是占用上述农用地是为了建设直接为农业生产服务的生产设施时,不征收耕地占用税。

(三) 计税依据

耕地占用税以纳税人实际占用的耕地面积为计税依据,按照规定的适用税额一次性征收。实际占用的耕地面积,包括经批准占用的耕地面积和未经批准占用的耕地面积。

(四) 税额

耕地占用税的税额规定如下:(1) 人均耕地不超过1亩的地区(以县级行政区域为单位,下同),每平方米为10元至50元;(2) 人均耕地超过1亩但不超过2亩的地区,每平方米8元至40元;(3) 人均耕地超过2亩但不超过3亩的地区,每平方米为6元至30元;人均耕地超过3亩的地区,每平方米为5元至25元。

国务院财政、税务主管部门根据人均耕地面积和经济发展情况确定各省、自治区、直辖市的平均税额。

各地适用税额,由省、自治区、直辖市人民政府在上述税额幅度内,根据本地区情况核定,但核定的适用税额的平均水平,不得低于国务院财政、税务主管部门根据人均耕地面积和经济发展情况确定的各省、自治区、直辖市的平均税额。

(五) 耕地占用税的加收

经济特区、经济技术开发区和经济发达且人均耕地特别少的地区,适用税额可以适当提高,但是提高的部分最高不得超过各省、自治区、直辖市人民政府核定的当地适用税额的 50%。

占用基本农田的,适用税额应当在各省、自治区、直辖市人民政府核定的当地适用税额,或者经济特区、经济技术开发区和经济发达且人均耕地特别少的地区的当地适用税额的基础上提高 50%。

(六) 耕地占用税的减免

下列情形免征耕地占用税:(1) 军事设施占用耕地;(2) 学校、幼儿园、养老院、医院占用耕地。但学校内经营性场所和教职工住房、医院内职工住房占用耕地的,应按照当地适用税额缴纳耕地占用税。

铁路线路、公路线路、飞机场跑道、停机坪、港口、航道占用耕地,减按每平方米 2 元的税额征收耕地占用税。根据实际需要,国务院财政、税务主管部门商国务院有关部门并报国务院批准后,可以对上述情形免征或者减征耕地占用税。但是专用铁路和铁路专用线、专用公路和城区内机动车道占用耕地的,应按照当地适用税额缴纳耕地占用税。

农村居民占用耕地新建住宅,按照当地适用税额减半征收耕地占用税。在这里,减税的农村居民占用耕地新建住宅,是指农村居民经批准在户口所在地按照规定标准占用耕地建设自用住宅。农村居民经批准搬迁,原宅基地恢复耕种,凡新建住宅占用耕地不超过原宅基地面积的,不征收耕地占用税;超过原宅基地面积的,对超过部分按照当地适用税额减半征收耕地占用税。

农村烈士家属、残疾军人、鳏寡孤独以及革命老根据地、少数民族聚居区和边远贫困山区生活困难的农村居民,在规定用地标准以内新建住宅缴纳耕地占用税确有困难的,经所在地乡(镇)人民政府审核,报经县级人民政府批准后,可以免征或者减征耕地占用税。

在按规定情形免征或者减征耕地占用税后,纳税人改变原占地用途,不再属于免征或者减征耕地占用税情形的,应自改变用途之日起 30 日内按改变用途的实际占用耕地面积和当地适用税额补缴税款。

(七) 耕地占用税的缴纳和征收

耕地占用税由地方税务机关负责征收。土地管理部门在通知单位或者个人办理占用耕地手续时,应当同时通知耕地所在地同级地方税务机关。获准占用耕地的单位或者个人应当在收到土地管理部门的通知之日起 30 日内缴纳耕地占用税。土地管理部门凭耕地占用税完税凭证或者免税凭证和其他有关文件发放建设用地批准书。

三、土地增值税

土地增值税是指对转让房地产并取得收入的单位和个人,以其转让房地产所取得的增值额为计税依据而征收的一种房地产税。其法律依据为国务院 1993 年 12 月 13 日发布的《中华人民共和国土地增值税暂行条例》和财政部 1995 年 1 月 27 日发布的《中华人民共和国土地增值税暂行条例实施细则》(以下简称"《细则》")。征收土地增值税对规范土地、房地产市场交易秩序,合理调节土地增值收益,维护国家权益具有重要的意义。

（一）纳税人

土地增值税的纳税人为转让国有土地使用权、地上的建筑物及其附着物（以下简称"转让房地产"）并取得收入的单位和个人，具体包括各类企业单位、事业单位、国家机关、社会团体及其他组织和个体经营者。

（二）征税范围

土地增值税的征收范围是转让的国有土地使用权、地上的建筑物及其附着物。这里的"转让"是指以出售或者其他方式有偿转让房地产的行为，不包括以继承、赠与方式无偿转让房地产的行为；"国有土地"指按国家法律规定属于国家所有的土地；"地上建筑物"指建于土地上的一切建筑物，包括地上地下的各种附属设施；"附着物"指附着于土地上的不能移动，一经移动即遭损坏的物品。

（三）计税依据

土地增值税以纳税人转让房地产所取得的增值额为计税依据。增值额等于纳税人转让房地产所取得的收入减去法定扣除项目金额后的余额。其中，转让房地产所取得的收入，包括货币收入、实物收入和其他收入；法定扣除项目金额，包括：（1）取得土地使用权所支付的金额；（2）开发土地的成本、费用；（3）新建房及配套设施的成本、费用，或者旧房及建筑物的评估价格；（4）与转让房地产有关的税金；（5）财政部规定的其他扣除项目。

纳税人有下列情形之一的，按照房地产评估价格计算征收：（1）隐瞒、虚报房地产成交价格的；（2）提供扣除项目金额不实的；（3）转让房地产的成交价格低于房地产评估价格，又无正当理由的。

（四）税率

土地增值税实行四级超率累进税率：（1）增值额未超过扣除项目金额50%的部分，税率为30%；（2）增值额超过扣除项目金额50%、未超过扣除项目金额100%的部分，税率为40%；（3）增值额超过扣除项目金额100%、未超过扣除项目金额200%的部分，税率为50%；（4）增值额超过扣除项目金额200%的部分，税率为60%。

（五）土地增值税的减免

有下列情形之一的，免征土地增值税：（1）纳税人建造普通标准住宅出售，增值额未超过扣除项目金额20%的；（2）因国家建设需要依法征收、收回的房地产。

对于"普通标准住宅"，2005年4月30日由建设部等七部门联合颁布的《关于做好稳定住房价格工作的意见》中规定，享受优惠政策的普通住房原则上应同时满足以下条件：住宅小区建筑容积率在1.0以上、单套建筑面积在120平方米以下、实际成交价格低于同级别土地上住房平均交易价格1.2倍以下。各省、自治区、直辖市要根据实际情况，制定本地区享受优惠政策普通住房的具体标准。允许单套建筑面积和价格标准适当浮动，但向上浮动的比例不得超过上述标准的20%。各直辖市和省会城市的具体标准要报建设部、财政部、税务总局备案后，在2005年5月31日前公布。

《细则》中还规定了因城市实施规划、国家建设的需要而搬迁，由纳税人自行转让原房地产的,免征土地增值税。此外《细则》还规定了,个人因工作调动或改善居住条件而转让原自用住房,经向税务机关申报核准,凡居住满 5 年或 5 年以上的,免予征收土地增值税;居住满 3 年未满 5 年的,减半征收土地增值税。居住未满 3 年的,按规定计征土地增值税。

(六) 土地增值税的缴纳和征收

纳税人应当自转让房地产合同签订之日起 7 日内向房地产所在地主管税务机关办理纳税申报,并在税务机关核定的期限内缴纳土地增值税。

土地增值税由税务机关征收。土地管理部门、房产管理部门应当向税务机关提供有关资料,并协助税务机关依法征收土地增值税。纳税人未按照规定缴纳土地增值税的,土地管理部门、房产管理部门不得办理有关的权属变更手续。

四、房产税

房产税是以城镇房产为征税对象,以房产余值或房产租金收入为计税依据而征税的一种房地产税。征收房产税的法律依据为 1986 年 9 月 15 日国务院颁布的《中华人民共和国房产税暂行条例》。

(一) 纳税人

房产税由产权所有人缴纳。产权属于全民所有的,由经营管理的单位缴纳。产权出典的,由承典人缴纳。产权所有人、承典人不在房产所在地的,或者产权未确定及租典纠纷未解决的,由房产代管人或者使用人缴纳。因此,上述列举的产权所有人、经营管理单位、承典人、房产代管人或者使用人,为房产税的纳税人。

除此之外,财政部和国家税务总局于 2009 年 11 月 22 日颁布的《财政部、国家税务总局关于房产税城镇土地使用税有关问题的通知》中规定:无租使用其他单位房产的应税单位和个人,依照房产余值代缴纳房产税;产权出典的房产,由承典人依照房产余值缴纳房产税;融资租赁的房产,由承租人自融资租赁合同约定开始日的次月起依照房产余值缴纳房产税。合同未约定开始日的,由承租人自合同签订的次月起依照房产余值缴纳房产税。

(二) 征税范围

房产税在城市、县城、建制镇和工矿区征收。其中,城市的征税范围为市区、郊区和市辖县县城,不包括农村;县城的征税范围是县人民政府所在地;建制镇的征税范围为镇人民政府所在地,不包括所辖的行政村;工矿区是指工商业比较发达,人口比较集中,符合国务院规定的建制镇标准,但尚未设立建制镇的大中型工矿企业所在地。开征房产税的工矿区须经省、自治区、直辖市人民政府批准。

(三) 计税依据

房产税依照房产原值一次减除 10% 至 30% 后的余值计算缴纳。具体减除幅度,由省、自治区、直辖市人民政府规定。没有房产原值作为依据的,由房产所在地税务机关参考同类房产核定。

房产出租的,以房产租金收入为房产税的计税依据。

(四) 税率

房产税的税率,依照房产余值计算缴纳的,税率为1.2%;依照房产租金收入计算缴纳的,税率为12%。

(五) 房产税的减免

下列房产免纳房产税:(1) 国家机关、人民团体、军队自用的房产;(2) 由国家财政部门拨付事业经费的单位自用的房产;(3) 宗教寺庙、公园、名胜古迹自用的房产;(4) 个人所有非营业用的房产;(5) 经财政部批准免税的其他房产。但是,以上免税单位或个人出租的房产以及非本身业务用的生产、营业用房产不属于免税范围,应征收房产税。

除以上情形外,纳税人纳税确有困难的,可由省、自治区、直辖市人民政府确定,定期减征或者免征房产税。

(六) 房产税的缴纳和征收

房产税按年征收、分期缴纳。纳税期限由省、自治区、直辖市人民政府规定。房产税由房产所在地的税务机关征收。

(七) 房产税改革试点工作

2010年5月27日发布的国务院批转发展改革委《关于2010年深化经济体制改革重点工作的意见》的通知中指出,要深化财税体制改革,逐步推进房产税改革。为进一步完善房产税制度,合理调节居民收入分配,正确引导住房消费,有效配置房地产资源,2010年12月8日国务院第136次常务会议同意在部分城市进行对个人住房房产税改革试点。根据这次会议的精神,重庆市、上海市决定开展对部分个人住房征收房产税的试点,分别制定了《重庆市关于开展对部分个人住房征收房产税改革试点的暂行办法》、《重庆市个人住房房产税征收管理实施细则》和《上海市开展对部分个人住房征收房产税试点的暂行办法》,对个人住房征收房产税的试点范围、征收对象、纳税人、计税依据、适用税率等作了明确的规定。

如在重庆的《暂行办法》中,首批纳入征收对象的住房为:(1) 个人拥有的独栋商品住房;(2) 个人新购的高档住房,高档住房是指建筑面积交易单价达到上两年主城九区新建商品住房成交建筑面积均价2倍(含2倍)以上的住房;(3) 在重庆市同时无户籍、无企业、无工作的个人新购的第二套(含第二套)以上的普通住房。新购住房是指《暂行办法》施行之日起购买的住房(包括新建商品住房和存量住房)。

而在上海的《暂行办法》中,个人住房房产税的征收对象为该《暂行办法》施行之日起上海市居民家庭在上海市新购且属于该居民家庭第二套及以上的住房(包括新购的二手存量住房和新建商品住房,下同)和非上海市居民家庭在上海市新购的住房。除上述征收对象以外的其他个人住房,按国家制定的有关个人住房房产税规定执行。

由此可见,在这些试点地区,纳入征税对象的个人住房将不再享受"个人所有非营业用的房产"免纳房产税的优惠政策。这部分应税房屋的产权所有人将按照试点地区各自规定的计税依据、税率等缴纳房产税。随着"逐步推进房产税改革"的步伐,房产税试点也将逐步扩大到全国。

五、契税

契税是指在土地、房屋的权属发生转移时,按房地产价的一定比例向承受产权的单位和个人征收的一种税赋。征收契税的法律依据为国务院1997年7月7日发布的《契税暂行条例》和财政部1997年10月28日发布的《契税暂行条例细则》(以下简称"《细则》")。

(一) 纳税人

在中华人民共和国境内转移土地、房屋权属,承受的单位和个人为契税的纳税人,应当按照规定缴纳契税。这里的"土地、房屋权属",是指土地使用权、房屋所有权;"承受"是指以受让、购买、受赠、交换等方式取得土地、房屋权属的行为。

(二) 征税对象

契税的征税对象为转移土地、房屋权属的行为,具体包括国有土地使用权的出让、土地使用权转让(包括出售、赠与和交换)、房屋买卖、房屋赠与和房屋交换。其中土地使用权的转让,不包括农村集体土地承包经营权的转移。

此外,《细则》中规定,土地、房屋权属以下列方式转移的,视同土地使用权转让、房屋买卖或者房屋赠与征税:(1) 以土地、房屋权属作价投资、入股;(2) 以土地、房屋权属抵债;(3) 以获奖方式承受土地、房屋权属;(4) 以预购方式或者预付集资建房款方式承受土地、房屋权属。

(三) 计税依据

契税的计税依据分以下几种情形:(1) 国有土地使用权出让、土地使用权出售、房屋买卖,为成交价格;(2) 土地使用权赠与、房屋赠与,由征收机关参照土地使用权出售、房屋买卖的市场价格核定;(3) 土地使用权交换、房屋交换,为所交换的土地使用权、房屋的价格的差额。《细则》中规定在交换价格不相等的情况下,由多交付货币、实物、无形资产或者其他经济利益的一方缴纳税款,交换价格相等的,免征契税。

在以上情形中,成交价格明显低于市场价格并且无正当理由的,或者所交换土地使用权、房屋的价格的差额明显不合理并且无正当理由的,由征收机关参照市场价格核定。

除此之外,《细则》中规定,以划拨方式取得土地使用权的,经批准转让房地产时,应由房地产转让者补缴契税,其计税依据为补缴的土地使用权出让费用或者土地收益。

(四) 税率

契税税率为3%至5%。契税的适用税率,由省、自治区、直辖市人民政府在3%至5%的幅度内按照本地区的实际情况确定,并报财政部和国家税务总局备案。契税的应纳税额计算公式为:应纳税额 = 计税依据 × 税率。

(五) 契税的减免

有下列情形之一的,减征或者免征契税:(1) 国家机关、事业单位、社会团体、军事单位承受土地、房屋用于办公、教学、医疗、科研和军事设施的,免征;(2) 城镇职工按规定第一次购买公有住房的,免征;(3) 因不可抗力灭失住房而重新购买住房的,酌情准予减征或者免征;(4) 财政部规定的其他减征、免征契税的项目。

《细则》中也规定了下列项目减征、免征契税:(1) 土地、房屋被县级以上人民政府征用、占用后,重新承受土地、房屋权属的,是否减征或者免征契税,由省、自治区、直辖市人民政府确定;(2) 纳税人承受荒山、荒沟、荒丘、荒滩土地使用权,用于农、林、牧、渔业生产的,免征契税;(3) 依照我国有关法律规定以及我国缔结或参加的双边和多边条约或协定的规定应当予以免税的外国驻华使馆、领事馆、联合国驻华机构及其外交代表、领事官员和其他外交人员承受土地、房屋权属的,经外交部确认,可以免征契税。

经批准减征、免征契税的纳税人改变有关土地、房屋的用途,不再属于以上规定的减征、免征契税范围的,应当补缴已经减征、免征的税款。

(六) 契税的缴纳和征收

契税的纳税义务发生时间,为纳税人签订土地、房屋权属转移合同的当天,或者纳税人取得其他具有土地、房屋权属转移合同性质凭证的当天。纳税人应当自纳税义务发生之日起10日内,向土地、房屋所在地的契税征收机关办理纳税申报,并在契税征收机关核定的期限内缴纳税款。纳税人办理纳税事宜后,契税征收机关应当向纳税人开具契税完税凭证。纳税人应当持契税完税凭证和其他规定的文件材料,依法向土地管理部门、房产管理部门办理有关土地、房屋的权属变更登记手续。纳税人未出具契税完税凭证的,土地管理部门、房产管理部门不予办理有关土地、房屋的权属变更登记手续。

契税征收机关为土地、房屋所在地的财政机关或者地方税务机关。具体征收机关由省、自治区、直辖市人民政府确定。土地管理部门、房产管理部门应当向契税征收机关提供有关资料,并协助契税征收机关依法征收契税。

六、房地产印花税

印花税,是指国家对在经济活动中书立或领受特定凭证的单位和个人征收的一种税赋。征收印花税的法律依据是国务院于1988年8月6日颁布的《中华人民共和国印花税暂行条例》和财政部于1988年9月29日颁布的《中华人民共和国印花税暂行条例施行细则》。房地产印花税是印花税在房地产领域中适用而形成的一种房地产税收,是对书立、领受房地产应税凭证的单位和个人征收的一种税。

(一) 纳税人

在我国境内书立、领受应税房地产凭证的单位和个人,都是房地产印花税的纳税义务人,应当按照法律规定缴纳印花税。

(二) 征税对象

房地产印花税的征税对象是书立和领受应税房地产凭证的行为,主要包括以下几种:(1) 书立房地产买卖、建设工程承包、房地产租赁、房地产保险合同或者具有合同性质的凭证;(2) 书立房地产产权转移书据;(3) 书立房地产营业账簿;(4) 领受房地产权利、许可证照;(5) 领受或书立经财政部确定征税的其他凭证。

(三) 计税依据

房地产印花税的计税依据分两种:(1) 对于房地产合同或具有合同性质的凭证、房地产产权转移书据、房地产营业账簿中记载资金的账簿,计税依据为应税凭证上所记载的价款数额;(2)对于房地产权利、许可证照和营业账簿中的其他账簿(即除去记载资金的账簿以外的其他账簿),计税依据为应税凭证的件数。

(四)税率

房地产印花税的税率有两种形式:(1)比例税率,适用于房地产合同或具有合同性质的凭证、房地产产权转移书据、房地产营业账簿中记载资金的账簿。具体为房地产购销合同按购销金额万分之三,建设工程勘察设计合同按收取费用万分之五,建设安装工程承包合同按承包金额万分之三,房地产租赁合同按租赁金额千分之一,房地产保险合同按投保金额万分之零点三,房地产产权转移书据按所载金额万分之五,记载资金的营业账簿按固定资产原值与自有流动资金总额万分之五;(2)定额税率,适用于房地产权利证照(包括房屋产权证和土地使用证)和营业账簿中的其他账簿,适用税额为每件5元人民币。

(五)房地产印花税的减免

下列凭证免纳印花税:(1)已缴纳印花税的凭证的副本或者抄本,但以副本或者抄本视同正本适用的,应另贴印花;(2)财产所有人将财产赠给政府、社会福利单位、学校所立的书据;(3)经财政部批准免税的其他凭证。

(六)房地产印花税的缴纳和征收

印花税实行由纳税人根据规定自行计算应纳税额,购买并一次贴足印花税票(以下简称贴花)的缴纳办法,应纳税凭证应当在书立或者领受时贴花。即房地产印花税纳税人在书立或者领受应纳税凭证时,应当按照应税凭证的类别和适用的税率自行计算应纳税额,自行购花,自行贴花。为简化贴花手续,应纳税额较大或者贴花次数频繁的,纳税人可向税务机关提出申请,采取以缴款书代替贴花或者按期汇总缴纳的办法。

同一凭证,由双方或者两方以上当事人签订并各执一份的,应当由各方就所执的一份各自全额贴花。已贴花的凭证,修改后所载金额增加的,其增加部分应当补贴印花税票。

房地产印花税由税务机关负责征收管理。印花税票由国家税务局监制。

七、销售不动产营业税

销售不动产营业税是指在中国境内销售不动产的单位和个人,国家以其营业额为计税依据而征收的一种税赋。销售不动产营业税的法律依据为国务院于1993年12月13日发布并于2008年11月10日修订的《中华人民共和国营业税暂行条例》(以下简称《条例》),该《条例》第1条规定在我国境内提供规定的劳务、转让无形资产或者销售不动产的单位和个人,为营业税的纳税人,应当依照规定缴纳营业税,从而将销售不动产营业税纳入我国营业税的征税范围中。此外,财政部于1993年12月15日发布并于2008年12月18日第一次修订、于2011年10月28日第二次修订的《中华人民共和国营业税暂行条例实施细则》也为销售不动产营业税提供了法律依据。

(一)纳税人

在我国境内销售不动产的单位和个人,为销售不动产营业税的纳税人。有偿转让不动产所有权的行为是销售不动产营业税的应税行为。单位、个人将不动产或者土地使用权无偿赠送其他单位、个人,或者单位、个人自己新建建筑物后销售的,视同发生应税行为,赠与人、自建人也是纳税人。

(二) 征税对象

销售不动产营业税的征税对象为销售不动产收取的全部价款和价外费用。

(三) 计税依据

销售不动产营业税以营业额为计税依据。纳税人的营业额为纳税人销售不动产收取的全部价款和价外费用,在法律法规没有特别规定的情形下不得扣除任何成本和费用。

在下列情形下由税务机关核定营业额:(1) 纳税人销售不动产的价格明显偏低并且没有正当理由;(2) 纳税人将不动产或土地使用权赠与其他单位或个人而无营业额;(3) 纳税人自己新建建筑物后销售而无营业额。

税务机关按下列顺序确定其营业额:(1) 按纳税人最近时期发生同类应税行为的平均价格核定;(2) 按其他纳税人最近时期发生同类应税行为的平均价格核定;(3) 按下列公式核定:营业额 = 营业成本或者工程成本 × (1 + 成本利润率) ÷ (1 − 营业税税率)。公式中的成本利润率,由省、自治区、直辖市税务局确定。

(四) 税率

销售不动产营业税实行比例税率,税率为5%。

(五) 销售不动产营业税的减免

营业税的免税、减税项目由国务院规定,任何地区、部门均不得规定免税、减税项目。为了促进房地产市场健康发展,2011年1月17日财政部、国家税务总局联合发布了《关于调整个人住房转让营业税政策的通知》,《通知》中规定:个人将购买不足5年的住房对外销售的,全额征收营业税;个人将购买超过5年(含5年)的非普通住房对外销售的,按照其销售收入减去购买房屋的价款后的差额征收营业税;个人将购买超过5年(含5年)的普通住房对外销售的,免征营业税。

(六) 销售不动产营业税的缴纳和征收

纳税人销售不动产应当向不动产所在地的主管税务机关申报纳税。销售不动产营业税的纳税义务发生时间为纳税人销售不动产并收讫营业收入款项或者取得索取营业收入款项凭据的当天。纳税人转让土地使用权或者销售不动产,采取预收款方式的,其纳税义务发生时间为收到预收款的当天。纳税人将不动产或者土地使用权无偿赠送其他单位或者个人的,其纳税义务发生时间为不动产所有权、土地使用权转移的当天。纳税人发生自建行为的,其纳税义务发生时间为销售自建建筑物的纳税义务发生时间。

(七) 营业税附加

营业税附加是指对缴纳营业税的单位和个人,就其实际缴纳的营业税为计税依据而征收的城市维护建设税与教育费附加。

征收城市维护建设税的法律依据为《中华人民共和国城市维护建设税暂行条例》。该《条例》规定,凡缴纳产品税、增值税、营业税的单位和个人,都是城市维护建设税的纳税义务人,要以其实际缴纳的产品税、增值税、营业税税额为计税依据,分别与产品税、增值税、营业税同时缴纳,税率为:纳税人所在地在市区的,税率为7%;纳税人所在地在县城、镇的,税率为5%;纳税人所在地不在市区、县城或镇的,税率为1%。

征收教育费附加的法律依据为《征收教育费附加的暂行规定》。凡缴纳产品税、增值税、营业税的单位和个人,除按照《国务院关于筹措农村学校办学经费的通知》的规定,缴纳农村教育事业费附加的单位外,都应当缴纳教育费附加。教育费附加,以各单位和个人实际缴纳的增值税、营业税、消费税的税额为计征依据,费率为3%,分别与增值税、营业税、消费税同时缴纳。

八、房地产所得税

房地产所得税是指对纳税人就转让、出租房地产的收入所得征收的一种税收。根据纳税主体的不同,可分为企业所得税和个人所得税。

(一) 企业所得税

依据2007年3月16日颁布的《中华人民共和国企业所得税法》及国务院2007年12月6日颁布的《中华人民共和国企业所得税法实施条例》,与房地产相关的企业所得税主要涉及以下几个内容:

1. 纳税人

在我国境内的企业和其他取得收入的组织(以下统称企业)为企业所得税的纳税人,但不包括个人独资企业和合伙企业。企业分为居民企业和非居民企业。居民企业,是指依法在中国境内成立,或者依照外国(地区)法律成立但实际管理机构在中国境内的企业。非居民企业,是指依照外国(地区)法律成立且实际管理机构不在中国境内,但在中国境内设立机构、场所的,或者在中国境内未设立机构、场所,但有来源于中国境内所得的企业。

2. 计税依据

企业所得税的计税依据是应纳税所得额,应纳税所得额是企业每一纳税年度的收入总额,减除不征税收入、免税收入、各项扣除以及允许弥补的以前年度亏损后的余额。房地产所得税中,企业取得的与房地产相关的收入有以下三种:一是转让房地产收入;二是房地产租金收入;三是接受房地产捐赠收入。

3. 税率

企业所得税的税率为25%。但是非居民企业在中国境内未设立机构、场所的,或者虽设立机构、场所但取得的所得与其所设机构、场所没有实际联系的,应当就其来源于中国境内的所得缴纳企业所得税,并且适用税率为20%。

4. 房地产开发经营业务企业所得税的问题

房地产开发经营是一个高投资、高风险的特殊行业,且具有开发销售周期长、运作环节多、会计核算和税务监管难度较大等特点。为了规范房地产开发经营业务企业所得税的问题,国税总局颁布了一系列法律文件来规范和管理房地产开发经营所得税,具体有

《关于房地产开发企业所得税预缴问题的通知》、《关于房地产开发有关企业所得税问题的通知》、《国家税务总局关于印发〈房地产开发经营业务企业所得税处理办法〉的通知》等。这些规范对在不同情况下如何确认收入、如何确认成本和费用扣除、如何核算计税成本等问题进行了详细的规定,提高了房地产开发经营业务企业所得税征收管理的操作性。

(二) 个人所得税

依据2011年6月30日第六次修订的《中华人民共和国个人所得税法》及国务院2011年7月19日第三次修订的《中华人民共和国个人所得税法实施条例》,个人转让房地产或者出租房地产所取得的收入,按照"财产转让所得"和"财产租赁所得"缴纳个人所得税,房地产个人所得税主要涉及以下几个内容:

1. 纳税人

纳税人即取得收入所得的个人,根据《个人所得税法》的规定,个人分两种情况:第一种为在中国境内有住所,或者无住所而在境内居住满一年的个人,就其从中国境内和境外取得的所得,缴纳个人所得税;第二种为在中国境内无住所又不居住或者无住所而在境内居住不满一年的个人,仅就其从中国境内取得的所得,缴纳个人所得税。

2. 计税依据

根据《个人所得税法》,对下列房地产收入征收个人所得税:一是房地产租赁所得,每次收入不超过4000元的,其计税依据为每次所得收入减去800元后的余额;4000元以上的,减除20%的费用,其余额为应纳税所得额;二是房地产转让所得,以转让财产的收入额减除财产原值和合理费用后的余额,为应纳税所得额。

3. 税率

房地产租赁所得和房地产转让所得的个人所得税税率均为20%。

4. 《国家税务总局关于个人住房转让所得征收个人所得税有关问题的通知》

2006年7月18日国家税务总局颁布了《国家税务总局关于个人住房转让所得征收个人所得税有关问题的通知》,就个人住房转让缴纳个人所得税有关具体问题又作了进一步的规定。

个人转让住房,以其转让收入额减除财产原值和合理费用后的余额为应纳税所得额,按照"财产转让所得"项目缴纳个人所得税。

这里的转让收入是指房屋交易的实际成交价格。纳税人申报的住房成交价格明显低于市场价格且无正当理由的,征收机关依法有权根据有关信息核定其转让收入,但必须保证各税种计税价格一致。

对转让住房收入计算个人所得税应纳税所得额时,纳税人可凭原购房合同、发票等有效凭证,经税务机关审核后,允许从其转让收入中减除房屋原值、转让住房过程中缴纳的税金及有关合理费用。

纳税人未提供完整、准确的房屋原值凭证,不能正确计算房屋原值和应纳税额的,税务机关可根据《中华人民共和国税收征收管理法》第35条的规定,对其实行核定征税,即按纳税人住房转让收入的一定比例核定应纳个人所得税额。具体比例由省级地方税务局或者省级地方税务局授权的地市级地方税务局根据纳税人出售住房的所处区域、地理位置、建造时间、房屋类型、住房平均价格水平等因素,在住房转让收入1%—3%的幅度内确定。

此外,在下列情形下转让住房可享受个人所得税优惠政策:(1) 对出售自有住房并拟在现住房出售1年内按市场价重新购房的纳税人,其出售现住房所缴纳的个人所得税,先以纳税保证金形式缴纳,再视其重新购房的金额与原住房销售额的关系,全部或部分退还纳税保证金;(2) 对个人转让自用5年以上,并且是家庭唯一生活用房取得的所得,免征个人所得税。

第三节 房地产费

一、土地使用权出让金和土地闲置费

土地使用权出让金是指,国家以土地所有者的身份将土地使用权在一定年限内让与土地使用者时,土地使用者需向国家支付的土地出让的全部价款。根据《中华人民共和国城镇国有土地使用权出让和转让暂行条例》和有关规定,在下列情况下需要缴纳土地使用权出让金:(1) 各级政府土地管理部门将土地使用权出让给土地使用者,受让人需缴纳土地出让的全部价款(指土地出让的交易总额);(2) 土地使用期满,土地使用者续期时,需向土地管理部门缴纳续期土地的出让价款;(3) 原通过行政划拨获得土地使用权的土地使用者,将土地使用权有偿转让、出租、抵押、作价入股和投资,需按规定补交土地出让价款。

土地使用权出让,可以采取拍卖、招标或者双方协议的方式,但采取双方协议方式出让土地使用权的出让金不得低于按国家规定所确定的最低价。

土地闲置费是指向依法取得土地使用权但未按照规定动工建设满一年、不满二年的建设单位和个人征收闲置土地的费用。根据《城市房地产管理法》第26条的规定,以出让方式取得土地使用权进行房地产开发的,必须按照土地使用权出让合同约定的土地用途、动工开发期限开发土地。超过出让合同约定的动工开发日期满一年未动工开发的,可以征收相当于土地使用权出让金20%以下的土地闲置费;满二年未动工开发的,可以无偿收回土地使用权;但是,因不可抗力或者政府、政府有关部门的行为或者动工开发必需的前期工作造成动工开发迟延的除外。

二、房地产行政性收费

房地产行政性收费是指房地产行政管理机关或其授权机关,履行行政管理职能,管理房地产业所收取的费用。房地产行政性收费中主要有房屋登记费和交易手续费。

(一) 房屋登记费

房屋登记费是指县级以上地方人民政府房地产主管部门对房屋权属依法进行各类登

记时,向申请人收取的费用。

为了规范房屋登记收费行为,保护权利人的合法权益,2008年4月15日,国家发展和改革委员会、财政部联合发布了《关于规范房屋登记费计费方式和收费标准等有关问题的通知》。该通知要求房屋登记费按件收取,不得按照房屋的面积、体积或者价款的比例收取。

同时,该《通知》也区别不同的情况,对收费标准作出了具体规定。具体为:住房登记收费标准为每件80元;非住房房屋登记收费标准为每件550元;经济适用住房登记,以及因房屋坐落的街道或门牌号码变更、权利人名称变更而申请的房屋变更登记,按住房登记收费标准减半收取。但房屋查封登记、注销登记和因登记机关错误造成的更正登记,不收取房屋登记费。

房屋登记收费标准中包含房屋权属证书费。房地产主管部门按规定核发一本房屋权属证书免收证书费。向一个以上房屋权利人核发房屋权属证书时,每增加一本证书加收证书工本费10元。房屋权利人因丢失、损坏等原因申请补领证书的,只收取房屋权属证书费。农民利用宅基地建设的住房登记,不收取房屋登记费,只收取房屋权属证书工本费。

房屋登记费向申请人收取。但按规定需由当事人双方共同申请的,只能向登记为房屋权利人的一方收取。

房屋权利人在办理房屋登记时委托有关专业技术单位进行房产测绘缴纳的费用属于经营服务性收费,收费标准由省级价格主管部门商有关部门制定。

(二) 房地产交易手续费

房地产交易手续费是房地产交易双方在办理房地产交易时,房地产交易中心所收取的服务性费用。为了规范房地产交易手续费,2002年1月31日国家发展计划委员会和建设部联合发布了《关于规范住房交易手续费有关问题的通知》。《通知》规定,住房交易手续费属经营服务性收费,应坚持公开、公平、质价相符的原则,由经批准建立的房地产交易中心提供交易服务,办理交易手续时收取。住房交易手续费包括住房转让手续费和住房租赁手续费。在办理住房交易手续过程中,除住房转让手续费和住房租赁手续费外,不得以任何名义收取其他费用。

住房交易手续费按以下标准计收:(1) 住房转让手续费按住房建筑面积收取。收费标准为:新建商品住房每平方米3元,存量住房每平方米6元。新建商品房转让手续费由转让方承担,经济适用房减半计收;存量住房转让手续费由转让双方各承担50%。(2) 住房租赁手续费按套收取,收费标准为每套100元,由出租人承担。以上收费标准为最高限额。省、自治区、直辖市价格主管部门可根据本地区住房交易量及经济发展状况确定具体收费标准。

三、房地产事业性收费

房地产事业性收费是指房地产行政管理机关及其所属事业单位为社会或个人提供特定服务所收取的费用。目前房地产事业性收费主要就是房屋估价收费。

房屋估价收费,也叫房地产价格评估费,是房地产价格评估机构接受委托进行房地产价格评估而向产权人或委托人收取的费用。根据《国家计委、建设部关于房地产中介服务收费的通知》的规定,以房产为主的房地产价格评估,区别不同情况,按照房地产价格总额采取差额定率分档累进计收,具体标准为:房地产价格总额为100万元以下(含100万元),费率为5‰;101万元以上至1000万元,费率为2.5‰;1001万元以上,费率为0.4‰;8001万元以上至10000万元,费率为0.2‰;10000万元以上,费率至2000万元,费率为1.5‰;2001万元以上至5000万元,费率为0.8‰;5001万元以上至8000万元0.1‰。

土地价格评估的收费标准,按国家计委、国家土地局颁布的《关于土地价格评估收费的通知》的有关规定执行。根据不同的情形,土地价格评估费按以下标准收取:

(1)一般宗地评估采取差额定率累进计费,即按土地价格总额大小划分费率档次,分档计算各档的收费额,各档收费额累计之和为收费总额。具体标准为:100万元以下(含100万元),费率为4‰;101—200万元部分,费率为3‰;201—1000万元部分,费率为2‰;1001—2000万元部分,费率为1.5‰;2001—5000万元部分,费率为0.8‰;5001—10000万元部分,费率为0.4‰;10000万元以上部分,费率为0.1‰。

(2)城镇基准地价评估收费,按以下标准收取:5平方公里以下(含5平方公里),收费标准为4—8万元;5—20平方公里(含20平方公里),收费标准为8—12万元;20—50平方公里(含50平方公里),收费标准为12—20万元;50平方公里以上,收费标准为20—40万元。

(3)为土地使用权抵押而进行的土地价格评估,评估机构按一般宗地评估费标准的50%计收评估费;每宗地评估费不足300元的按300元收取。

(4)清产核资中的土地价格评估,按一般宗地评估费标准的30%计收评估费;每宗地评估费不足300元的按300元收取。

思考题:
1. 房地产税收的作用是什么?
2. 试述房产税的征收范围和减免。
3. 房地产开发经营涉及哪些主要税种?
4. 房地产开发经营中涉及哪些费用?
5. 房地产行政性收费有哪几种?
6. 案例分析:刘某缴纳契税案

案情:某公司职员刘某,购买了自己的第一套住宅,合同成交价格80万,并办理了产权转移手续。同时,因在专业领域贡献突出,为公司吸引了许多大客户,公司又奖励了其一套住房,市场价格为50万。按照当地政府的规定,个人首次购买普通住房的契税税率为3%,一般住房契税税率为4%。

问:(1)请问刘某应如何缴纳契税?
(2)请问刘某应如何缴纳印花税?

参 考 文 献

1. 张文显主编:《法理学》,高等教育出版社、北京大学出版社2007年版。
2. 魏振瀛主编:《民法》,北京大学出版社、高等教育出版社2010年版。
3. 崔建远:《物权法》,中国人民大学出版社2009年版。
4. 符启林:《房地产法》,法律出版社2009年版。
5. 金俭:《房地产法学》,科学出版社2008年版。
6. 高富平、黄武双:《房地产法学》,高等教育出版社2006年版。
7. 房绍坤主编:《房地产法》,北京大学出版社2007年版。
8. 陈耀东:《房地产法》,复旦大学出版社2009年版。
9. 施建刚编著:《房地产开发与管理》,同济大学出版社2007年版。
10. 周吉高:《建设工程专项法律实务》,法律出版社2008年版。
11. 全国人大常委会法制工作委员会民法室编:《中华人民共和国物权法——条文说明、立法理由及相关规定》,北京大学出版社2007年版。
12. 史敏主编:《中华人民共和国土地管理法释义》,中国法制出版社1998年版。
13. 房维廉主编:《中华人民共和国城市房地产管理法释义》,人民法院出版社1995年版。
14. 住房和城乡建设部政策法规司、住宅与房地产业司、村镇建设办公室编:《房屋登记办法释义》,人民出版社2008年版。
15. 蔡卫华:《土地登记实务精解》,中国法制出版社2010年版。

本书法律法规索引

法律:

1.《宪法》
(1982年12月4日第五届全国人民代表大会第五次会议通过,1982年12月4日全国人民代表大会公告公布施行,1988年、1993年、1999年、2004年修正。)【第一章、第三章】

2.《中华人民共和国个人所得税法》
(1980年9月10日第五届全国人民代表大会第三次会议通过,1993年、1999年、2005年、2007年6月、2007年12月、2011年修正。)【第十一章】

3.《中华人民共和国民法通则》
(1986年4月12日第六届全国人民代表大会第四次会议通过,1987年1月1日施行。)【第一章、第三章】

4.《中华人民共和国土地管理法》
(1986年6月25日第六届全国人民代表大会常务委员会第十六次会议通过,1988年、1998年、2004年修正。)【第二章、第三章、第四章】

5.《中华人民共和国税收征收管理法》
(1992年9月4日全国人民代表大会制定和颁布,1993年1月1日施行,1995年、2001年修正。)【第十一章】

6.《中华人民共和国公司法》
(1993年12月29日第八届全国人民代表大会常务委员会第五次会议通过,1994年7月1日施行,1999年、2004年、2005年修正。)【第一章】

7.《中华人民共和国城市房地产管理法》
(1994年7月5日第八届全国人民代表大会常务委员会第八次会议通过,1995年1月1日起施行,2007年、2009年修改。)【第一章、第三章、第四章、第五章、第六章、第七章、第九章、第十一章】

8.《中华人民共和国广告法》
(1994年10月27日全国人民代表大会常务委员会第十次会议通过,1995年2月1日起施行。)【第六章、第七章】

9.《中华人民共和国担保法》
(1995年6月30日第八届全国人民代表大会常务委员会第十四次会议通过,1995年10月1日起施行。)【第一章】

10.《中华人民共和国行政处罚法》
(1996年3月17日第八届全国人民代表大会第四次会议通过,1996年10月1日起施行。)【第一章】

11.《中华人民共和国刑法》
(1997年3月14日第八届全国人民代表大会第五次会议修订,1997年10月1日施行,1999年、2001年8月、2001年12月、2002年、2005年、2006年、2009年、2011年修正或修改。)【第三章、第五章】

12.《中华人民共和国建筑法》

(1997年11月1日第八届全国人民代表大会常务委员会第二十八次会议通过,1998年3月1日施行,2011年修正。)【第五章】

13.《中华人民共和国合同法》

(1999年3月15日第九届全国人民代表大会常务委员会第二次会议通过,1999年10月1日起施行。)【第一章、第二章、第五章、第六章、第七章】

14.《中华人民共和国招标投标法》

(1999年8月30日第九届全国人民代表大会常务委员会第十一次会议通过,2000年1月1日起施行。)【第五章】

15.《中华人民共和国行政许可法》

(2003年8月27日第十届全国人民代表大会常务委员会第四次会议通过,2007年7月1日施行。)【第一章】

16.《中华人民共和国企业所得税法》

(2007年3月16日全国人民代表大会第五次会议制定和颁布,2008年1月1日起施行。)【第十一章】

17.《物权法》

(2007年3月16日第十届全国人民代表大会第五次会议通过,2007年10月1日施行。)【第一章、第二章、第三章、第四章、第六章、第八章、第九章】

18.《中华人民共和国劳动合同法》

(2007年6月29日第十届全国人民代表大会常务委员会第二十八次会议通过,自2008年1月1日起施行。)【第七章】

19.《中华人民共和国城乡规划法》

(2007年10月28日第十届全国人民代表大会常务委员会第三十次会议通过,2008年1月1日起施行。)【第一章、第三章、第五章】

20.《中华人民共和国涉外民事关系法律适用法》

(2010年10月28日第十一届全国人民代表大会常务委员会第十七次会议通过,2011年4月1日起实施。)【第一章】

21.《中华人民共和国强制执行法》

(2011年6月30日第十一届全国人民代表大会常务委员会第二十一次会议通过,2012年1月1日起施行。)【第四章】

行政法规:

1.《中华人民共和国城市维护建设税暂行条例》

(1985年2月8日中华人民共和国国务院发布,1985年1月1日起执行。)【第十一章】

2.《征收教育费附加的暂行规定》

(1986年4月28日中华人民共和国国务院国发[1986]50号发布,自1986年7月1日起施行,于1990年6月7日和2005年8月20日修订。)【第十一章】

3.《中华人民共和国房产税暂行条例》

(1986年9月15日中华人民共和国国务院国发[1986]90号发布,自1986年10月1日起执行。)【第十一章】

4.《中华人民共和国耕地占用税暂行条例》

(1987年4月1日国务院发布,2007年12月01日修订,自2008年1月1日起施行。)【第十一章】

5.《中华人民共和国印花税暂行条例》

(1988年8月6日中华人民共和国国务院令第11号发布,自1988年10月1日起执行,1988年9月29日《中华人民共和国印花税暂行条例施行细则》发布,自1988年10月1日生效。)【第十一章】

6.《中华人民共和国城镇土地使用税暂行条例》

(1988年9月27日中华人民共和国国务院令第17号发布,2006年12月30日修订,自2007年1月1日起施行。)【第十一章】

7.《城镇国有土地使用权出让和转让暂行条例》

(1990年5月19日国务院令第55号发布并实施。)【第一章、第三章、第四章、第五章、第十一章】

8.《企业债券管理条例》

(1993年8月2日国务院令第121号发布并实施,2011年修改。)【第九章】

9.《中华人民共和国土地增值税暂行条例》

(1993年12月13日中华人民共和国国务院令第138号发布,自1994年1月1日起执行。)【第十一章】

10.《中华人民共和国个人所得税法实施条例》

(1994年1月28日中华人民共和国国务院令142号发布,自发布之日起施行,分别于2005年12月19日、2008年2月18日、2011年7月19日修订。)【第十一章】

11.《中华人民共和国公司登记管理条例》

(1994年6月24日中华人民共和国国务院令第156号发布,2005年修订)【第七章】

12.《城市房地产开发经营管理条例》

(1998年7月20日国务院发布并施行,2011年1月8日《国务院关于废止和修改部分行政法规的决定》修改并实施。)【第一章、第四章、第五章、第六章】

13.《中华人民共和国土地管理法实施条例》

(1998年12月24日国务院第12次常务会议通过,1999年1月1日起施行。)【第一章、第三章】

14.《基本农田保护条例》

(1998年12月27日国务院第12次常务会议通过,1999年1月1日起施行。)【第三章】

15.《住房公积金管理条例》

(1999年3月17日国务院第15次常务会议通过并施行,2002年3月24日修订。)【第一章、第九章、第十章】

16.《建设工程质量管理条例》

(2000年1月10日国务院第25次常务会议通过,2000年1月30日发布并实施。)【第五章】

17.《物业管理条例》

(2003年5月28日国务院第9次常务会议通过,2003年9月1日施行,2007年修订。)【第七章】

18.《行政机关公务员处分条例》

(2007年4月4日国务院第173次常务会议通过,2007年6月1日施行。)【第三章】

19.《中华人民共和国企业所得税法实施条例》

(2007年11月28日国务院第197次常务会议通过,2007年12月6日公布,自2008年1月1日起施行。)【第十一章】

20.《国有土地上房屋征收与补偿条例》

(2011年1月19日国务院第141次常务会议通过并施行。)【第一章、第四章、第八章】

21.《中华人民共和国招标投标法实施条例》

(2011年11月30日国务院第183次常务会议通过,2012年2月1日起施行。)【第四章、第五章】

司法解释:

1.《最高人民法院关于贯彻执行〈中华人民共和国民法通则〉若干问题的意见(试行)》(1988年1月26日由最高人民法院审判委员会讨论通过,1988年4月2日起施行。)【第一章】

2.《最高人民法院关于审理破坏土地资源刑事案件具体应用法律若干问题的解释》

(2000年6月16日由最高人民法院审判委员会第1119次会议讨论通过,2000年6月22日起施行。)【第三章】

3.《最高人民法院关于适用〈中华人民共和国担保法〉若干问题的解释》

(2000年9月29日由最高人民法院审判委员会第1133次会议通过,2000年12月18日公布,2000年12月13日起施行。)【第一章】

4.《最高人民法院关于建设工程价款优先受偿权问题的批复》

(2002年6月11日由最高人民法院审判委员会第1225次会议通过,自2002年6月27日起施行。)【第五章】

5.《最高人民法院关于审理商品房买卖合同纠纷案件适用法律若干问题的解释》

(2003年3月24日由最高人民法院审判委员会第1267次会议通过,自2003年6月1日起施行。)【第六章、第七章】

6.《最高人民法院关于审理建设工程施工合同纠纷案件适用法律问题的解释》

(2004年9月29日最高人民法院审判委员会第1327次会议通过,2005年1月1日起施行。)【第一章、第五章】

7.《最高人民法院关于人民法院民事执行中查封、扣押、冻结财产的规定》

(2004年10月26日由最高人民法院审判委员会第1330次会议通过,自2005年1月1日起施行。)【第九章】

8.《最高人民法院关于审理涉及国有土地使用权合同纠纷案件适用法律问题的解释》

(2004年11月23日最高人民法院审判委员会第1334次会议通过,自2005年8月1日起施行。)【第一章、第五章】

9.《最高人民检察院关于渎职侵权犯罪案件立案标准的规定》

(2005年12月29日由最高人民检察院第十届检察委员会第四十九次会议通过,自公布之日起施行。)【第三章】

10.《关于审理建筑物区分所有权纠纷案件具体应用法律若干问题的解释》

(2009年3月23日由最高人民法院审判委员会第1464次会议通过,自2009年10月1日起施行。)【第八章】

11.《最高人民法院关于审理城镇房屋租赁合同纠纷案件具体应用法律若干问题的解释》

(2009年6月22日由最高人民法院审判委员会第1469次会议通过,自2009年9月1日起施行。)【第六章】

12.《最高人民法院关于审理房屋登记案件若干问题的规定》

(2010年8月2日由最高人民法院审判委员会第1491次会议通过,自2010年11月18日起施行。)

【第二章】

13.《最高人民法院关于办理申请人民法院强制执行国有土地上房屋征收补偿决定案件若干问题的规定》

(2012年2月27日由最高人民法院审判委员会第1543次会议通过,自2012年4月10日起施行。)

【第四章】

部委规章和规范性文件:

1.《中华人民共和国印花税暂行条例施行细则》

(1988年9月29日财政部发布,自1988年10月1日起施行。)【第十一章】

2.《中华人民共和国营业税暂行条例实施细则》

(1993年12月25日财政部发布,自1993年12月25日起执行,2008年、2011年修订。)【第十一章】

3.《城市商品房预售管理办法》

(1994年11月15日建设部令第40号发布,2001年、2004年修正。)【第六章】

4.《关于土地价格评估收费的通知》

(1994年12月12日由国家发展和改革委员会、国家土地管理局发布,自发布之日起施行。)【第十一章】

5.《中华人民共和国土地增值税暂行条例实施细则》

(1995年1月27日财政部财法字[1995]第6号发布,自1995年1月27日起执行。)【第十一章】

6.《国家计委、建设部关于房地产中介服务收费的通知》

(1995年7月17日由国家发展和改革委员会、建设部发布,自1995年7月17日起施行。)【第十一章】

7.《城市房地产转让管理规定》

(1995年8月7日建设部令第45号发布,1995年9月1日实施,2001年修正。)【第四章】

8.《房地产广告发布暂行规定》

(1996年12月30日国家工商行政管理局局务会议审议通过,自1997年2月1日起施行,1998年修改。)【第六章、第七章】

9.《城市房地产抵押管理办法》

(1997年5月9日建设部令第56号发布,1997年6月1日实施,2001年修正。)【第一章、第九章】

10.《中华人民共和国契税暂行条例细则》

(1997年7月7日中华人民共和国国务院令第224号发布,自1997年10月1日起执行。)【第十一章】

11.《国有企业改革中划拨土地使用权管理暂行规定》

(1998年2月17日原国家土地管理局令第8号发布,自1998年3月1日起执行。)【第四章】

12.《商品住宅实行住宅质量保证书和住宅使用说明书制度的规定》

(1998年5月20日原建设部发布,自1998年9月1日起实施。)【第六章】

13.《闲置土地处置办法》

(1999年4月28日国土资源部令第5号发布,自发布之日起施行。)【第四章】

14.《建设部关于发布国家标准〈房地产估价规范〉的通知》

(1999年6月1日由建设部发布并实施,发文号为建标(1999)48号)【第七章】

15.《规范国有土地租赁若干意见》

(1999年8月1日国土资发(1999)222号发布并实施)【第四章】

16.《房地产开发企业资质管理规定》

(2000年3月23日建设部第二十次部常务会议修订通过,2000年3月23日发布并施行。)【第五章】

17.《住房置业担保管理试行办法》

(2000年5月16日由建设部、中国人民银行发布,发文字号为:建住房[2000]108号。)【第五章】

18.《房屋建筑工程质量保修办法》

(2000年6月26日建设部第24次部常务会议讨论通过,自发布之日起施行。)【第五章】

19.《商品房销售管理办法》

(2001年3月14日经建设部第38次部常委会议审议通过,自2001年6月1日起施行。)【第六章、第七章】

20.《房屋建筑和市政基础设施工程施工招标投标管理办法》

(2001年5月31日建设部第四十三次部常务会议讨论通过,2001年6月1日发布并施行。)【第五章】

21.《国土资源部关于印发试行〈土地分类〉的通知》

(2001年8月21日国土资源部发布,2002年1月1日施行,发文号为:国土资发[2001]255号。)【第三章】

22.《建设部关于印发〈房地产经纪人员职业资格制度暂行规定〉和〈房地产经纪人执业资格考试实施办法〉的通知》

(2001年12月18日建设部发布并施行。)【第七章】

23.《国家计委、建设部关于规范住房交易手续费有关问题的通知》

(2002年1月31日由国家发展和改革委员会、建设部发布,2002年3月1日起施行。)【第十一章】

24.《招标拍卖挂牌出让国有土地使用权规定》

(2002年5月9日由国土资源部发布,2002年7月1日起实施。该法规于2007年9月28日被修订,新法规名称为:《招标拍卖挂牌出让国有建设用地使用权规定》,该法规于2007年11月1日起施行。)【第四章】

25.《物业服务企业资质管理办法》

(2004年3月17日由建设部发布,2004年5月1日起实施。该法规于2007年11月26日根据《建设部关于修改〈物业管理企业资质管理办法〉的决定》修正。)【第八章】

26.《建设部、财政部、中国人民银行关于住房公积金管理若干具体问题的指导意见》

(2005年1月10日建设部、财政部、中国人民银行联合发布并施行。)【第十章】

27.《建设部、国家发展和改革委员会、财政部、国土资源部、人民银行、税务总局、银监会关于做好稳定住房价格工作的意见》

(2005年4月30日建设部、国家发展和改革委员会、财政部、国土资源部、人民银行、税务总局、银监会联合发布并施行。)【第六章、第十一章】

28.《房地产估价机构管理办法》

(2005年10月12日由建设部发布,2005年12月1日起施行。)【第七章】

29.《协议出让国有土地使用权规范(试行)》

(2006年5月31日由国土资源部发布,2006年8月1日起施行,发文号为:国土资发[2006]114号。)【第四章】

30.《国家税务总局关于个人住房转让所得征收个人所得税有关问题的通知》

(2006年7月18日由国家税务总局发布,发文字号为:国税发[2006]108号。)【第十一章】

31.《工程监理企业资质管理规定》

(2006年12月11日经建设部第112次常务会议讨论通过,自2007年8月1日起施行。)【第五章】

32.《建设部、中国人民银行关于加强房地产经纪管理规范交易结算资金账户管理有关问题的通知》

(2006年12月29日建设部和中国人民银行联合发布,发布之日起施行,发文号为:建住房[2006]321号。)【第六章、第七章】

33.《建筑业企业资质管理规定》

(2006年12月30日建设部第114次常务会议讨论通过,2007年6月26日发布,2007年9月1日实施。)【第五章】

34.《注册房地产估价师管理办法》

(2006年12年25日建设部发布,2007年3月1日起施行。)【第七章】

35.《公司债券发行试点办法》

(2007年8月14日由中国证券监督管理委员会发布,自发布之日起施行)【第九章】

36.《廉租住房保障办法》

(2007年9月26日建设部第139次常务会议讨论通过,经发展改革委、监察部、民政部、财政部、国土资源部、人民银行、税务总局、统计局联合签署,自2007年12月1日起施行。)【第十章】

37.《住宅专项维修资金管理办法》

(2007年10月30日建设部第142次常务会议讨论通过,经财政部联合签署,于2007年12月4日发布,自2008年2月1日起施行。)【第八章】

38.《土地储备管理办法》

(2007年11月9日由国土资源部、财政部和中国人民银行联合发布,自发布之日起施行,发文号为:国土资发[2007]227号。)【第三章】

39.《土地登记办法》

(2007年11月28日国土资源部第5次部务会议审议通过,自2008年2月1日起施行。)【第一章、第二章、第九章】

40.《经济适用住房开发贷款管理办法》

(2008年1月18日由中国人民银行和中国银行业监督管理委员会发布,自2008年2月18日起施行。)【第九章】

41.《房屋登记办法》

(2008年1月22日经建设部第147次常务会议讨论通过,自2008年7月1日起施行。)【第二章、第六章、第九章】

42.《中华人民共和国耕地占用税暂行条例实施细则》

(2008年2月26日由财政部和国家税务总局发布,自发布之日起实施。)【第十一章】

43.《银行间债券市场非金融企业债务融资工具管理办法》

(2008年4月9日由中国人民银行发布,自2008年4月15日起施行。)【第九章】

44.《关于房地产开发企业所得税预缴问题的通知》

(2008年4月11日国家税务总局颁布,2008年1月1日实施。)【第十一章】

45.《关于规范房屋登记费计费方式和收费标准等有关问题的通知》

(2008年4月15日由国家发展改革委和财政部发布,2008年5月1日起施行。)【第十一章】

46.《违反土地管理规定行为处分办法》

(2008年5月9日由监察部、人力资源和社会保障部、国土资源部发布,2008年6月1日施行。)【第三章】

47.《中国银监会办公厅关于加强信托公司房地产、证券业务监管有关问题的通知》

(2008年10月28日由中国银行业监督管理委员会发布,发文字号为:银监办发[2008]265号。)【第九章】

48.《廉租住房建设贷款管理办法》

(2008年12月3日由中国人民银行、中国银行业监督管理委员会发布,自2009年1月3日起施行。)【第九章】

49.《土地利用总体规划编制审查办法》

(2009年2月4日由国土资源部发布,发布之日起施行。)【第三章】

50.《国家税务总局关于印发〈房地产开发经营业务企业所得税处理办法〉的通知》

(2009年3月6日由国家税务总局发布,发文号为:国税发[2009]31号。)【第十一章】

51.《财政部、国家税务总局关于房产税城镇土地使用税有关问题的通知》(2009)

(2009年11月22日财政部,国家税务总局联合发布,发文号为:财税[2009]128号,自2009年12月1日起执行。)【第十一章】

52.《国土资源部关于进一步做好征地管理工作的通知》

(2010年6月26日由国土资源部发布,发布之日起施行,发文号为:国土资发[2010]96号。)【第三章】

53.《房地产经纪管理办法》

(2010年10月27日住房和城乡建设部第65次部常务会议审议通过,并经国家发展和改革委员会、人力资源和社会保障部同意,自2011年4月1日起施行。)【第七章】

54.《房地产经纪管理办法》

(2010年10月27日住房和城乡建设部第65次部常务会议审议通过,并经国家发展和改革委员会、人力资源和社会保障部同意,自2011年4月1日起施行。)【第一章、第七章】

55.《商品房屋租赁管理办法》

(2010年12月1日住房和城乡建设部第12次会议通过,自2011年2月1日起施行。)【第六章】

56.《财政部、国家税务总局关于调整个人住房转让营业税政策的通知》

(2011年1月27日由财政部、国家税务总局财税[2011]12号发布,自2011年1月27日起执行。)【第十一章】

57.《国土资源部关于加强保障性安居工程用地管理有关问题的通知》

(2011年4月29日由国土资源部发布,发文号为:国土资电发[2011]53号。)【第四章】

58.《商品房销售明码标价规定》

(2011年5月1日由国家发展和改革委员会发布,发文号为:发改价格[2011]548号。)【第六章】

59.《国有土地上房屋征收评估办法》

(2011年6月3日由住房和城乡建设部发布,发文号为:建房[2011]77号。)【第四章】

60.《中国人民银行、中国银行业监督管理委员会关于认真做好公共租赁住房等保障性安居工程金融服务工作的通知》

(2011年8月4日由中国人民银行和中国银行业监督管理委员会发布,发文号为:银发[2011]193号。)【第九章】

61.《国土资源部、中央农村工作领导小组办公室、财政部、农业部关于农村集体土地确权登记发证的若干意见》

(2011年11月2日由财政部、国土资源部、农业部、中央农村工作领导小组办公室联合发布,发文号为:国土资发[2011]178号。)【第二章】

中共中央和国务院的政策性文件

1.《中共中央、国务院关于进一步加强土地管理切实保护耕地的通知》
(1997年4月15日由中共中央和国务院发布,发文号为:中发[1997]11号。)【第一章、第三章】
2.《国务院关于进一步深化城镇住房制度改革加快住房建设的通知》
(1998年7月3日由国务院发布,发文字号为:国发[1998]23号。)【第八章】
3.《关于促进房地产市场持续健康发展的通知》
(2003年8月12日由国务院发布,发文号为:国发[2003]18号。)【第一章】
4.《国务院关于深化改革严格土地管理的决定》
(2004年10月21日由国务院发布,发文号为:国发[2004]28号。)【第三章】
5.《国务院办公厅转发建设部等部门关于调整住房供应结构稳定住房价格意见的通知》
(2006年5月24日由国务院办公厅发布,发文号为:国办发[2006]37号。)【第十章】
6.《国务院关于加强土地调控有关问题的通知》
(2006年8月31日由国务院发布,发文号为:国发[2006]31号。)【第三章】
7.《国务院关于解决城市低收入家庭住房困难的若干意见》
(2007年8月7日由国务院发布,发文号为:国发[2007]24号。)【第一章】
8.《国务院办公厅关于严格执行有关农村集体建设用地法律和政策的通知》
(2007年12月30日由国务院办公厅发布,发文号为:国办发[2007]71号。)【第三章、第四章】
9.《国务院关于促进节约集约用地的通知》
(2008年1月3日由国务院发布,发文号为:国发[2008]3号。)【第三章】
10.《国务院办公厅关于当前金融促进经济发展的若干意见》
(2008年12月8日由国务院办公厅发布,发文号为:国办发[2008]126号。)【第九章】
11.《国务院办公厅关于促进房地产市场健康发展的若干意见》
(2008年12月20日由国务院办公厅发布,发文号为:国办发[2008]131号。)【第九章】
12.《国务院办公厅关于进一步严格征地拆迁管理工作切实维护群众合法权益的紧急通知》
(2010年5月15日由国务院办公厅发布,发文号为:国办发明电[2010]15号。)【第三章】
13.《国务院批转发展改革委〈关于2010年深化经济体制改革重点工作的意见〉》
(2010年5月27日由国务院批转,发文号为:国发(2010)15号。)【第十一章】
14.《国务院关于加强地方政府融资平台公司管理有关问题的通知》
(2010年6月10日由国务院发布,发文号为:国发[2010]19号。)【第九章】
15.《国务院办公厅关于进一步做好房地产市场调控工作有关问题的通知》
(2011年1月26日由国务院办公厅发布,发文号为:国办发[2011]1号。)【第一章】

最高院指导性案例

1.《最高人民检察院关于案例指导工作的规定》
(2010年7月30日由最高人民检察院发布,发文号为:高检发研字[2010]3号。)【第一章】
2.《最高人民法院关于案例指导工作的规定》
(2010年11月26日由最高人民法院发布,发文号为:法发[2010]51号。)【第一章】

3. 《最高人民检察院关于印发第一批指导性案例的通知》
(2010年12月31日由最高人民检察院发布,发文号为:高检发研字[2010]12号。)【第一章】
4. 《最高人民法院关于发布第一批指导性案例的通知》
(2011年12月20日由最高人民法院发布,发文号为:法[2011]354号。)【第一章、第七章】

地方法规、规章和规范性文件
1. 《云南省城市房地产开发交易管理条例》
(2000年9月22日云南省第九届人民代表大会常务委员会第十八次会议通过,2000年11月1日起施行,2004、2005年修正。)【第一章】
2. 《上海市房地产登记条例》
(2002年10月31日由上海市人民代表大会常务委员会第四十四次会议通过,自2003年5月1日起施行,于2004年4月14日、2008年12月15日修订。)【第一章】
3. 《北京市城市房地产转让管理办法》
(2003年8月26日北京市人民政府第13次常务会议审议通过,2003年12月1日施行,2008年修正。)【第一章】
4. 《山东省商品房销售条例》
(2005年3月31日山东省第十届人民代表大会常务委员会第十三次会议通过,2005年7月1日起施行。)【第一章】
5. 《北京市房屋租赁管理若干规定》
(2007年2月1日北京市人民政府第60次常务会议审议通过,2008年1月1日起施行,2011年修正。)【第一章】
6. 《北京市城市廉租住房管理办法》
(2007年9月25日由北京市人民政府发布,发文号为:京政发(2007)26号。)【第一章】
7. 《北京市经济适用住房管理办法(试行)》
(2007年9月25日由北京市人民政府发布,发文号为:京政发(2007)27号。)【第一章】
8. 《北京市限价商品住房管理办法(试行)》
(2008年3月26日由北京市人民政府发布,发文号为:京政发(2008)8号。)【第十章】
9. 《重庆市关于开展对部分个人住房征收房产税改革试点的暂行办法》
(2011年1月27日由重庆市人民政府令第247号发布,自2011年1月28日起施行。)【第十一章】
10. 《重庆市关于开展对部分个人住房征收房产税改革试点的暂行办法》
(2011年1月27日由重庆市人民政府令第247号发布,自2011年1月28日起施行。)【第十一章】
11. 《上海市开展对部分个人住房征收房产税试点的暂行办法》
(2011年1月27日由上海市人民政府发布,发文号为:沪府发(2011)3号,自2011年1月28日起施行。)【第十一章】
12. 《北京市国有土地上房屋征收房地产价格评估机构选定办法》
(2011年11月2日由北京市住房和城乡建设委员会发布,发文号为:京建发[2011]16号。)【第四章】

后 记

经全国高等教育自学考试指导委员会同意,由法学类专业委员会负责高等教育自学考试法律专业教材的审定工作。

法律专业《房地产法》自学考试教材由北京大学法学院楼建波副教授编写。

参加本教材审稿并提出修改意见的有北京大学法学院魏振瀛教授、中国政法大学法学院符启林教授和南开大学法学院陈耀东教授,在此表示真诚的谢意。

全国高等教育自学考试指导委员会
法学类专业委员会
2012 年 8 月